倭国乱とは何か

「クニ」への胎動

石野博信討論集

装幀　新谷雅宣

はじめに

「倭国乱とは何か―「クニ」への胎動」、本書の論点はこの一語に尽きる。

「激動の弥生社会」は一九八〇年に「学生新聞」の要請を受け、石部正志さんの司会で、佐原真さん、春成秀爾さんと弥生時代とはどのような時代であったのかを検討した記録である。福岡市板付遺跡の「縄文水田」や九州での銅鐸鋳造は通説に対する挑戦だった。佐賀県鳥栖市安永田遺跡発見の銅鐸鋳型は、近畿弥生社会を中心とする銅鐸祭祀説に検討を迫るものであり、現在の銅鐸鋳造多元論の契機となった。

さらに初期古墳に関しては、奈良県桜井市纒向石塚古墳の築造時期を「弥生後期末と庄内式の中間」とするなど、多くの課題を提示した。

都出比呂志さんとの「高地性集落と倭国の大乱」では、弥生後期の戦乱を近畿中心とする石野説と西日本全体とする都出説の論争となったが、両者とも根拠をあげての議論であり、楽しい。

「倭国の大乱から邪馬台国へ―唐古・鍵遺跡と纒向遺跡」は、本書刊行に当たって、新泉社が新たに企画した藤田三郎さん、橋本輝彦さんと石野の鼎談である。

弥生時代全期間を通じてヤマトの中核集落であった唐古・鍵遺跡と二世紀末に突然出現し、三世紀中葉に突然消滅する都市・纒向の関係を、両遺跡を永年にわたって調査し、報告してきた二人と両遺跡にかかわってきた石野の討議は、まさに当事者の証言である。三人の両遺跡に対する評価が必ずしも一致しない点がいくつかあることが、これからの展開に興味をもたせる。

「弥生人の四季」は、参加者が春、夏、秋、冬の歌を唄って弥生人になり、四季折々の情景を語る趣向に、金関恕さんや佐原真さんをはじめ全員がなりきってくれた楽しい語りだった。

関係者の方々の御協力で各篇を本書に収録できたことに感謝いたします。

二〇一五年四月吉日

石野博信

石野博信討論集
倭国乱とは何か「クニ」への胎動

目次

＊本文中に登場される方々のお名前や所属は、討論当時のままとした。

倭国乱とは何か

1980

激動の弥生社会

石部正志（司会）
佐原　真
春成秀爾
石野博信

銅鐸の謎

石部 弥生時代とは、水田稲作農業が始まり、青銅器や鉄器が使われはじめ、本当の意味での日本の歴史がそこから始まる、階級社会が芽ばえ、やがて古代国家ができていく出発点になった時代ですから、どなたにも関心があります。また、この時代の日本産の青銅器である銅鐸は謎の多いものなので一般の関心も非常に深いと思います。

それにしても、銅鐸そのものは集落遺跡とか墓からは出ないで、単独もしくは複数で山の斜面などに、それだけが埋納された状態で出ますので（図1）、その点が最大の謎になっているわけですね。それにつけこんで『銅鐸の謎』などという無茶苦茶な本を書いて世間をまどわしている人もいるようです。銅鐸が弥生時代のいつ頃に、どこでつくられたかということは、この座談会で大いに論じてもらうつもりですが、その前に、いったい銅鐸は、何に使われた道具なのか、なぜ最終的にああいう場所に埋められたのかについて、読者に納得のいく説明をしていただくことから始めたいと思います。

佐原 銅鐸は近畿を中心に、かなり広い範囲で、しかも同じような埋納状態で出てきています。ということは「それ！　一大事だ」と、大あわてで隠匿したという状況じゃあるまいと思うのです。古墳が出現するなど急激に社会が変わるという時期に、大あわてで埋めておいて、あとで掘り出そうということであれば、銅鐸の上に大きな石をかぶせるとか、銅鐸以外にも大事なものをたくさん入れておくとか、いろいろな埋め方があってもいいのに、島根県から長野県まで、同じように穴を掘ってただ埋めただけという状況だということは、一時的にかくしたという状況ではないだろうと思います。銅鐸が弥生人の集団的な農耕の祭りに不可欠な器物であったことは疑いありませんが、私はお祭りのときだけはとりだし、それ以外のときは埋めておくという解釈です。三品彰英《みしなしょうえい》先生が私の考えを発展させてくださいました。土に埋まっているということは大地の神の祭りに関係する、お祭りのときに掘り出すということは、神様を迎えるということである。お祭りが終わって埋めると、また神様が元にもどるんだというわけです。そして地の神様という信仰から、天の神の祭りとかわったときに銅鐸がいらなくなる。こんどは鏡がシンボルになると解釈されたわけです。

それじゃどうして埋めたままになったかといいますと、銅鐸のお祭りがなくなったために埋まったままになったと考えています。どうして銅鐸のお祭りがなくなったかといいますと、古墳時代になると、支配者にとっては支配していくうえに都合のいいお祭りが必要で、銅鐸のお祭りというムラ人の共同のお祭りは、じゃまになってなくなってしまい、それがゆえに埋まったままになっていると思うわけです。

春成　私は少しちがう解釈をしています。まず銅鐸の文様は何かを表現しているんだと考えると、袈裟襷文《けさだすきもん》と呼ばれる文様は、帯で身の部分をくくっている状態だと思うんです。そして後期の銅鐸の突線帯文というのは、帯でくくっただけでは不十分だというので、さらに紐《ひも》をか

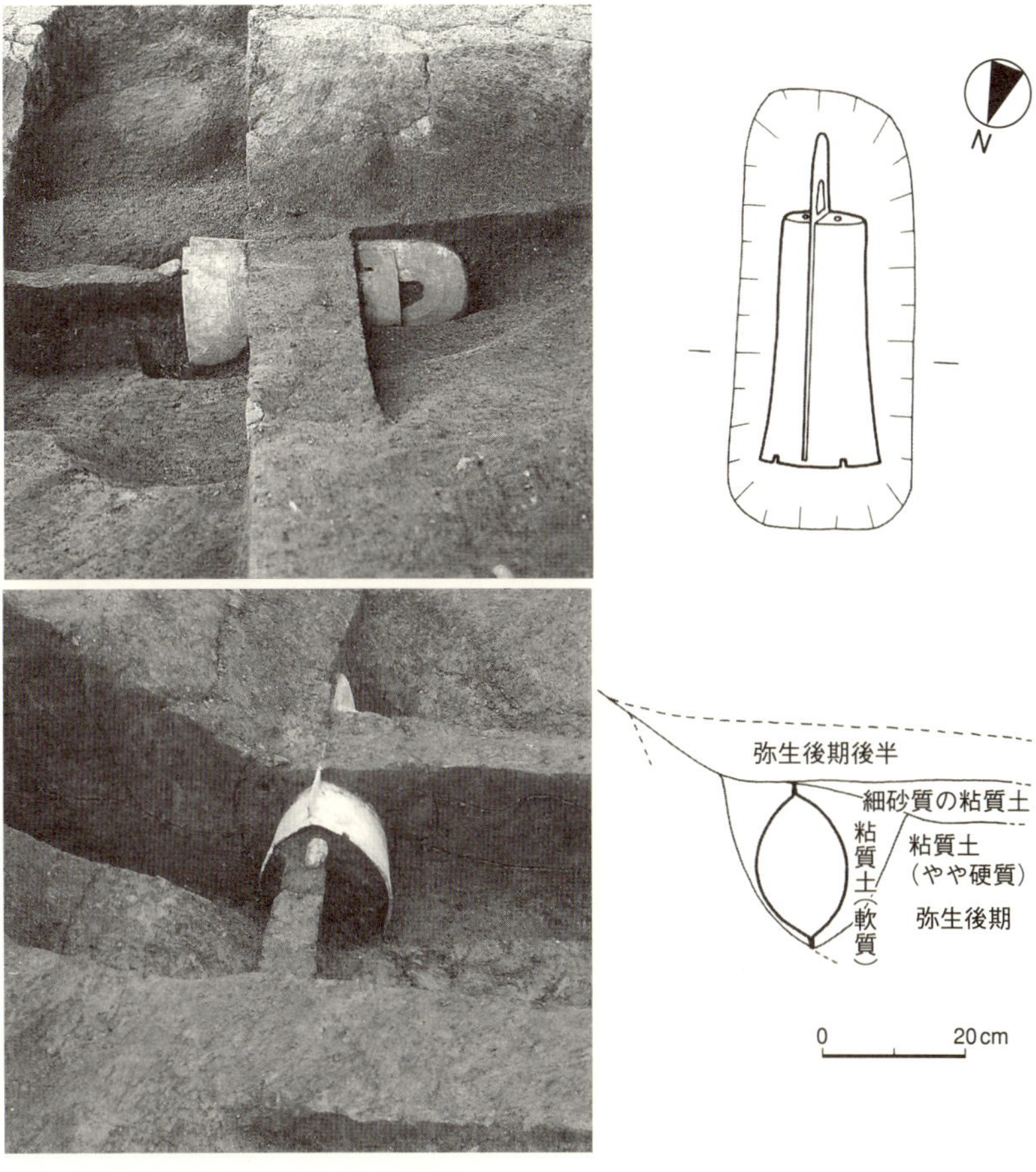

図1　銅鐸の埋納状況（奈良県大福遺跡）

けている状態と考えます（図２）。銅鐸の鰭《ひれ》や鈕《ちゅう》の部分に鋸歯文《きょしもん》が描かれていますが、この鋸《のこぎり》の歯は常に銅鐸の内側をむくように描かれ、銅鐸の中にあるものが外に出ていこうとするのを結びとめておこうという意図の表現であると考えられます。

ではは何を結びとめておこうとするのかというと、三品先生は銅鐸は地霊、穀霊の依代《よりしろ》であるといっているんですね。しかし、地霊というのは大地にやどる霊魂であり、穀霊というのは稲穂にやどる霊魂だと考えられています。一つのものが、こうした性質のまったくちがう二つの霊魂の依代になるということは考えがたいので、私はそのうちから穀霊だけをとりだしたい。

地霊を結びとめておくという話は聞いたことはないのですけれども、穀霊を結びとめておくという話はいくらでもありますね。ですから、私は、銅鐸の文様は穀霊を結びとめておこうとする願望の表現であると考えます。その穀霊は、東南アジアから日本にかけては一般に、初穂にやどることになっています。初穂というのは、すべての収穫に先がけて摘みとってまつる特別の稲穂ですね。

いちばん最初に収穫できるということは、もっとも早く稔熟したということですから、稲のなかでもっとも活力のある稲だと認められるわけで、それに稲の霊魂がこもっていると信じられている。穀霊はきちんとまつっておかないと、死んでしまったり逃亡してしまいます。穀霊が稲穂から逃亡してしまうということは、凶作を意味する、あるいは稲穂が枯れてしまうということです。ですから穀霊というのは農耕民にとっていちばん重要な霊魂で、大事にするわけですね。そういう穀霊を結びとめておく、大事に保護しておくという呪器《じゅき》が銅鐸であった。つまり銅鐸によって穀霊を結びとめておこうという信仰が当時の人びとの間にあったのではないかと私は思います。

奇妙な埋納の状況

春成　初穂は秋に収穫され、翌年の春に田んぼにまかれる、つまり種もみになりますが、銅鐸は初穂にやどっている霊魂を保護する役をになうわけですから、初穂のゆくえと銅鐸のありかというのは必ず密着していなければならない。そう考えるならば、初穂が壺形の土器におさめられて春まで米倉のなかに保管してあったとすれば、銅鐸も米倉のなかに置いてあったことになります。そして春になって種をまく段階で、それまで眠っていた穀霊の目をさまさせ、ゆり動かして元気づけてやって水田にまく、その時に銅鐸が鳴らされる。あるいは種をまいたあと、干ばつがやってくるとか、大雨がふるとか、穀霊はしばしば荒ぶる地霊からおびやかされる。そういう時にも、地霊を鎮め穀霊を勇気づけるために銅鐸が鳴らされると考えるわけです。そして、秋の収穫を迎えるときにも、おそらく銅鐸を鳴らして感謝したことでしょう。このように、銅鐸は最終的には土中に埋められるけれど、それまでの間は地上にあったというのが私の考えです。それがどうしたことか、銅鐸は最後に土中に埋められているのです。

銅鐸が発見される時は、大阪の羽曳野市西浦の例もそうですが、横だおしになっているか、極端な場合には逆立ちして埋められた状態ですね。これは銅鐸の本来の機能を否定していることだと私は思うのです。なぜそういうことをするかというと、いかにしても荒ぶる地霊を鎮めることができなかった際には、豊穣のシンボルである銅鐸を地霊にささげることによって雨が降ってほしい、あるいは陽が照ってほしいと願うのでないかと考えるわけです。

石部　春成さんの新説をうかがいました。銅鐸は楽器であるという説明もありました。古い銅鐸はたしかに楽器ですが、新しい銅鐸になりますと楽器としての役割を果たさない形にかわってきます。それと、いまの説明で少し納得できないことは、各地平均に出るのではなくて、たとえば畿内でも奈良県にはそんなに多くない、一方、徳島県とか滋賀県とか、六甲山中などで集中的に出土するなど、出土のアンバランスがある。その辺のことについてはどうでしょうか。

石野　とくに定まった意見はもっていませんが、つくられた当時の銅鐸は赤銅色なり、黄金色をしたキンキラキンのもので、そういうものを普段は土の中に入れておいて、年に一回か二回とり出すということだとすると、よほどせっせとみがかないと、もとの色にもどらないのではないか。そうすると地上にあったのではないかとも考えられます。石部さんがいわれた畿内の周辺地域に非常に多いというのは、大和なり河内の人びとが、畿内領域の境へ埋めたという春成さんの意見もありますが、その場合は弥生時代に大和とか河内の範囲をこえた畿内が文化的、政治的に一つのまとまりをもっていたことになり、今後の検討課題であろうと思います。

石部　いまお聞きしたように、銅鐸の性格をめぐっては、専門家の間でも、まだ、微妙な意見の違いがあるようです。私は、銅鐸の鐸身部をかざる主文様のうち、袈裟襷文は、田んぼの畦《あぜ》の区画を、流水文は文字どおり豊かな水の恵みを象徴しているのではないかと考えています。このように解釈はいろいろ分かれますが、一致しているのは、弥生時代の人びとが集団的に水稲農耕に従事するにあたって、豊かなみのりを祈念するもっとも重要な祭祀に欠くことができなかった神聖な器物であった、ということですね。

　ところで、銅鐸は、弥生時代の初めからあったものなのかどうか、また、日本のどこで製作されたものなのか、これらの点をぜひ明らかにしなければなりません。

九州にもあった銅鐸

石部　銅鐸は、近畿地方を中心に分布し、九州や関東地方では出土しないといわれてきました。ところが、近年小さな銅鐸の鋳型とか、銅鐸をまねてつくった土製品が、北部九州のいくつかの遺跡でみつかるようになり、注目されていたところ、佐賀県鳥栖《とす》市の安永田《やすながた》遺跡で、ついに銅鐸の鋳型の一部、それも、古い型式の銅鐸の鋳型が発掘されて話題になっています。安永田遺跡発見の鋳型でつくられた銅鐸の特徴と、それが九州でみつかったことの意味などについて、うかがいたいと思います。

佐原　安永田遺跡で出た銅鐸の鋳型については、解釈が二つに分かれることになります。
この鋳型といっしょに出てきた土器は、北九州第4様式という時代、つまり弥生時代を前・中・後期の三段階に分けた場合の中期の終わりにあたります。もっとも、九州の研究者の多くは、第4様式の土器の時期からを後期とよんでいます。

私は銅鐸を古いものから順に、Ⅰ＝菱環鈕式《りょうかんちゅうしき》、Ⅱ＝外縁付鈕式《がいえんつきちゅうしき》、Ⅲ＝扁平鈕式《へんぺいちゅうしき》、Ⅳ＝突線鈕式《とっせんちゅうしき》の四つに分けていますが（図2）、安永田の鋳型はⅡの外縁付鈕式のものだと考えています。しかし、鐸身部の文様が横帯文《おうたいもん》であることから、これを最古の銅鐸に含める研究者もいます。そして、いちばん古い段階の銅鐸の鋳型が、第4様式の土器といっしょに出たのだから、銅鐸は中期末になって、まず九州でつくられ、ついで畿内地方におよび、第4・第5様式の土器の時代（中期末〜後期）に、畿内を中心として栄えることになったのだという意見もだされているわけです。九州の研究者にはそう考える人が多いし、銅鐸の研究者でも、三木文雄さんはたぶんそう考えられていると思います。

これに対して、私は、弥生前期から銅鐸が畿内にあると考えています。畿内を中心として東へ西へと広がっていく。その余波として九州にも渡った。安永田の鋳型もその一例だという解釈もできると考えています。

それから、この銅鐸鋳型がみつかってまもなく、姫路市の今宿丁田《いまじゅくちょうだ》遺跡で銅鐸の鋳型が出てきました。これは私の分類でいきますと、第Ⅲ式—扁平鈕式で、それが第4様式

◀図2　銅鐸の分類と編年

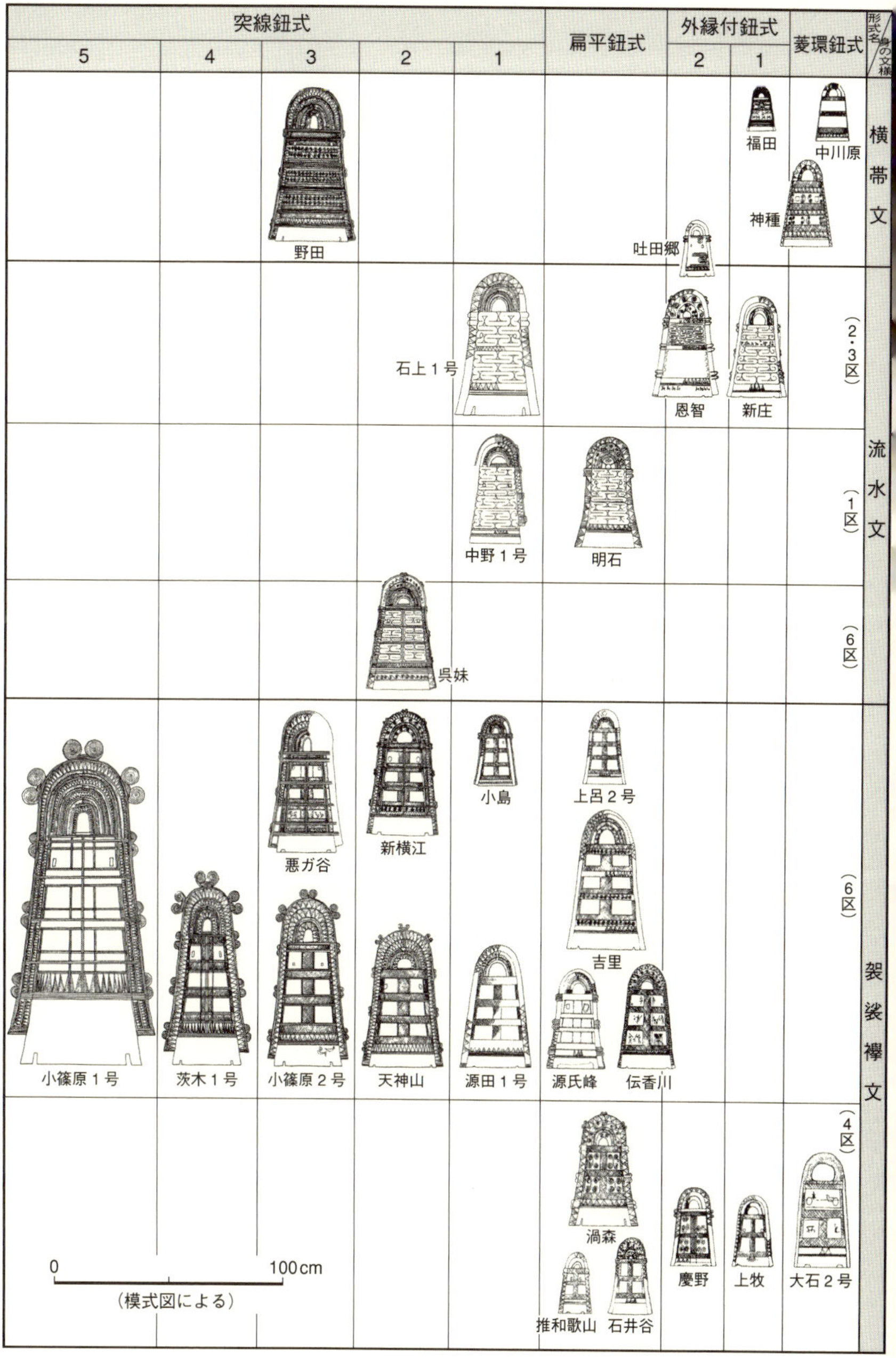

形式名／身の文様
突線鈕式
5
4
3
2
1
扁平鈕式
外縁付鈕式
2
1
菱環鈕式
横帯文
野田
福田
中川原
神種
吐田郷
流水文
（2・3区）
石上１号
恩智
新庄
（1区）
中野１号
明石
（6区）
呉妹
袈裟襷文
（6区）
悪ガ谷
新横江
小島
上呂２号
吉里
小篠原１号
茨木１号
小篠原２号
天神山
源田１号
源氏峰
伝香川
（4区）
渦森
推和歌山
石井谷
慶野
上牧
大石２号
0
100cm
（模式図による）

の土器（中期末）といっしょに出てきました。姫路では、今宿丁田から五〇〇メートルはなれた名古山《なごやま》遺跡でも以前にやはり同じく第Ⅲ式の銅鐸が第4様式の土器といっしょに出ています。だから、佐賀県の銅鐸鋳型は、もっと古い時期に製作されたものが、たまたまそれより新しい第4様式土器と組み合って出てきたと解釈したほうがいいと考えているのです。

春成　安永田遺跡で確認されたことも一つの事実であるし、姫路市の名古山遺跡や今宿丁田遺跡で確認されたことも事実です。どちらもきちっと発掘して得られた結果にもとづいて発言しておられるわけですけれども、九州と近畿とをつきあわせると、事実関係に大きな開きが出てくる。つまり考古学的な事実というのは、ときとしてはただちに真相を示すとはいえない場合があるということです。こういういい方をすると、考古学はあてにならないと思われても困りますが、事実と真相の間には若干の距離をおいてのぞむほうが安全です。これは日本の考古学がこれまでたくさん経験してきたことです。

名古山遺跡と今宿丁田遺跡では、中期末の土器と、佐原さんのいわれる第Ⅲ式の扁平鈕式銅鐸の鋳型が共存していた。また、今宿丁田遺跡ではふいごの羽口のかけらや鉱滓など、鋳造と直接結びつきそうな遺物も出ている。姫路のほうにはこうした事実があるわけで、私としては証拠のよりそろっているこちらのほうによりかかりたいという気がします。

佐原　もう一つの事実として、第3様式の時期（中期中頃）の銅鐸形土製品というのが三例あります。九州は佐賀県川寄若宮《かわよりわかみや》遺跡で一例、畿内では瓜生堂《うりゅうどう》遺跡と亀井《かめい》遺跡とで出土している。

ですから第3様式の時期に銅鐸があったというところまでは疑いないんですね。
安永田遺跡の場合、私のいう第Ⅱ式の中でも古い型式の銅鐸の鋳型が第4様式の土器といっしょに出たから、中期末の製作だと主張するとすると、近畿での鋳型の時期や、銅鐸形土製品が、もっと古くからあるという事実と矛盾してくるのです。

石野　ともかく銅鐸の編年に関する今までの長い研究の歴史と合わないわけですね。それと銅鐸だけでなくて青銅製の細形銅剣とか、その他の武器類の編年、土器の編年、そういう弥生文化全体の組合せと今回の発見はどうも合わない。そういうことをいうと、従来の研究を先入観としてそれ以外のものはうけつけないというような話になるのですけれども、春成さんもいわれるように全体的にみるとどうも差がありすぎる。九州で銅鐸の鋳造が中期末の段階から始まって近畿のほうへやってきたんだというふうには考えないほうがいいのではないかと思います。

こわれた銅鐸破片の出現

佐原　いっぽう、名古屋の朝日《あさひ》遺跡で第5様式土器の時期（弥生後期）、山中式という土器と一緒に私のいう近畿式銅鐸、銅鐸としてはいちばん新しい時期の銅鐸の飾りの耳の破片が出たのですよ。それがね、最近二例目が出たと聞きました。別個体だということです。
新しい近畿式銅鐸が畿内の各地でこわれた状態で出てくる。土師器にともなって出るものが多かったわけですが、こんどは確実に第5様式の土器にともなう銅鐸片の出土が一つの遺跡で二回あったことになります。この事実はかなり重要だと思うのです。

春成　第5様式のなかではどれくらいの時期になりますか。

佐原　最近第5様式の土器を橿原考古学研究所の寺沢薫さんは六つぐらいに分けておられますから、山中式も当然分けなければいかんわけでしょう……。ともかく、第5様式土器が使用されている期間のなかで、いちばん新しい銅鐸の時期というものがつかまえられることになりそうです。そうした例からみても銅鐸鋳造の開始年代をずっと新しくする九州的な考え方がなりたつことはちょっとむずかしいでしょうね。

石野　安永田遺跡の鋳型は横帯文《おうたいもん》の菱環鈕式《りょうかんちゅうしき》という一番目の銅鐸ではなく、二番目の外縁付鈕式のものであろうという点は……

佐原　私の型式分類でいくと、どうしても二番目にこざるをえないわけですよ。そのうえにもうりっぱに鰭《ひれ》もあります。私の型式分類をまったく否定して、三木文雄さんとか梅原末治先生がやられた分類でいえば、いちばん古いことになるんです。

とにかく九州では、第3様式の時期、つまり、須玖《すぐ》式土器の時期（中期中頃）に朝鮮製の細形銅剣が墓に入っている、だから国産品の鋳造は一時期おくれるだろう、九州がそうだから畿内もそうだろう、右へならえだという考え方も、それなりにちゃんと論が通っていることは確かですね。

石野　年代観の問題とは別に、銅鐸の文化圏をどういうふうに考えたらいいのかという問題ですが……

石部　九州で銅鐸が発見されたという意義ですね。

佐原　さっき申し上げたように二つの考え方があるわけで、もし九州で銅鐸が成立したのだという場合には、非常に重要な意義をもつことになるでしょう。そう考えるのか、畿内から中国、四国さらに九州までひろがっていったけれども、九州では矛形祭器《ほこがたさいき》をつくるほうが盛んになって、それで消えたと考えるのか、それで大きく評価がかわってしまうことになるでしょう。

石野　九州でつくったのだという場合でも、やはり時期としては無理があると思うのですが。

佐原　考古学の基本的なことですが、AとBとがいっしょに出てきた場合、ABの製作年代が同じ時代の可能性はあるけれど、偶然の可能性があります。AとBが二度三度、五回一〇回と出てくれれば、製作年代もいっしょだという可能性というか、確実性ということになっていくわけですね。いまの場合には姫路の場合の第4様式と共伴している銅鐸が二例ある。二対一の確率ですけれど、もう少し例数がふえていけば、より確実になっていくでしょう。

小銅鐸とはなにか

石部　銅鐸製作のはじまった場所とか、年代については、まだまだ追加資料が必要だと思います。それにしても九州では小銅鐸（**図3**）が二カ所で出ている以外、実物はまったく出ていません。近畿を中心に、九州をのぞく西日本では、すでに四〇〇例近い銅鐸が出土しているのに、九州では小銅鐸といわれるちょっとわけのわからないもの以外は出ていません。銅鐸祭祀の形態に、畿内を中心とした地域と、北部九州を中心とした地域ではかなり差があるということなのか、どうでしょうか。

佐原　福岡県春日市の須玖岡本遺跡と大谷《おおたに》遺跡とでみつかった小銅鐸の鋳型についても未解決でしてね。銅鐸の起源に結びつくものである可能性と、銅鐸のイミテーションである可能性とがあるわけですね。あれを銅鐸の起源と結びつけようとしても、あれから安永田の銅鐸へは非常な飛躍がありましてね、あの小銅鐸からただちに安永田の銅鐸にはなりえないものだと思います。もしあの小銅鐸が起源だとすれば、それをつなぐようなものが九州で出てきてくれなければいけない。近畿地方だと順番にずっと変わっていく状況がわかりますけれども。

春成　もう一つの問題は、鋳型は佐賀県でみつかったけれども、その製品は五つとも近畿圏のはしっこともいうべき中国地方から出てきている点ですね。

佐原　その五つめの春成さんのいわれる岡山県百枝月《ももえづき》のは同類かどうかちょっとわからないんですけれども、四つ出ている銅鐸でいくと、出雲（島根県）の銅鐸がいちばん古く、それから広島県の福田木ノ宗山《ふくだきのむねやま》の銅鐸、岡山県の足守《あしもり》の銅鐸、例の鳥取県の銅鐸（辰馬考古資料館蔵）という順番になるんです。このあとの三つの順番は梅原先生や、森本六爾さんがとうの昔にきめ

（鐸身の高さ 6.55 cm）　　　　（高さ 5.5 cm）

図 3　九州出土の小銅鐸（左：福岡県浦志Ａ遺跡出土、右：福岡県原田遺跡出土）

たとおりで、今回のは福田と足守との間に入ると思います。それが全部九州でつくられた可能性も出てきているわけですね。

春成　福田から出ている銅剣と銅戈《どうか》もいまや九州産といえそうですね。

佐原　私は戈形祭器といいたいけれど、九州産でしょうね。剣形祭器のほうはどうでしょうね。判定はむずかしいと思いますが。

春成　畿内でつくったものと九州でつくったものが広島にあつめられ、最後に埋納されたとみるべきか、それとも全部九州でつくったものがここへきて、お祭りをしたあと埋められたというべきなのか。

佐原　それは前者でかまわないじゃないですか。なぜかというと、銅鐸と武器形祭器がいっしょに出る場合、九州製の武器形祭器と銅鐸とが共伴するということはなくて、むしろ近畿地方、あるいは中・四国でつくった武器形祭器と銅鐸がいっしょに出てくる場合が多いわけだ。それ以外に単独にみつかるものをみれば中国地方、四国地方には九州製の戈形祭器、あるいは矛形祭器がたくさん入ってきていて銅鐸と入りみだれている感じでしょう。

石野　佐原さんの説では第Ⅰ式とか第Ⅱ式の銅鐸というのは近畿でつくられているということではなかったのですか。

佐原　そうですよ。しかし第Ⅰ式に関しては類推でしかなくて、実際の数はわからない。第Ⅱ式に関しては、土器の流水文との関係から大和か河内でつくり始めたと考える。大阪府茨木市の東奈良《ひがしなら》遺跡で銅鐸の鋳型が十数例出ていますね。これは銅鐸の工房としてはいちばん古いものでなくて、ちょっとたってからのものです。いずれにしても最初の時期から大和、河内でつくりはじめていると思っています。

みつからぬ最古の銅鐸の鋳型

石野　それがこんど安永田遺跡でみつかったことによって、あの段階の銅鐸はすべて九州でつくられ、中国地方へもたらされたということにはなりはしませんか。

佐原　ならないですね。というのは、広島の福田木ノ宗山で出てきたのは地方色がつよい銅鐸で、私は第Ⅱ式と考えていますが、その時期の銅鐸の鋳型は、すでに東奈良遺跡でたくさん出ている。それを九州でつくったとはいえないと思います。

春成　菱環鈕式の最古の銅鐸は九州でつくられ、第Ⅱ式の外縁付鈕式の流水文の時期から畿内でつくられたという具合にはいきませんか。

佐原　それは可能性としては否定できないのですが、鋳型自身が九州でも出ていないし、畿内でも出ていないから、どうともいえない。

春成　不思議なことに、いまのところいちばん古い銅鐸は播磨とか淡路ですね。

佐原　そうですね。播磨と淡路と福井県でしかみつかっていないですね。

石部　鋳型は近畿ではかなり広い範囲で出ますけれども、畿内の中心部の大和盆地ではいまのところ唐古・鍵遺跡で鋳型が出ているだけのようですが（一七八ページ図30参照）。

石野　唐古・鍵遺跡の銅鐸鋳型が捨てられた時期は九割がた第5様式土器の時期（後期）なんですよね。だから、佐原さんの銅鐸の分類というのはよくわかるけれども、年代観としては少し下げて考えたほうがもっとわかりやすいと思っているんですけれどね。

佐原　石野さんはいつごろから始めますか。

石野　中期の中頃ぐらいから。

石部　これまでの話を整理しますと、銅鐸の製造は前期に始まったという佐原さんの有力な説と、事実問題としては中期以後ということで、考古学界全体としても意見が定着していない。どちらが正しいということではなく、仮説をどんどんたてるとともに、注意深く遺跡を観察していくということが大事ですし、今後の発見が大いに期待されるというところだと思いますね。

さて、弥生時代はなんといっても水田稲作農業がほぼ本格的に日本列島で開花した時期です。戦後間もなく、静岡県の登呂《とろ》遺跡の発掘調査が大規模におこなわれ、弥生時代の社会の実態が明らかになったんですが、登呂の調査のいちばん大きな意義は、集落といっしょにそれにともなうと推定される水田遺構がみつかったということでした。それで現在も、教科書などで登呂遺跡が大きく紹介されているわけですが、次に当時の稲作を中心に弥生社会の本質に迫りたいと思います。

〝縄文土器〟とともに水田跡が

石部　一昨年頃から全国各地で弥生時代はもとより各時代の水田の跡の発見がつづいています。また福岡県の板付《いたづけ》遺跡では、もっとも古いといわれる板付Ⅰ式土器にともなう水田遺構、あるいは用水路の跡と思われる遺構に加えて、さらに下層から縄文時代にさかのぼる可能性をもつ水田遺構もみつかったというニュースが伝えられています。各地で発見された水田の実態と、その意義ということで意見をたたかわせていただきたいと思います。

石野　岡山市の津島《つしま》遺跡でみつかった弥生前期の水田は、微高地のふちに幅一〇メートルぐらいの田んぼをつくっていました。板付遺跡のも同じように幅一〇メートルぐらいの水田になっています。中期のはよくわからないのですけれども、滋賀県の大中《だいなか》の湖南《こみなみ》遺跡では非常に広い範囲の水田の区画があって、小さな畦《あぜ》なんかはみつかっていません。後期では、群馬県の日高《ひだか》遺跡、静岡県の登呂遺跡ですね。登呂は非常に大きな区画の水田で、一枚の田んぼの面積が大きいわけです。日高のは丘陵との間の若干低いところでみつかったのですが、田んぼの面積が小さくて、それでもちゃんと畦の一部を切って、水が上の田んぼから下の田んぼへ順々に通っていくようになっています。もっと小さい田んぼ、手をのばすと向こうの畦に手が届くような田んぼもあります。群馬のほうでそういう水田跡がたくさんみつかってきましたけれど、その水田でどの程度米がとれ、どの程度の食糧をまかなえたのかというのはまだよくわかりません。

板付遺跡で従来縄文土器といわれていた夜臼《ゆうす》式土器といっしょにみつかった水田は、板付遺跡の弥生前期の水田と同じような規模のようですが、りっぱな溝があって、堰《せき》のような水量を調節する施設もあります（図4）。その溝のなかから、木製のクワが出てきたり、穂づみ用の石庖丁も出てきました。そういうものが全部そろっているんですよ。教科書的にいえば、田んぼがあって、農耕具があって、金属器があって、ちゃんと米をつくっていれば弥生時代とよぼうじゃないかといってきた。それで、従来は縄文時代の土器といわれてきた夜臼式土器は、弥生時代の土器と考えたほうがいいと私は思っています。

石部　まず、縄文時代と弥生時代とがどう違うのかということをはっきりしておかないと、水田の意義が不明確だと思うので、そのあたりからお願いします。

縄文時代と弥生時代の違い

佐原　私は、縄文時代には農耕がまったくなかったとは言いませんが、縄文時代は食糧採集が基本だと思います。もし、農耕があったとしても、付随的な意味しかもたなかった。弥生時代は、稲作を基本とする農耕社会であると考えるわけです。

縄文土器を使った時代が縄文時代で、弥生土器を使った時代が弥生時代というのは学史的に

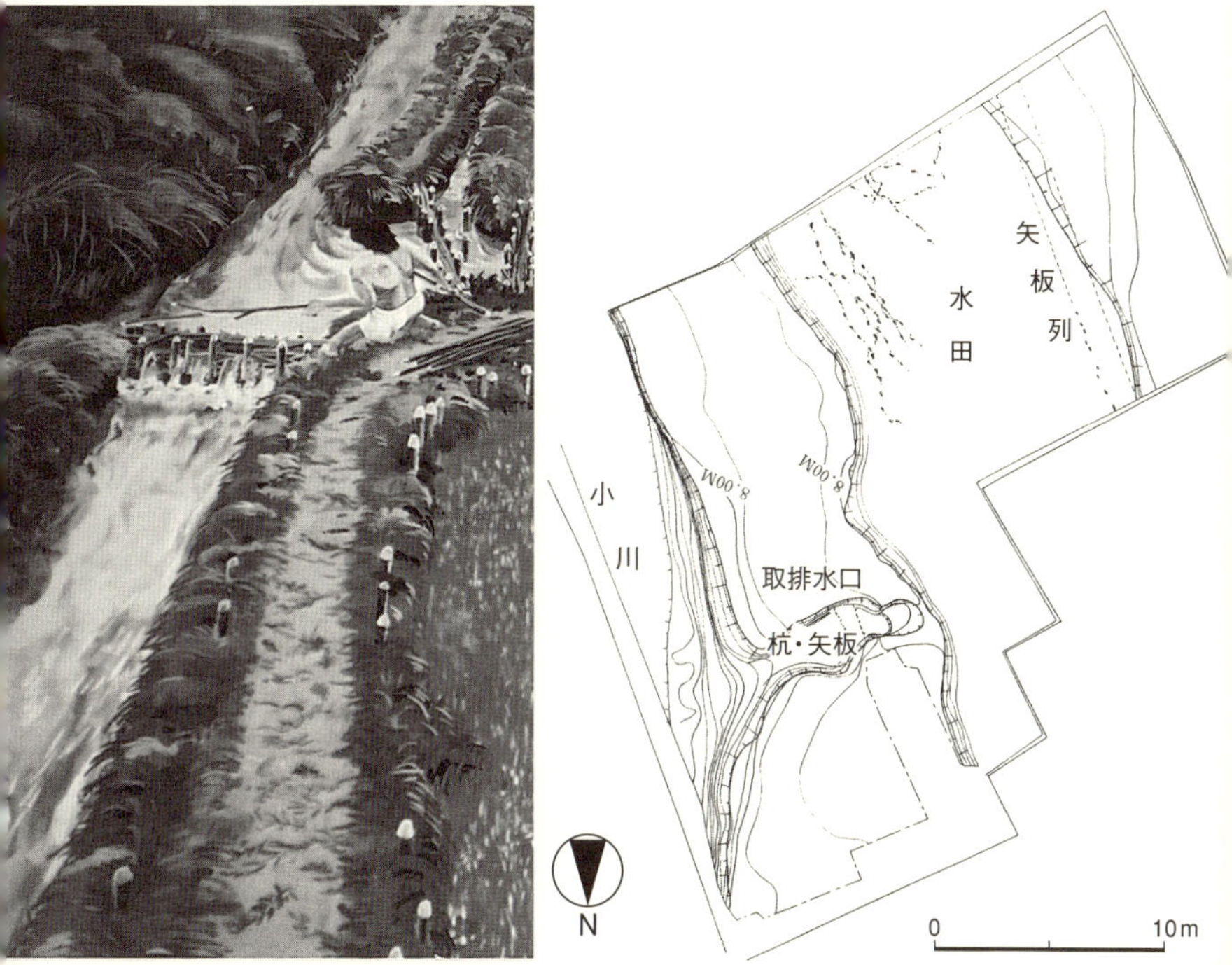

図４　福岡市板付遺跡の「縄文」水田
左：井堰づくりの復元図、右：板付遺跡の初期水田

は正しいのだけれど、現在ではそれでは割りきれなくなった。むしろ、いまいったような意味で縄文時代、弥生時代を規定して、その時代の土器が縄文土器であり、弥生土器であると考えたほうが現実に即していると思っています。

石野さんも言われたように、板付水田も、これは弥生時代の水田である、つまりいままで認識してきたいちばん古い弥生土器より一つ古い時期から弥生時代と考えるべきだと思います。あれは縄文水田だという研究者はたくさんいますが、その人に「あなたは、縄文土器、弥生土器はどう区別しますか」というと、おそらくなかなか答えにくいのではないですか。代表的な縄文土器と、代表的な弥生土器をもってくれば、だれにでもその違いが指摘できるでしょう。教科書にはそのような縄文土器、弥生土器の区別が書いてあるわけです。しかし、草創期から晩期まで沖縄から北海道までの縄文土器、北九州から東北地方までの弥生土器を、それぞれ包括して定義をくだし、両者の違いをあげることは、いまやだれにも不可能であると思います。

板付の土器は弥生土器だと考えるべきだというのが私の立場です。いま、縄文水田という言葉が世を惑わしているのです。いままで最古と考えられていた弥生土器より、さらに下から水田が出てきた、これについては縄文時代と考える人もいるし、弥生時代と考える人もいる、そういうのが正確なニュースだと思います。

春成　いまのご発言、あまり佐原さんらしくないという気がしますよ。意外とせっかちなところが。

弥生時代と縄文時代との境界線をどこにもっていくかということは、あと回しにしていいのではないですか。縄文から弥生への移行期の微妙なさまざまな現象をきちんと説明したあとで、境界線をどこに引こうかという議論をやっても遅くはないと思うのです。

板付で出土した土器は、これまでの考え方だと縄文土器ですね。そして水田耕作の体系は、弥生そのものである。つまり、生産の体系は完全に変革されてしまっているのに、土器だけは変革されずにまだ縄文的な土器がある。なぜ土器のほうもいっしょにがらっと変わらなかったのか？

板付遺跡は、これまでの発掘にくらべたら、けっこう広い面積を掘り、しかも慎重に掘っており、そこで夜臼式の単純層をみつけ、そしてそれに水田がともなうことを確認した。これは事実としてみとめていいと思うんです。ただし、それと真相がぴったり一致するかといえば、まだ疑問の余地はあると思うのです。といいますのは、夜臼式の単純層から出ている夜臼式土器の甕《かめ》は、そんなに古い感じがしないのですよ。近畿地方にもってきたら突帯文が二本めぐる弥生的な要素をもった船橋式なのです。壺《つぼ》形の土器もちゃんとあって、しかも、刷毛目《はけめ》がちゃんとついている。少なくとも、この点では、すでに普通の縄文土器ではなくなっていると思われるのです。

佐原　それからね、板付遺跡から出土した夜臼式の壺形土器は焼く以前に赤く塗ってますよね。縄文土器にはいままでなかったことです。それが弥生前期の板付式では、焼き上げてから塗ります。焼く前に赤く塗るというのは中期にならないと出てこないでしょう。

板付の夜臼式土器は縄文土器だといわれましたが、あれがなぜ縄文土器かというその根拠をうかがわないと、納得できないのですが……

春成　それ以前の縄文晩期の土器から甕形(深鉢形)の土器も浅鉢形の土器も直接ひっぱってこれるわけですね。ただし、壺形土器に関していうとどうもそうじゃないようで、夜臼式の成立と同時か、夜臼式のある段階で、大形の壺ができてくるみたいですね。そういう点では、板付遺跡の夜臼式も完全に縄文土器といえないかもしれないという気はしますね。新しい波をうけている……

佐原　縄文土器、弥生土器の定義が非常にむずかしいということですね。私は土器からみても弥生といえると思いますよ。

石野　いま問題にしている土器を見せてもらったとき、九州でずっと土器の研究をしているほとんど全部の人が、これは従来からいっている夜臼式土器だというので、きっとそうなんだろうと、自分を納得させたわけですがね。

佐原　これはきわめて明快なんです。岡崎敬、森貞次郎そして杉原荘介の三先生が板付こそが最古の弥生土器ときめられたわけですよね。それより古いから縄文土器だというのにすぎないんです。

石野　そういう丹塗磨研《にぬりまけん》のきれいな土器があって、ざらざらした甕があって、それといっしょに田んぼがあるんだから弥生時代というのも、乱暴な意見かもしれませんが、もしかすると、もっとさかのぼるかもしれませんね。

佐原　農耕民と採集民とは、物質を交換し合います。縄文後期の遺跡にお米が出てきたといっても、ただちにつくったことにはなりませんね。

石野　水田がみつかった場合は……

佐原　水田がみつかれば問題になりますが……

　縄文土器のセットは深鉢と鉢だということはずっと変わらない。ところが、いま問題になっている夜臼式、板付式になってがらっと変わった壺が出てくる。今まで米を調理していなかったのに、急に調理するようになる。調理法、食事の仕方や貯蔵法とかいっさいが変わったために土器もかわるのです。

石野　世の中が変わってもすぐに土器は変わらなくてもいいと思うのですが。

佐原　お米を食べはじめるということは、それにともなって調理具と食器が変わるということで、世の中の変動ではない。土器は調理具であり、食器であるわけですから、お米を食べはじめたら変わるわけです。

春成　これまで弥生式の最古のものと決められた土器ですが、壺形にせよ、甕形にせよ、とにかく形が非常に端正で流麗ですね。それにくらべると夜臼式というのはそんなにかっこよくない。壺形もどこかしまりのないものがまずあって、それから次の時期にきりっと形が決まってくる。夜臼式は見ようによっては板付Ⅰ式がなにか退化したような感じさえするわけですよね。もしこれまでの説を踏襲するとすれば、実は逆なんですけれども。

石野　縄文か弥生かというのは、縄文時代をどう考えるのか、弥生時代をどう考えるのかということがあるわけで、本当に弥生的社会になるのは近畿の場合、前期の終わりだということを佐原さんはいっておられるし、九州でもそうだということを高倉洋彰さんも書いております。そうすると、それまでは縄文社会ということになる。そういう見方をすると、夜臼式の田んぼは縄文時代の田んぼになる。

佐原　畿内弥生文化と九州弥生文化との差が明確になる画期が前期の新段階であるといっているのであって、畿内の弥生の前期の古いほうは弥生社会でないとはいっていないつもりなんですけれども。

石野　それを私なりに受け取って先ほどのようなことを考えてもいいのではないかというわけです。水稲農業が定着し、縄文系のそれまでの人たちが稲作を始めるようになった段階が前期の末という段階でしょう。それ以前は過渡期の段階であって、田んぼがあろうが何があろうが、それは定着していないのだから、縄文時代の田んぼなんだという意見も一方では出てくるだろうと思うのです。

佐原　そうなってくると、縄文時代とか弥生時代の定義が不明確になりますね。

農耕社会の独特の始まり方

春成　先ほどの考えでおもしろいと思っているのは、世の中が変わってしまったのに土器はまだ完全には変わっていないといわれるが、古墳がつくられても土器は変わらないのかというと、実は変わっているようです。つまり、前方後円墳の出現と布留式土器の全国的な広がりというのは……

佐原　世の中変わってもというが、古墳ができましたから、はい、変わりましたではなくて、体制が変わるからたしかに変わっていくんです。それはかなり漸進的な変わり方ですよね。

春成　板付遺跡その他、最近の調査によっていよいよはっきりしてきたことは、弥生時代は原始農耕の段階から始まったのではないということです。水田にせよ農耕具にせよ、完成され体系化されたものからいきなり始まることがはっきりしてきました。かつての唐古遺跡の調査では、農耕、木工具に関しては用途に応じて多様に分化したもの、完成したものがあったが、水田に関しては用排水しなくていいような低湿地での低水準の水田を考えていましたね。しかし、弥生時代の開始の時点から水田も完成したものから始まっている。日本における農耕社会は非常に独特な始まり方をしていることがわかってきた。そういう点では金関丈夫先生の提言以来、通説化している朝鮮半島南部からの人びとの集団的渡来という問題を考えないことには説明できないだろうと思うのです。弥生土器の成立の微妙な問題も、この点を視野に入れたうえで迫らなければいけないのではないかと感じます。

石部　考古学は遺跡とか遺構、遺物というものをとおして歴史を研究しているわけですけれども、水田、稲作農業という大きな生産技術の変革が、夜臼式土器の段階に始まったことは明らかになったわけですが、文化現象全体からみた場合には評価が分かれる。社会全体がすぐに変化をおこすのではなく、技術の変革と社会が変わっていくということの間にはズレがあったりして、それが研究を非常にむずかしくしているのではないかと思います。縄文から弥生への変革というのは、時代の画期という意味で非常に重要なテーマだと思います。

方形周溝墓と方形台状墓

石部　弥生時代の前期後半といわれる段階になりますと、少なくとも西日本においては、水田、稲作農耕が本格的に発展していくということになるわけですが、弥生時代における世の中全体の変化というものを最近の考古学の成果から少し見通していただきたいのですが……

佐原　弥生時代の墓のなかで方形周溝墓とよんでいる墓があります（図5）。本来は一辺一〇メートルぐらいの四角い盛土をつくって、その周囲に溝をめぐらしていた。ところが盛土が失われてしまって溝だけがみつかる場合が多い。方形に周溝があるということで方形周溝墓と名前がついたわけです。この墓が、畿内では前期の後半には出現しているわけです。これが時代を

図 5　方形周溝墓群（滋賀県服部遺跡）

おって東へ西へとのびていき、南関東だと中期後半に、仙台だと古墳時代になって出てくる。西の方へいきますと中期には山陰、あるいは愛媛県なんかにありまして、古墳時代の初めには九州に出現している。そういう具合に畿内を中心として方形周溝墓が伝播《でんぱ》しているということは、弥生時代の畿内を評価する際に重要だと思っています。

弥生時代の前期に九州にはどういう墓があるかというと、石棺、木棺、中期になると甕棺、後期になるとまた石棺といわゆる土壙墓というように刻々と変わっていく。関東地方の場合には弥生時代の中頃には再葬墓とよばれているお墓があるわけですが、これが方形周溝墓とおきかわるわけですね。

ところで、吉備地方の岡山では弥生時代の中頃から方形台状墓というのが出てきます。そしてそれらの中から「墳丘墓」と近藤義郎さんが呼ばれているような墓が出てきます。古墳の成立を考える場合には畿内と吉備との関係を追究しなければいけない。古墳の成立を考える場合には、もはや畿内と九州を比較する段階ではないと思います。

畿内では弥生前期、中期、後期、あるいは古墳時代までつづく集落がたくさんあるんですね。ところが九州は、有名な集落遺跡はたくさんありますが、短期間で終わるのが絶対多数で、おそらく前期から後期まで、あるいはその後までつづくという集落はなさそうです。集落の継続性というのは、自然条件も関連してくるわけですが、お墓に関しても集落にしても、九州のほうはかなり不安定な感じ、畿内は安定した感じです。

石野　佐原さんが弥生時代の墓で、区画されている墓と区画されていない墓とを大きく分けられたのですが、区画されているというのは、溝で四角く区画するとか、あるいは岡山にあるように石垣を回りにめぐらせてお墓の回りを区画するとか、いろいろなやり方があるわけですね。
いまのところ九州では弥生時代のはっきり区画された墓というのはありません。しかし、九州では、甕棺とか木棺群がたくさん掘られています。丘陵上に一〇〇とか二〇〇とかいう墓群があって、それがわりと整然と出てきているのです。その墓群と墓群の間に、通路みたいな部分があったり、部分的にとぎれたりしていて、区画のあった可能性も考えられそうです。墓はわりと整然としているから、丸い区画を考えるよりは、四角い区画を考えるほうがいい。福岡の三雲《みくも》遺跡で、以前に鏡をたくさん出した甕棺の周辺を発掘しており、わりと近いところで溝が出てるんですね。その溝は甕棺と同じ時期だということです。ことによると、甕棺をとりまいていた可能性がないだろうかと思います。そういうものをひろっていくと、九州でも四角い区画というのがありうるんじゃないかと思うんです。

九州と畿内の違い

石部　畿内でははっきりと溝をめぐらした区画をもち、ある程度の低い墳丘をもっている方形周溝墓が群在する。そして中心的な埋葬施設としてはコウヤマキという木を用いた組合形の木棺が用いられています。
九州の場合はお墓から宝物が出てくる場合があるわけですが、近畿の場合は、せいぜい供献された土器だけで、青銅器とか玉類とかを出土するのは、いまのところみつかっていない。高校の教科書なんかでは、現在でも九州の墓制が主として紹介されているのが実情ですけれども、春成さんはどうですか。

春成　九州では、鏡とか玉類がすでに弥生の墓から出ます。鏡を三〇面以上副葬しているものさえあるのに、近畿地方や中国地方ではほとんどない。そもそも畿内地方では、二〇年ほど前まで墓そのものがろくにみつかっていませんでしたね。

それが、その後、緊急調査でどんどんみつかりはじめて、ようやく九州と比較できるような状況までできています。そういう発見史上のズレというのもあって、弥生時代から古墳時代への移行を語るのに、まず九州の副葬品をたくさん入れた甕棺で説明し、次に近畿地方の前方後円墳を使うというやり方でした。そうすると、どうしても木に竹をつぐような説明になる。そこから、北九州の勢力が東のほうに移っていって大和政権をつくったんだという原田大六さんのような考え方が神武東征伝とからんで出てくるわけです。

最近になって、近畿地方でもたくさんの墓が出てきましたけれども、副葬品が非常に少ないという点は変わらない。ただ、九州のほうも、副葬品を大量に入れているというのは、実は特定の時期なんです。中期の後半から後期の初頭が非常に多い。畿内でいえば、中期の第3様式の新しい時期から第4様式の時期までです。そして、後期の第5様式の時期になると、九州でも非常に断片的です。鏡もカケラだけが出てくる。ですから、第5様式の時期をとった場合は、九州と畿内の優劣を決めるような材料は墓制のうえではまだはっきりしないといわざるをえない。従来、そういう常識的なところをやや飛ばして議論する傾向があったように思います。

結局、これまで弥生時代の墓と古墳とを区別する場合は、たとえば、墳丘が存在するかしないかということを規準にしていた。九州は甕棺墓で墳丘をもつものが、昔、いくつか報告されているのに対して、畿内ではなかなかそういうのがみつからなかったものですから、九州勢力の東遷説などが出てきたわけです。

全長八〇メートルもある吉備の墳丘墓

春成 佐原さんが、比較すべきは畿内と吉備であるといわれたので、少し吉備のことにふれましょう。岡山県の楯築《たてつき》遺跡は全長約八〇メートルくらいの墳丘のある弥生時代の墓です（図6）。岡山県で最古の古墳といわれている一つは岡山市の湯迫《ゆば》車塚《くるまづか》古墳で全長四八メートルの前方後方墳です。つまり、最古の古墳より弥生時代の墳丘墓のほうが規模が大きい場合もあることがわかってきたわけです。そうなると、墳丘が存在するかしないかで弥生時代と古墳時代とを区別できません。次に、副葬品があるなしでも区別できない。そこで、学界でも混迷の度合いが強まっているといえます。古墳の規定の仕方そのものも、変化せざるをえなくなってきたわけです。そこで、一つの考えとして出されているのは、前方後円墳というのは、単なる墓ではなくて、首長権の継承儀礼の場であるという説です。

石野さんが調査された大和盆地のど真中にある纒向石塚《まきむくいしづか》は全長が約八八メートルあり、周りに堀をめぐらしている。堀のなかからニワトリをかたどった木製品が出てくるとか、あるいは弧文円板と呼んでいる彫刻をほどこした円い板が出土しています。だから、盛大な儀式がおこなわれたらしいというので、石野さんは石塚でも首長権の継承がおこなわれたんじゃないかと考えておられるようです。石塚から出る土器は、これまでの見方では弥生土器ですね。しかし、これは弥生時代の墳丘墓ではなく、最古の古墳でいいのではないかと石野さんはいわれていますね。

これまでの前方後円墳の成立をもって古墳時代の開始とする説では、最古の古墳といわれるものが西日本の各地、畿内、中国、九州の諸地方に分布している。したがって、ほぼ一線をもって弥生と古墳の境を決めることができました。けれども、墳丘墓のばあいは、首長権の継承儀礼がおこなわれているようだからこれは古墳で、あれは小さいし、どうもそういう雰囲気がないから弥生の墓にしてしまおうということになると、弥生時代と古墳時代の境界は、地方によってものすごいデコボコが出てくる。そこで、そういう説の批判もかねていいますと、弥生時代の後期につくられた墓は、地方色が豊かですね（九七ページ図17参照）。吉備地方に独特の墓

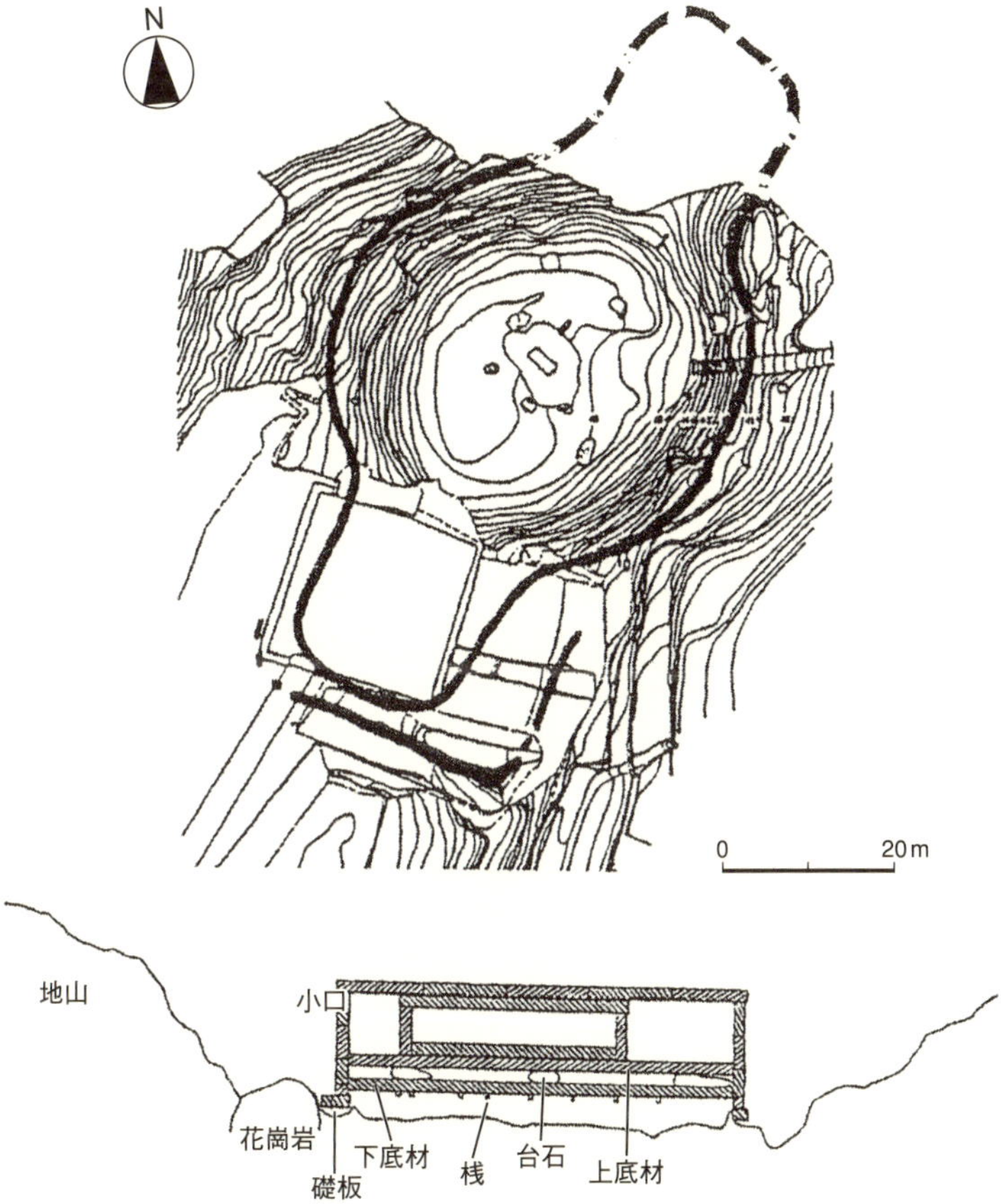

図6　岡山県楯築遺跡の墳形と木棺墓の構造

制がある。出雲にもまた独特のものがある。畿内もまた、おそらく独自のものをもっているだろうし、九州もまた独自なものをもっている。おそらく纏向石塚も畿内独特のものの一つでしょう。

首長権の継承儀礼としての古墳

春成　次の古墳時代に入りますと、前方後円墳、あるいは前方後方墳というのがいきなり出てくる。そして、たとえば、福岡県の石塚山《いしづかやま》古墳と京都府の椿井大塚山《つばいおおつかやま》古墳とを比較した場合、おそらく違いを指摘することはできないでしょう。石塚山古墳に九州独特の要素があるか、いまのところはっきり指摘できません。

つまり、墓制といいますか、首長権の継承儀礼の統一された姿が最古の古墳にはみられる。そこで、時期区分をする場合、地方ごとにバラバラであったものが統一されるところで線を引けば、一般に通りがいいというだけでなく、学問的にも議論しやすい。それで私は、やはり最古の前方後円墳をもって古墳時代の開始という具合に考えています。そして墳形が統一されているだけではなく、棺と棺を囲む槨《かく》の構造が統一されている。たとえば、最古の古墳の棺というのは大木を二つに割り、その内側をくりぬいて死体を入れる割竹形木棺で統一されている。その棺の長さも五メートルから六メートルの長いものが広い範囲で分布している。その棺を納めるために、いわゆる竪穴式の石室を設けるという点でも共通している。さらに、副葬品をみると、弥生時代後期の段階では地方ごとにバラバラだが、最古の古墳では、もっとも典型的なものとして鏡がある。しかもその鏡は三角縁《さんかくぶち》神獣鏡《しんじゅうきょう》と呼ばれているもので、これはどうみても、畿内地方にまず入ってきて、それを各地へ配布したものであるということは動かない。そういう点では、全国の古墳をつなぐいうなれば政治的な〝糸〟がはっきりみえるわけです。そうした点からも、前方後円墳の成立をもって古墳時代の開始と考えたいと思っています。

石野　墳丘墓というのは、従来の弥生土器と同じような土器の段階に出てくる。その段階にはたしかに九州でも山陰でも、いろいろな形の墓が出てくるわけです（**図7**）。九州では久留米市に、祇園山《ぎおんやま》古墳というわりと高い四角い墓がありますし、出雲のほうでは、その四角い四隅がでっぱっている四隅《よすみ》突出型《とっしゅつがた》方墳というのがあります。岡山の方には石垣をはりめぐらした四角い墓があります。近畿では纒向石塚古墳という墓があります。纒向石塚は、まだ全部を掘ってないのですけれども、どうも前方後円形をしている。だれが次の王さまになるかをその墓の場所で決めるようになった。そういう政治的な記念物のような意味を墓にもたせた時代を古墳時代と呼ぶんだという考え方はたしかに、非常にわかりやすい。石塚が前方後円墳であれば、その時代から奈良盆地東南部では古墳時代に入っているのだと私は考えます。

　その段階では、各地に前方後円墳というのはまだつくられていないようです。日本列島が一つのまとまりのある地域であるとすれば、古墳のない古墳時代ということになりますけれども、

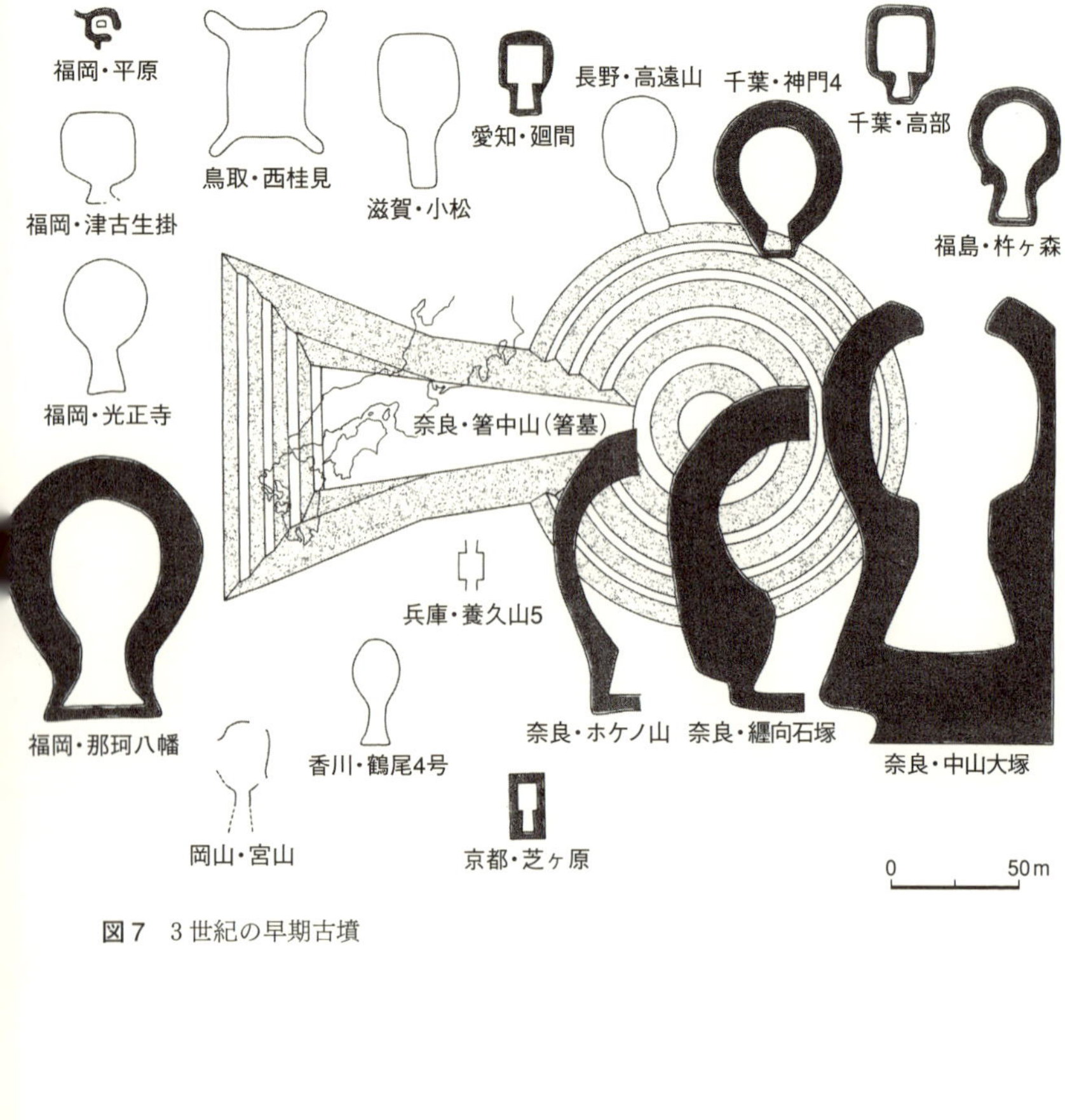

福岡・平原
鳥取・西桂見
滋賀・小松
愛知・廻間
長野・高遠山
千葉・神門4
千葉・高部
福島・杵ヶ森
福岡・津古生掛
福岡・光正寺
奈良・箸中山(箸墓)
兵庫・養久山5
福岡・那珂八幡
奈良・ホケノ山
奈良・纒向石塚
奈良・中山大塚
香川・鶴尾4号
岡山・宮山
京都・芝ヶ原
0
50m

図7　3世紀の早期古墳

そう考えざるをえないんじゃないか。纒向石塚から出てくる土器は弥生第5様式とその次の庄内式の中間に入る土器です。ただ、全国的に前方後円形の墓がひろがっていくのは、それより若干あとの時代になることは確かですね。

石部　ここでも、古墳時代がいつからか、あるいは弥生時代の終末期に各地でいろいろな形で出てくる墳丘墓というのを古墳と呼んでいいのか、評価がわかれているわけですけれども、少し整理しますと、弥生時代の前期ごろから方形周溝墓が畿内を中心に各地で出てくる。ということは、原始的な弥生時代の社会のなかで、日常的な農業経営をおこなう家族の家長層が、一定の経済的な自立を指向しはじめるというように、社会が一定の発展を示してきている姿としてとらえられているわけです。それとは別に弥生時代の終わり頃になって明確に墳丘をもち、副葬品をもつような墓が出てくるというのは、いくつかの原始共同体をさらに統合した地域社会の首長が特定の役割を果たすようになってきていることを示しています。ひらたくいえば、階級社会へのはっきりとした指標になるものです。そういう現象が弥生の終わりに顕在化してきているという事実が明確になってきたということだと思うのです。

殺傷用道具の登場

石部　水田稲作農業が発展し、生産が向上し、世の中全体が豊かになるということは非常にすばらしいことではありますが、そのことが他面では人間の社会、集団と集団との間に矛盾を呼び起こしてまいります。古墳時代への道は、けっして牧歌的、平和的な発展ではなかったということもいわれております。この点については、弥生時代の中期に、畿内では石の矢じりと短剣がたくさん出てくるとか、あるいは瀬戸内海を見おろす地域を中心に、広い範囲に高地性集落という不思議な遺跡が出てくるとかといった問題があります。弥生時代の中頃以降、とくに顕著になる社会的矛盾というものを、考古学的に具体的に明らかにしていただきたいと思います。

佐原　人が殺しあうということは、人間が人になる前からやっているのでしょうけれども、縄文時代には専門の武器はなかった。ところが弥生時代は、人を殺すための道具である武器が生まれた時代です。

石鏃《せきぞく》というのは矢じりともいうように、矢の先端につけるものです。矢というのは、軽いほど遠くへ飛びます。軽いほど早く飛びます。ところが、重いほど深く突きささります。本当は早く飛んで、遠くまで飛んで深く突きさされぱいちばんいいわけですけれど、重さの関係で、早く飛び、遠くへ飛ぶものは、深くは突きささらない関係があります。西日本についてみると、縄文時代のごく初めから三角形の矢じりをつかっていて、二グラム未満という重さで、幾千年間、あるいは放射性炭素をつかった年代測定を信じれば、一万年を超える永い間、同じ重さの同じ形の矢じりが使われてきたわけです。弥生時代の前期になってもそうだったわけです。

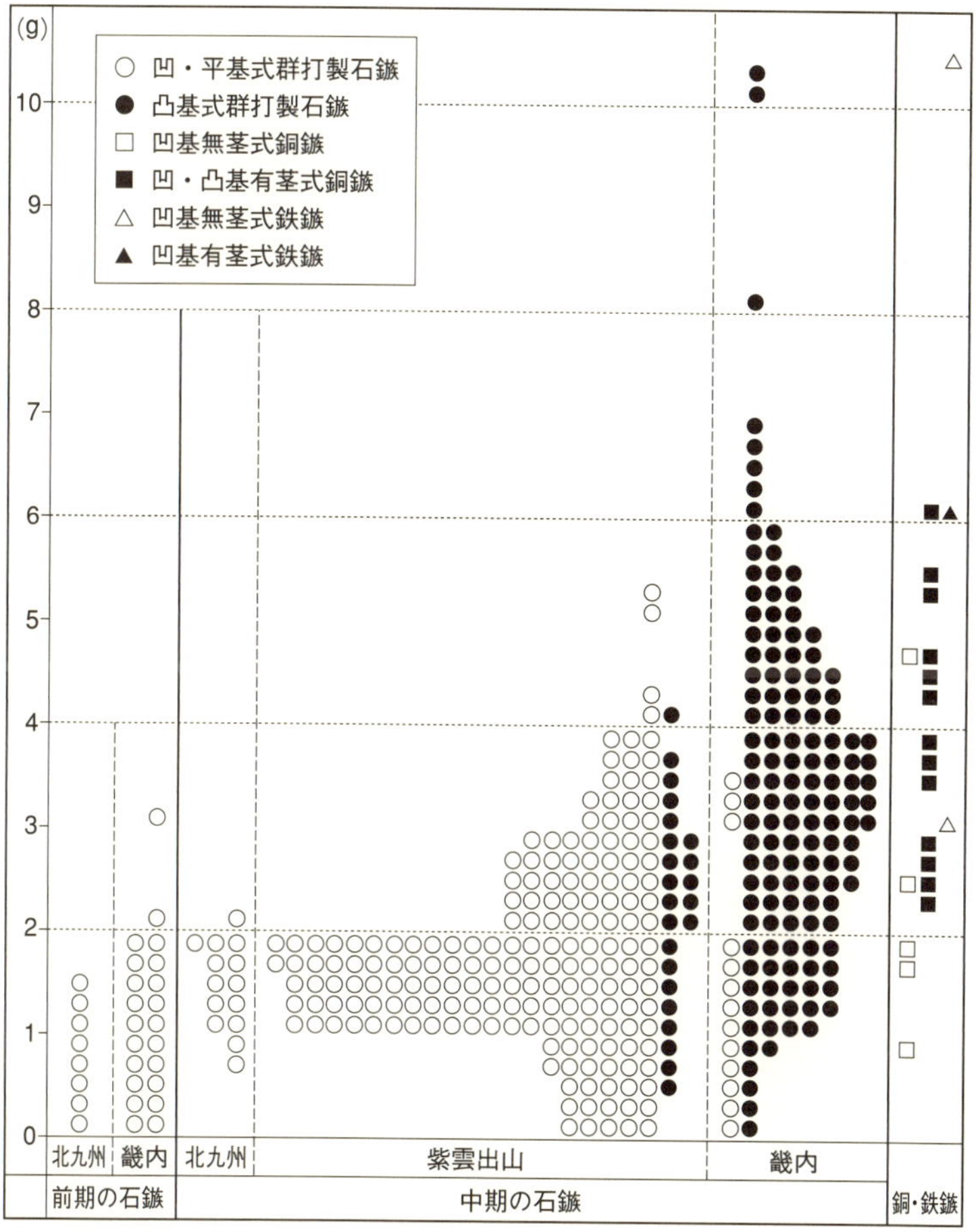
(g)
10
9
8
7
6
5
4
3
2
1
0
○ 凹・平基式群打製石鏃
● 凸基式群打製石鏃
□ 凹基無茎式銅鏃
■ 凹・凸基有茎式銅鏃
△ 凹基無茎式鉄鏃
▲ 凹基有茎式鉄鏃
北九州
畿内
北九州
紫雲出山
畿内
前期の石鏃
中期の石鏃
銅・鉄鏃

図8　石鏃の重さ

ところが、弥生時代の中頃になりますと、突然、三角形ではない、深く突きさすにふさわしい形の石鏃が畿内で発達します（図8）。しかも、二グラムを超えるかなり重いものになる。同じ弥生時代の銅鏃、鉄鏃の重さとも匹敵するわけです。これは狩猟具が武器に変質したのだと解釈していいわけです。変質しただけでなくて、量が非常に多い。弥生時代は石器を使う最後の時代でして、石器が消えてしまって鉄器におきかわるという時代、とくに、弥生時代の後半には、もう鉄器がかなり普及してきていますから、だんだん石鏃がなくなって、鉄鏃がふえていくというんだったら、話がわかるのですが、非常にたくさんの量になるということで終わっているという状況からみて、これはまさしく武器である。一度のたたかいで何十本も何百本も捨てられる武器として石鏃が発達した。それにともなって、近接戦では短剣（いわゆる石槍）がつかわれたと考えているわけです。そうした武器が大和・河内を中心に発達して、やや遅れて岡山県、香川県にまで及んでいるということは、結局、そういうものを必要とした事態が畿内を中心として起こり、西へ及んだのではないか。高地性集落というものも、そういうことと関連するのではないかと考えています。

高地性集落や環濠集落

石部　環濠《かんごう》集落については……

佐原　環濠のある集落は古いところからあるわけですね。集落に濠をめぐらせ、あるいは濠の外側に土塁をめぐらせているというのが、どうやら弥生時代にはごく一般的だったようです。ムラのまわりに濠をめぐらすということは日本歴史のなかで二度しかなく、もう一回は戦国時代です。だから、弥生時代全体はけっして牧歌的な時代ではなく、濠で防備をするという、緊張の時代だったわけです。

春成　弥生時代最古の集落にも環濠がありますね。板付遺跡は堂々たる環濠をめぐらせた集落ですから。

石野　そうすると、弥生時代をつうじて、しょっちゅう戦争があったんだろうか。一方では、山の高いところに村をつくるような時期なり、そういう地域もあるわけですね。それと佐原さんがいわれている矢じりが非常に大きくなることが、うまいこと合っている。佐原さんは、さっきいわれたように、光は西へ……　ということで、近畿から九州のほうへという考えなんですけれど、戦争する時、攻めるほうは城をつくらなくてもいいんだという人もおりますが……

佐原　攻撃は最大の防禦というわけですか。

石野　九州のほうには高地性集落がないんです。「攻めていくんだからなくていいんだ、光は東へ……」という考えもあるわけですね。それから、たかが矢じりで何がわかるかという考えもあるわけです。私もやはり高地性集落、山の高いところにある村というのは、戦乱によって生まれてきた村で、普通の村ではないだろう。弥生時代の中期後半から後期になると、近畿中心にそういう村がたくさんあるので、古墳時代にむかうたたかいは、近畿を中心にやっていたのではないかと考えているのですけれど。

佐原　私は、たかが矢じりでこれだけいえると思っているんです。

戦争の中で首長の役割も変化

春成　高地性集落と石鏃の発達ということを畿内と九州のたたかいということにしたらおもしろいだろうということで、いろいろな説も出てくるわけですけれども、はっきりしていることは、畿内では墓から石鏃とか剣がささった例が出てきますが、これはすべて畿内でつくった武器が畿内の人間につきささっている。それから九州地方でも同じように鉄の矢じりや銅剣の先、あるいは銅鏃がささっている例がありますけれど、これも九州でつくった武器が九州の人間にささっている。ですから、残念ながら九州と近畿のたたかいということは具体的な材料ではとてもいえない。石製の武器が示しているようなたたかいとは、基本的には局地戦であって、畿内の内部、あるいは九州内部における集団間の闘争であった。この時期には局地戦が広域にわたっておこったことを示しているんだろうと考えています。

石部　局地的な戦争の原因は、水争いとか……

佐原　出発点はそうでしょうけれど、だんだん大きくなってきて、米の争奪戦もあるでしょう

図９　木の甲（静岡県伊場遺跡）

し、いろいろなものが含まれてくるのではないでしょうか。

石部　対戦した集団というか、共同体ですね。共同体というのはいつでも緊密に結束しているわけではないでしょう。共同体内部での各単位集団同士の矛盾も、争いの原因になる場合もあるでしょう。共同体と共同体も矛盾をもっている。そういうことが数限りなくくりひろげられたのではないか。その両方をコントロールしていくうえで、首長の役割が大変重要になってくる。それが墓制の変化などに現われてくると考えると、スムーズな感じがします。

佐原　高地性集落は瀬戸内海を見渡せる位置にあって、九州から船でやってくる人間を見張っていたという説があります。九州から攻めてきたのを迎え撃ったのが高地性集落だというわけですね。それならば、岡山のほうからだんだん大阪湾のほうへできてくればいいのですが、石の武器の発達は、逆に畿内のほうから西のほうへやや遅れて広がっているというのが考古学的な事実ですから、九州から攻めてきたとはちょっといえないのではないかと思っています。

石部　県の史跡指定解除に対し、行政訴訟がおこなわれている静岡県の伊場遺跡で、木製の甲《よろい》が完全な姿で出てきている(図9)。あれは実戦用ではないと思うけれど、とにかく甲を身につけたわけですね。矢じりだけですと、たかが矢じりかですませられますが、弓矢でねらわれる社会であったということの一つの傍証になるかと思います。

石部　さて、戦乱とか動乱とかいうことになりますと、どうしても、邪馬台国の問題をさけて通ることはできません。最近は、単純な所在地論争などではなく、邪馬台国の時代の社会の実態を知りたいという関心が強まってきています。一方、邪馬台国の本を出せば売れるということで、きわもの的で非科学的な本も氾濫《はんらん》しているのが実状です。専門家は、そういう問題にあまりふれたくないというのが正直なところだと思うのですが、ふれないわけにはいかないと思いますので……

石野　邪馬台国の卑弥呼が死んだのは二四七〜二四八年頃ですね。白石太一郎さんの最近の論文では、九州の鏡とか、中国のいろいろな文物の関係でいくと、庄内式土器を二小期に分けた二つめの始まりを西暦二五〇年ぐらいにおいてますね。

佐原　弥生時代の後期とよぶ時期、畿内には高地性集落がたくさんあるわけですね。ところが、この時期になると、鉄器が普及したため、もう石器がなくなっています。石鏃さえないんですよね。だから考古学的に非常に実態がつかみにくいという状況です。いちばん気になるその時期、畿内では、土器はあるけれど土器以外の遺物というものがほとんどみつからないのです。九州だから弥生時代後期の時期の九州と畿内をくらべるということもまた非常にむずかしい。九州地方では、お墓に物を入れるという風習は後期になってもつづいていますから、その時期の鉄器がたくさんあります。依然として近畿地方ではお墓に物を入れませんので、お墓からは出てきません。これはドイツの考古学者のエガース先生がいいはじめたのですが、金属というのは、使わなくなったらたたきなおして地金にして新しい道具につくりなおす、それが通常の運命だ、つまりお墓に入れたり銅鐸のように埋納したら残るけれど、そうでないと残らない、まさにそのとおりになっている。畿内でも第5様式の時期はほとんど石器がないから、鉄器があったにちがいないのだけれども出てこないわけですね。そういう状況でひとくちでいえば、九州の弥生文化は墓文化によって代表され、畿内の弥生文化は生活文化で代表されていますから、くらべるのが非常にむずかしい。

石野　墓文化同士をくらべると、九州の墓文化が近畿の古墳前期の墓文化につながったことになりませんか。

佐原　そうじゃないんですね。というのは、大量の鏡、剣、玉を入れるのは九州では中期頃のことで、後期はとだえたでしょう。それから、方形周溝墓は畿内でうまれて九州におよんでいるわけでしょう。私はこれを重視するわけです。さっきいいましたけれども、ひとくちでいえば、お墓からいっても、集落のあり方からいっても、九州は非常に不安定です。このことは、だから戦乱の邪馬台国が九州にあったんだということにもつかえるかもしれませんが……　そのところの評価をどうするか。弥生時代を評価する場合に、お墓がどんどん変わる、集落も変わっていくということをどう評価するかということが、つまりそれが唯一の畿内と九州を対等にくらべられる材料だと思うんですよ。お墓から出てきたものでいえば、圧倒的に九州のものしかないわけですから、畿内とくらべようがないわけです。

石部　さっきから庄内式という言葉がたくさんでてきました。庄内式土器を弥生時代の最終末に入れる人もあれば、古墳時代の土器であるという人もいますね。いずれにせよ、弥生時代から次の社会に移りかわる非常に重要な時期が庄内式土器の時期で、畿内の中心部では庄内式の土器が出てくる時期になりますと、高地性集落がほとんどなくなっていくという現象もみられる。そういう重要な時期なんですが、問題はその実年代がはっきりしないということなんです。いったい古墳は何世紀のいつごろ出てきたのか、卑弥呼の墓は古墳なのか方形周溝墓の大きいものなのか、そういうことが類推もできないところなので、弥生時代の実年代論、とくに古墳時代との接点というものを話していただきたいと思います。

春成　弥生土器の畿内中心の編年でいきますと、第4様式の時期までは岡山の土器も畿内の土器も決定的には違わない。ところがそのあとの第5様式の時期になると、播磨までは第5様式の範囲ですけれども、岡山の土器とはまったくちがう。それから岡山の土器と出雲の土器もちがう。第4様式と第5様式は、非常に大きな違いがあるんですね。そうすると同じような土器をつかっていた時期は平和な時代で、さかんに交流していたといいたいところですけれど、実はその時期こそ高地性集落が発達するとか、石製の武器が発達するという時期なんですね。そしてやや下火になりつつあるかという第5様式の時期に、実はかえって地域色が鮮明に出てくる。戦争がおしまいに近づいてくると、地方ごとの墓制の違いとか、土器の地域色とかが鮮明に出てくる。これと『魏志』倭人伝の「倭国乱れる」という記事をあわせて、田辺昭三さんと佐原さんは倭国が乱れて卑弥呼が即位する時点を一八〇年あたりとしているわけですね。

ところが、卑弥呼が即位して、結局邪馬台国のもとに各地の勢力が統属するようになってしまうわけですから、その時期こそ共通する墓制とか土器が出てきてよさそうなものですが、逆な現象が生じている。そこのところがまだ説明できない。おそらくこれは同じ時代のことだと思うのですが。私は第4様式と第5様式のさかいをだいたい一八〇年ぐらい、第5様式と庄内式のさかいをだいたい二五〇年というふうに考えます。そして庄内式と布留式との境界は二九〇年という具合において、邪馬台国の時代と仮にいうならば、それは第5様式と庄内式にまたがっていて、一八〇年から二五〇年がいうなれば卑弥呼の時代、そして二五〇年から二九〇年までがあえていえば卑弥呼の後を継いだ台与《とよ》の時代とみたいと思っています。

石野　弥生時代の実年代というのは、九州の鏡、中国の鏡を一つのよりどころにしている。一方、古墳の方は、誉田御廟山《こんだごびょうやま》古墳が応神の墓、大山《だいせん》古墳が仁徳の墓であろうということからさかのぼって、常識的には三世紀末、四世紀初めぐらいであろうということが教科書とかいろいろな出版物にのっている年代ですね。それに対して五〇年ぐらい古くする考え方と、五〇年ぐらい新しくする考え方があるんですね。それによって卑弥呼の時代がだいぶ動くわけです。両極端をとれば一〇〇年ほどの開きがあるわけです。一〇〇年も動いたらもうどうしようもないわけです。私はどちらかというと、若干古くする考え方をしていて、以前には『魏志』倭人伝や中国の文献にある倭国大乱とか、卑弥呼の登場とか、台与の登場とかに結びつけて、邪馬台国はどうも近畿にありそうだとしたことがありますけれども、やっぱりほんとかいなという気持ちはあるんですよ。それと、弥生の終末をさかのぼってみる年代観も説得力があります。古くとる年代観でいくと、古墳は第5様式と庄内式の間の微妙な時期に出てくると思いますから、楯築の墳丘墓が出てくるような時期、三世紀初めには古墳があることになるんですね。そうすると、それだけでも通説より一〇〇年ぐらいあがってしまうので、従来考えられている弥生時代から古墳時代への世の中の移り変わり全体をどう考えるのかというのを、自分なりに組み立てなおさないとなかなかおさまらないですね。

石部　一般的には三世紀の終わりか四世紀の初めに古墳が現われるといわれているけれども、これも実年代からみると流動的だということですね。そういうことを一つひとつ明らかにしていかないと邪馬台国、ないしは卑弥呼、あるいはその時代というものを鮮明にできないということだろうと思います。

石野　庄内式の段階の確実な前方後円墳というのはないから、あれは弥生時代の土器だという考え方があるんですが、もうすでにいくつか古墳は出ているんじゃないかと思うんです。例としては、信州の弘法山《こうぼうやま》古墳（図10・11）。あそこから出ている土器はあきらかに庄内式、東海でいう元屋敷式ですね。その前に欠山式というのがあるんですが、二つの土器は分布している地

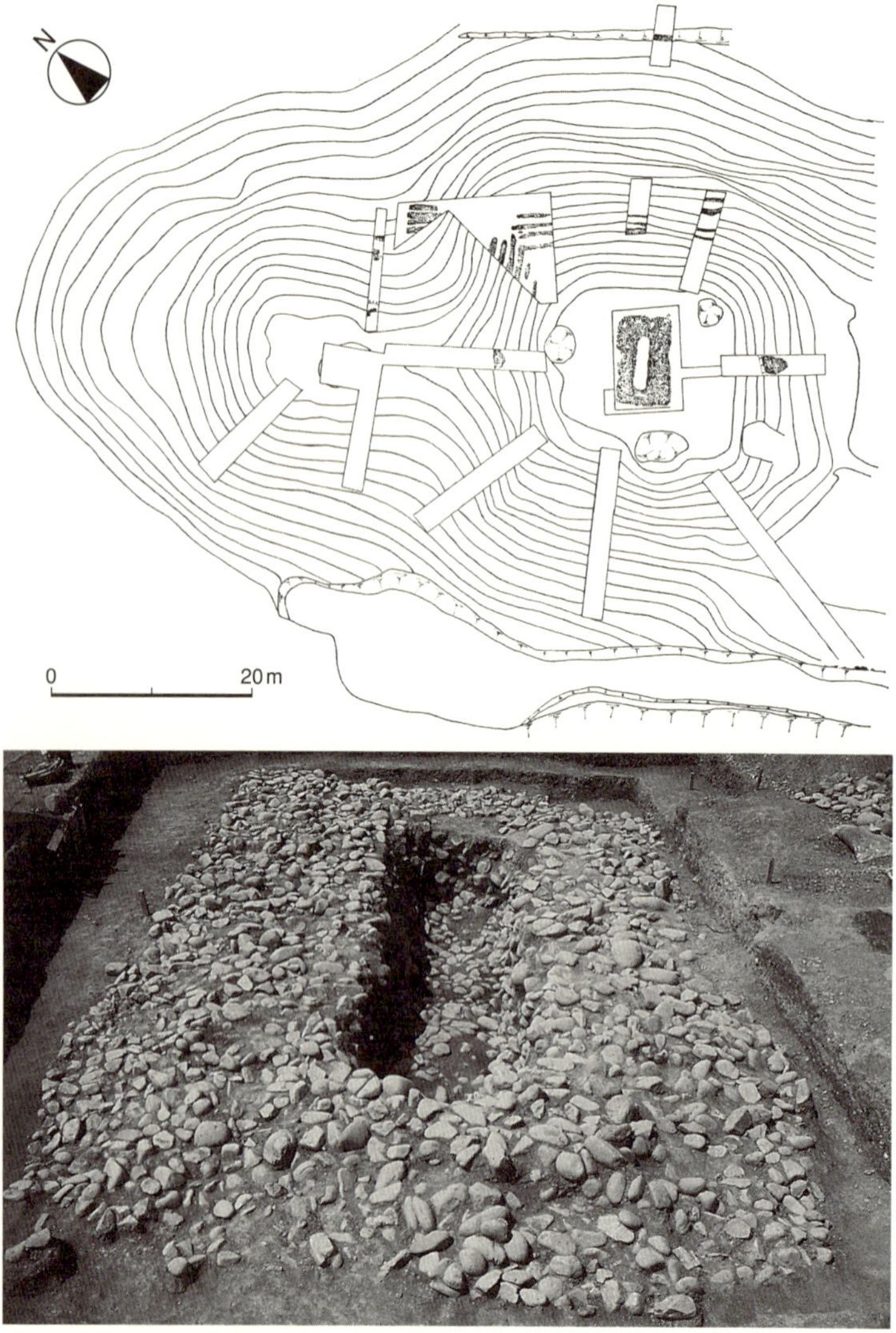

図 10　長野県弘法山古墳（上）と埋葬施設（下）

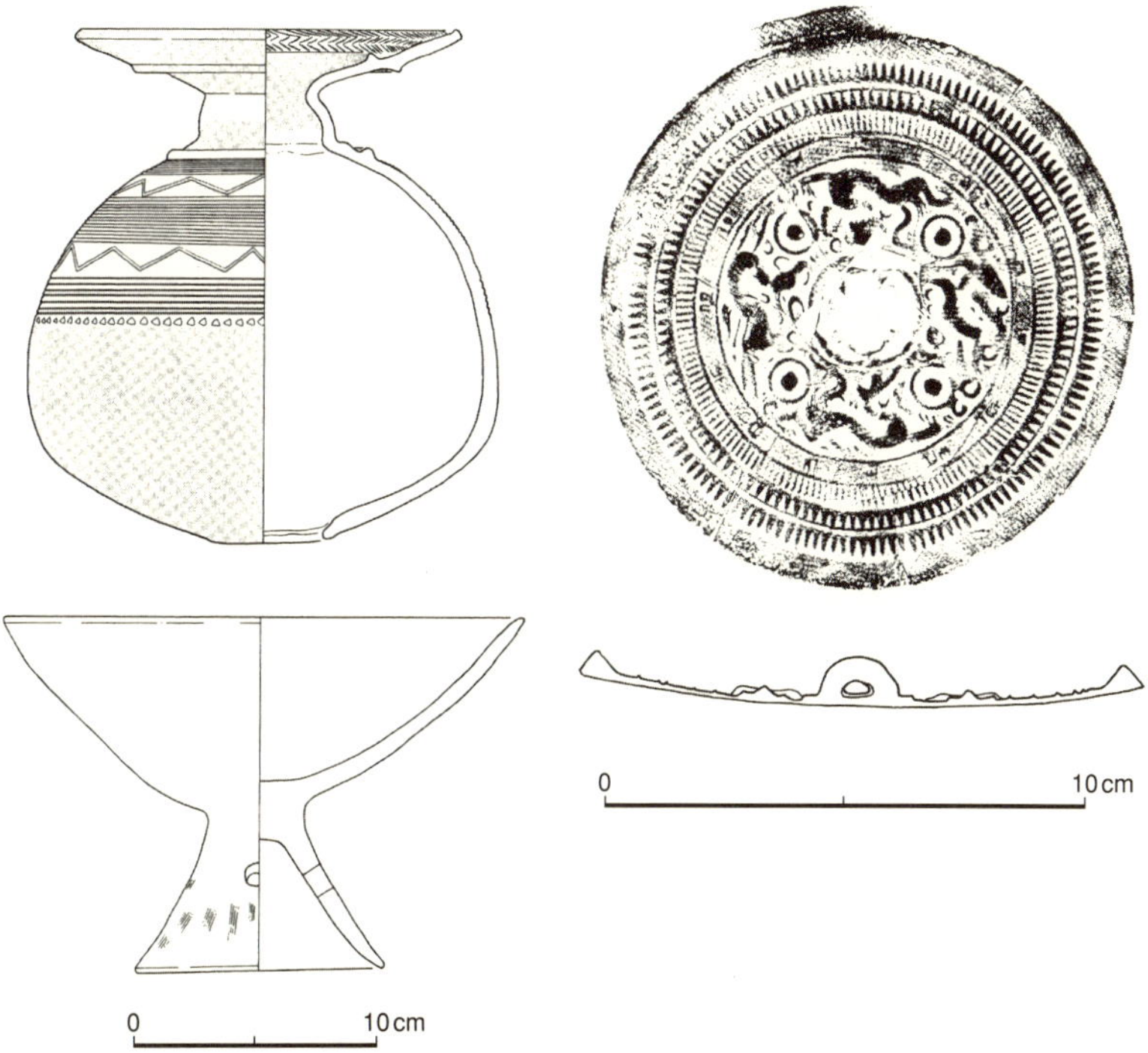

図 11　弘法山古墳出土土器（左）と半三角縁四獣鏡（右）

域がちがいます。ところが、最近、名古屋でその二つの土器がいっしょに出てきているようです。だから、元屋敷式土器は欠山式と並行することになるし、庄内式とも同時期ということになるのです。あの古墳は前方後円墳で、全長六〇メートルあるりっぱな古墳です。鏡も出ているし、いろいろなものも出ている。だからもう実例はあると思うんですがね。

疾風怒濤の時代だった

石部　松本市の弘法山は前方後方形の墳丘墓だけれども、畿内に前方後円墳が発生した時期のものとはちょっと違って、近藤さんのいう墳丘墓だと思います。古墳と呼ぶか呼ばないかということはともかくとして、卑弥呼の実在した時期、あるいはそれより少し前から目立った墓が存在したということが明らかになってきているといってもよさそうですね。

まだまだ語りつきないと思いますが、数世紀間の弥生時代を一言でいうとどういうことになるでしょうか。

春成　縄文時代から自然に弥生時代に発展していったとか、縄文人が大陸から米をつくる技術を教えてもらって農耕民に転じていったとか、そんな簡単なものではなく、激変だったでしょう。その後の歴史でいくと、ちょうど明治維新のような激動が、縄文から弥生への移行期にあったということですね。弥生時代全般としては、疾風怒濤《しっぷうどとう》の時代だったと思いますね。

石部　弥生時代は激動の時代、疾風怒濤のような時代であった—ということでしめくくりにしたいと思います。どうもありがとうございました。

（石野博信　2014.12）

補記

銅鐸の謎

一九八〇年の討論のあと、島根県で神庭荒神谷銅剣・銅鐸群と加茂岩倉銅鐸群が出現し、銅鐸祭祀圏（銅鐸を使用した祭祀圏）が出雲、近江、摂津、大和、播磨など複数存在する可能性を検討できるようになった。

討論で私は、銅鐸の九州初現を否定しているが（二一ページ）、一九九一年『古代近畿と東西交流』（学生社）で銅鐸は弥生前期末に北部九州で出現したが普及せず、近畿弥生人が積極的にとり入れ、定着・普及させたと訂正した。

なお、銅鐸祭祀の終末については、近年、奈良県三輪山麓の纒向・大福・脇本の三遺跡から弥生後期末・纒向式（庄内式）直前段階の銅鐸破壊資料が出土し、つづく都市・纒向の出現に連動しているようだ。

縄文水田

一九七八年の福岡市板付遺跡の発掘で、従来、縄文晩期に比定されていた夜臼式土器をともなう水田跡が検出され、縄文農耕論と弥生時代遡上論が登場した。

その後、佐賀県菜畑遺跡から夜臼式より一段古い縄文晩期・山ノ寺式期の水田跡が検出されるとともに、コメに付着するコクゾウムシが土器片内にとじこめられた痕跡の調査によって、縄文後期にまでコメづくりがさかのぼる研究へと進展した（コクゾウムシは禾本科植物全般に付着し、イネに限定できないことが判明したが、イネの存在が否定されたわけではない）。

方形周溝墓と方形台状墓

討論当時、九州には方形区画墓はないと考えられていたが、福岡県三雲王墓の周囲に方形区画墓が存在する可能性を指摘した（四一ページ）。現在は九州にも弥生中期以降、王墓などに方形区画墓が存在することが知られている。

墳丘墓と古墳

弥生後期に全長八〇メートルの中円双方型の墳丘墓が岡山県楯築遺跡にある（図6）。一九八八年、弥生後期末と庄内式（纒向式）を古墳時代早期とし、楯築墳丘墓を楯築古墳とした（『古代近畿と東西交流』前掲）。

討論では、纒向「石塚が前方後円墳であれば、その時代から奈良盆地東南部では古墳時代に入っている」（四七ページ）とし、その時期は「弥生第5様式とその次の庄内式の中間」（四八ページ）としたが、その後の桜井市埋蔵文化財センターによる纒向石塚古墳の墳丘断ち割り調査によって、全長九三メートルの長突円墳（前方後円墳）が弥生第5様式末であると判明した。さらに、庄内式併行期の長突方墳（前方後方墳）として、長野県弘法山古墳を例示し、全長八〇メートル級の古墳が各地に存在する一例とした。

本章は、石部さんの司会で「激動の弥生社会」をテーマに佐原さんと春成さんに大いに語っていただきました。「学生新聞」という、考古学関係者には眼に触れにくい刊行物で、私の手元にもすべてが揃っていませんでした。

今回、一九八〇年九月一七日から一一月一二日まで七回にわたって掲載されたすべてが揃い、あらためて故・佐原真さんの生の声を聞くことができました。学史として意義のあるものと考え、収録させていただきました。

1985

高地性集落と倭国の大乱

都出比呂志
石野博信

「高地性集落」とは（石野）

高地性集落というものから、弥生時代から古墳時代へという問題を考えてみたいと思います。高地性集落という言い方をすると、一般的には高いところにある村ということになります。

縄文時代から弥生時代、古墳時代、奈良、平安、鎌倉、さらに現代に至るまで、各時期に人が住んでいる高い場所は当然あるわけですが、どのような高さまでを「高地性」と呼ぶかが問題です。「高地性集落」とは、簡単に言えば「登るのにしんどいところにある集落」です。一生懸命登っても途中で一ぺん休憩したくなるような山にある集落です。平地からの比高が四〇〜五〇メートルという丘陵上の集落は沢山ありますが、高いところですと比高で二〇〇〜三〇〇メートルというのがあります。そういう山にせっせと登っていくのはたいへんなことです。ですから、登るのにしんどい山にある遺跡が高地性集落だというのは実感としてはよくわかります。その中で高地性集落という言い方でとくに注目されているのが弥生時代の村ですが、なぜそうなるのでしょうか。

縄文時代でも、あるいは古墳時代でも、現代でも、そういう村は見られます。いま車で谷あいの道路を走っていると、非常に高いところに家があるのをよく見ますが、そういう村も高地性集落という言い方をして、今日話すような政治的な問題とからめたことになるのでしょうか。これは、高地性集落とはそもそもいったい何なのかという話の一つの問題点だろうと思います。

普通は、木を伐り出す仕事をする人は、山にいるほうが便利です。奈良盆地でも南の吉野のほうの山に行くと、山の高いところに家が点々とありますが、その人たちは木を扱う仕事をしているので、山にいるほうが便利で、そこに住むことが普段の生活に都合がいいから、住んでいるのだと思います。あるいは、新しく山に開墾に入った人たちも山の高いところに住んでいますが、いまのように車が自由に使える時代ではない時期に開墾に入った場合は、山の中に家をつくって、その周りを開墾するという暮らしが非常に便利でした。私は、そういう場合は高地性集落という言い方はしないほうがいいと考えています。

ところが、そうではない、地理的に高いところにあるものは高地性集落という言い方をすべきだという考え方をする人もおられます。小野忠凞さんの『高地性集落論』(学生社、一九八四年)では、縄文から奈良・平安ぐらいまでの高地性集落が全部入っているのではないかと思います。日本中、九州から東北まで至るところに高地性集落があって、その中には木を伐る普通の村もあれば、軍事的な村もあるという説明がなされていますが、それでは問題が少しあいまいになるのではないかという気がします。

今日おもに対象にするのは、そういうなんらかの生活をするのに便利な場所ではなくて、普段の生活をするには不便な場所に住んでいる人びとの多い時期、あるいは地域です。

いまは、低いところにも高台の上にも普通の村がありますが、その地域の居住地がどこにあるのか、つまり、各地域の日常の居住地はどういう場所にあるのかが問題です。たとえば、山裾の平野に住んでいるのが普通だったとすると、そこから離れた山の高いところに住むのは異常です。すぐ下が波に洗われているとか、川が流れていていつ氾濫が起きるかわからない、すぐ裾までえぐられるという地形のところでは、丘の上に住むのが普通です。その丘が仮に四〇〜五〇メートルの高さがあったとしても、その丘のなだらかな斜面は居住適地ですから、そういうものは高地性集落とは呼ばないほうがいいと思います。

一言でいうと、高地性集落というのは日常生活をするうえで非常に不便な場所であり、それぞれの生産活動をやっていくうえでも不便な場所につくられている村だと考えています。そう考えますと、弥生時代のある時期以降、日本列島の限られた地域で高地性集落と呼べるような遺跡があちらこちらに出てくるわけです。それを時期、地域によって整理していくと、古墳の出現につながるような問題に連なってくるのではないかと思います。

第一期の高地性集落

まず、高地性集落は弥生時代のなかのどういう時期にあるのかということですが、弥生時代は、前期、中期、後期と三つの時期に分けて考えます。高地性集落の第一期は弥生時代の中期の段階です。

それでは、中期の高地性集落はどういう範囲にあるかと言いますと、九州にはないようです。西は山口県あたりで、東はいまのところ神奈川県ぐらい、すなわち南関東あたりまで分布しているのではないかと思います。

実は、山口県の遺跡も関東の遺跡も、高地性集落とは何かということから考えますと、若干の問題があります。山口県の遺跡も関東の遺跡も台地の上にあって、その地域の人にとっては居住適地だったかもしれないということなのですが、私はそれでもなお高地性集落の中に入れています。

山口県に島田川という川がありますが、その付近に小野忠凞先生が高地性集落の研究を始められた原点になっている遺跡があります。数年前に現地に行ったとき、すぐそばを流れている島田川に氾濫等が起きた場合は、遺跡が乗っている台地のすぐ裾まで氾濫してしまいそうだなという印象を受けました。高地性集落の研究の出発点になった島田川流域の岡山《おかのやま》遺跡や天王《てんのう》遺跡は平地から四〇メートルぐらいの丘の上にありますが、そこに住むことのほうがこの川の流域に住む人にとってはよかったのではないかという印象をもちました。そうすると、本当は岡山遺跡や天王遺跡は、高地性集落のなかに入れないほうがいいのかもしれません。それにもかかわらず高地性集落の中に入れているのは、一つは発掘調査によって濠が出てきたからです。何軒かの住居址があって、その村の周りに幅三～四メートルぐらいの溝をぐるりとめぐらすという村が弥生時代にありますが、そういう濠をめぐらせた村が丘の上から出てきました。その地域の中で居住適地になるかもしれないけれども、自分の村の周りを溝で囲んで守るということを積極的にやった村ではないかと考えて、高地性集落だと認めたわけです。

同じように神奈川県に朝光寺原《ちょうこうじはら》遺跡がありますが、この場合も丘陵上の遺跡で、それほど高くありません。ここでも溝が村の周りにめぐらされ、偶然の一致かもしれませんが、どちらも弥生時代の中期の終わりごろに溝が埋められて、埋めた溝の上に後期の家がつくられていました。ですから、中期末の段階で溝は必要ではなくなって埋めてしまっているということが、山口県と神奈川県という東西にかなり離れた地域で起こっています。

そこで、これはもしかすると偶然ではないのではないかということになりました。各地域単位かもしれませんが、山口県から神奈川県までとり込むような大きな戦争があって、それがほぼ同じ時期にいったん収まったので、一生懸命掘った溝を埋めたのではないかと考えたわけです。村の周りにめぐらせた溝が、ほぼ同じ時期に必要になり、ほぼ同じ時期に必要ではなくなっているという点からいっても、これはただごとではありません。何かがあったから必要になり、何かが収まったから埋めてしまうという共通性から、やはり戦乱というものをその背景に考えていいのではないか、そういう段階が第一期であると考えました。

第一期の典型的な高地性集落は、西日本の瀬戸内海沿岸から大阪湾までの範囲に分布しています。中心になるのは岡山県と兵庫県で、この地域に中期の高地性集落が集中しています。

都出さんは高地性集落をA、B二型に分けて、山の高いところにあるものをAタイプ、低いほうをBタイプと呼んでおられます。この地域にある典型的な高地性集落は、兵庫県の六甲山の山なみの高いところ、岡山あたりの海に面した高い山の上、あるいは瀬戸内海の島々の山のてっぺんに点々と広がっています。都出さんがAタイプと呼んでおられる集落です。

弥生時代中期の騒乱の範囲は、岡山県、兵庫県の瀬戸内海寄りと大阪湾の地域が中心で、広く巻き込まれた地域が山口県から関東までということになるのではないかと思います。

第二期の高地性集落

ところが、弥生時代の後期になると、そういう汎日本列島的とでもいうような弥生時代中期の高地性集落の分布とは違って、非常に極限された地域、大阪、奈良、兵庫、和歌山に高地性集落が集中してくる傾向があります。
図12では広島のほうに高地性集落が集中しているように見えますが、これは弥生時代の終わりから古墳時代の初めにかけての土器の認定のしかたによります。

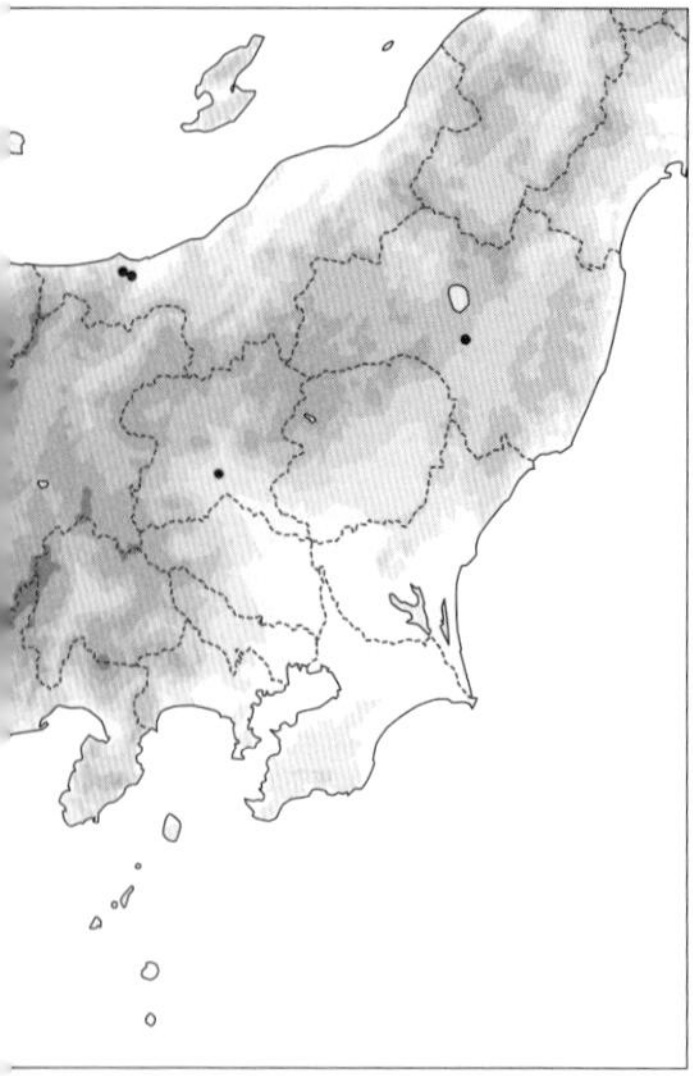

近畿地方で庄内式と呼んでいる土器の時期がありますが、私はその時期には古墳が出てきていると思っているので、古墳時代だと考えています。都出さんは古墳がないと思っておられますから、庄内式の時期は弥生時代だと言われています。
もうひとつ、そういう考え方の違いと

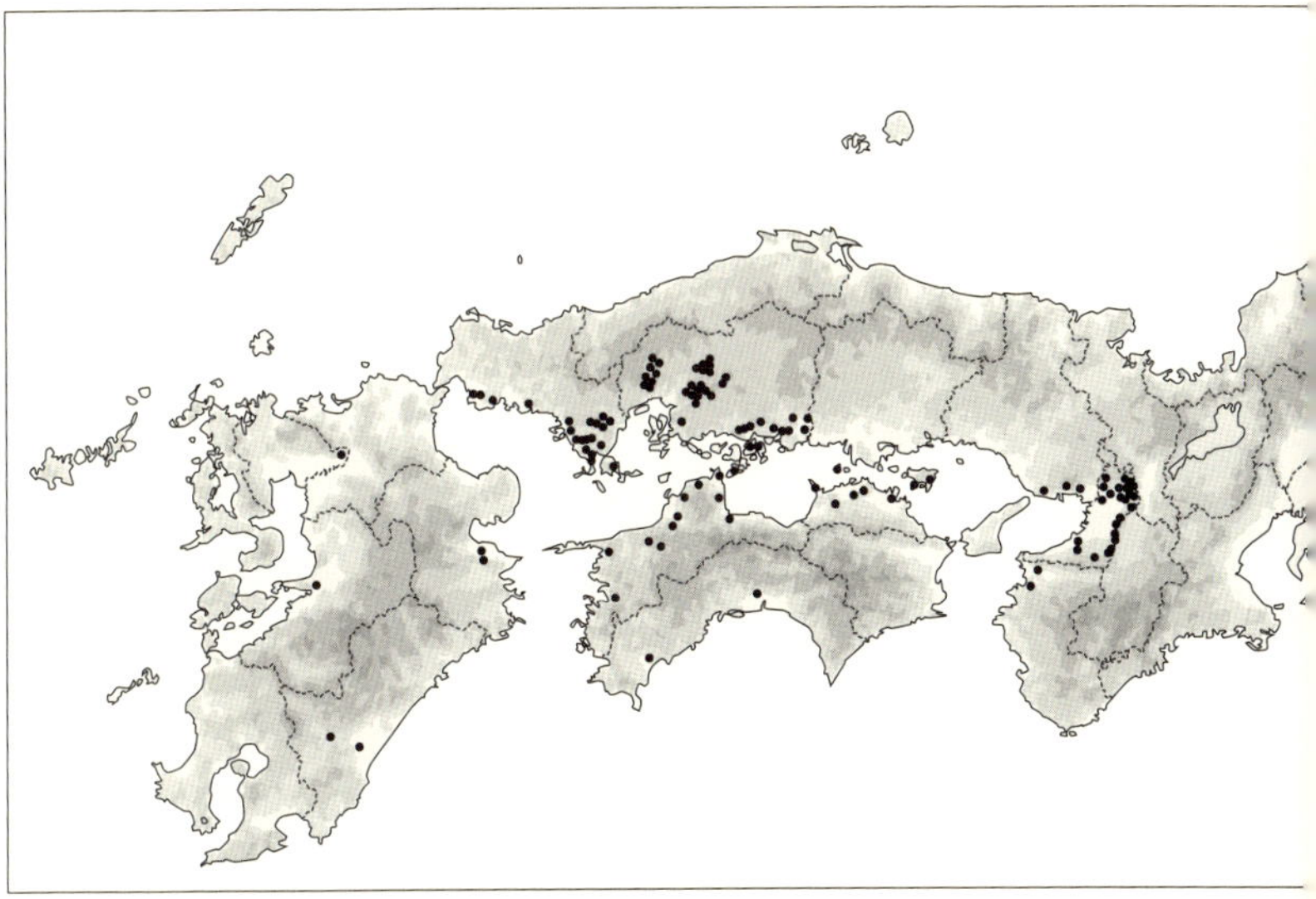

図12　弥生時代後期・古墳時代前期の高地性集落

は別に、土器そのものの区別で、弥生時代なのか古墳時代なのか、どちらに入れるのかが微妙だという時期があります。今までは、関東でも弥生時代後期の土器だと考えていた東京都の前野町式、茨城県の十王台式、群馬県の樽式などそれぞれの地域の土器が古墳時代までずっと続けて使われていることが、このごろわかってきています。

図12に載っている高地性集落は、古墳時代まで続いて使われているような土器を出す遺跡も入っているわけです。それらの土器を各地域で細かく検討していくと、弥生後期の高地性集落は広島あたりにこういうふうに集まったりはしない、この辺にある高地性集落は全部古墳時代に入るだろうと思うようになりました。

広島の地域、あるいは山口の地域の土器の編年をまじめにやってからでないと、本当はそういうことはわかりませんが、おそらく近畿でいう庄内式に並行する土器ということになるだろうと考えています。

もしそういう見方が正しければ、最近では兵庫県北部、富山県、新潟県でも弥生後期の高地性集落が出てきているという新聞報道がありましたが、その辺もきっと古墳時代に下がってくるだろうと思います。

このように整理をしていくと、弥生後期の高地性集落は近畿地方に集中してくるのではないかと思います。もしそうだとすると、弥生後期の高地性集落がなぜ近畿地方に集中するのかが問題です。近畿地方は古墳前期になると大型古墳が出てくる地域ですから、大型古墳が出てくることの前提になる争いが近畿地方で起こっていたのではないかと考えたいわけです。

それでは、近畿地方の古墳前期の大型古墳の分布と高地性集落の分布がうまく重なるのか、たとえば奈良県の前期古墳が集中する地域、あるいは大阪とか京都のそういう古墳がある地域と高地性集落がうまく重なるのかということですが、たまたま重なるところと重ならないところがあるように思います。その辺は必ずしもうまくいきませんが、全体としては弥生後期の高地性集落はどうも近畿地方に集中していると言えそうです。そして、その問題点として、同じ地域に大型古墳が間もなく現れてくる、その前段階、大型古墳が生まれる前夜の争いがこの地域で起こっていたのではないかと考えるわけです。

第三期の高地性集落

次に、第三期の古墳時代前期の高地性集落はどうなっているかという問題ですが、いまのところ近畿地方にはありません。庄内式という時期を古墳時代に含めて考えても、近畿地方では高地性集落が消えてしまって、西は広島、東は富山、石川、新潟、あるいは鳥取など、東西あちこちで出てきます。そうすると、弥生時代後期の高地性集落が集中した近畿地方に、そのあとで大型前期古墳が出てくる、それが生まれたあとで、今度は各地域に近畿の力が伸びていくということになりますが、その過程を反映するのが古墳時代前期の高地性集落の分布ではないかと思います。そして、その範囲は、西は広島のほうから山陰、北陸という分布をしているのではないかと考えています。

奈良盆地の高地性集落と遺跡

このように、高地性集落を弥生時代の中期、後期、古墳時代の前期と大きく三つに分けてみました。その具体的な中身を見ると、高地性集落と言っても、普通の村と変わらないほど住居址がたくさん出ているということです。都出さんは、高地性集落は狼煙《のろし》台であって、そこで狼煙をあげてあっちこっちに知らせるのがおもな働きだと言っておられますが、ただの狼煙場だったら、家が一〇軒もある必要はありません。一軒か二軒あればいいのであって、たくさんの

タイプ	遺跡名	地域	全住居数	推定同時存在住居数	その他	規模
A	荒神山	摂津	16	4～5	焼土坑	中
A	会下山	〃	6	6	焼土坑・墓地・祭祀場	中
B	紅茸山	〃	18	5～12	墓地	大
A	芝　谷	〃	33	8～17	焼土坑	大
B	鷹塚山	北河内	7	6		中
B	ごんぼう山	〃	7	4		中
B	田辺天神山	山城	21	5～8		中
A	大師山	中南河内	2	2	焼土坑	小
A	東　山	〃	38	2～20		大
B	惣ノ池	和泉	10	6		中
B	観音寺山	〃	173	30～40		大
B	六条山	大和	9	4	焼土坑	中
B	東大寺山	〃	12	6		中大

A：山頂性集落
B：丘陵性集落

＊会下山・紅茸山・芝谷・観音寺山以外は今後の調査によって住居数が増加する可能性がある。
＊全住居数は、重複する住居を個々に数えたもの。
＊推定同時存在住居数は、小の数字は上屋存続期間をかりに25年とし、後期を100年間として全住居数を4で割ったもの。大の数字は重複関係を基準とした存在しうる基数。

表1　近畿の高地性集落の住居数

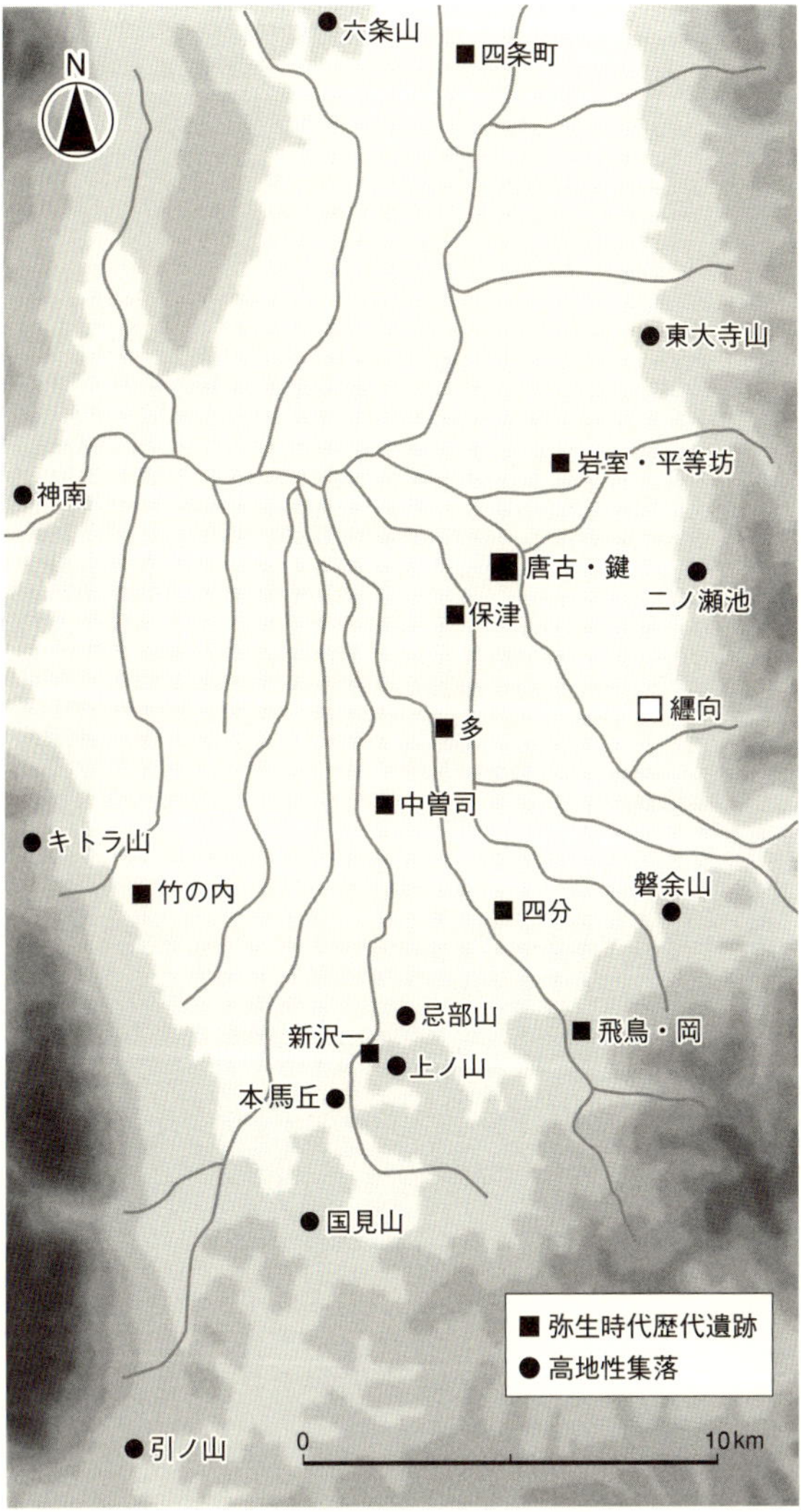

図 13　奈良県の弥生時代歴代遺跡と高地性集落

住居は要らないはずですが、普通の弥生時代の村と同じようにたくさんの住居がある。

高地性集落は確かに不便だけれども日常生活ができる場所にあって、現に日常生活をやっているんだと言えると思います。山の高いところに行っても、不思議に水場があります。真夏に発掘していても、小さな窪みに水がにじみ出てくる場所がどこかにあるわけです。ですから、そういう日常生活が可能な場所に集落を構えていて、現にこれだけの住居があるのだというのが表1からみえてきます。

では、それぞれの地域でどんな分布をしているかという例として、図13に奈良県の場合をあげておきました。奈良盆地の中には、弥生時代前期、中期、後期と続く平地の中心的な集落が一〇カ所前後ありますが、それとは別に唐古・鍵遺跡をはじめとして、あちらこちらにある平地の村の周辺の山の高いところに高地性集落があるわけです。奈良盆地の場合は高い山はぐっと奥に行かないとありませんが、その裾の丘陵部分に奈良盆地の高地性集落があるのです。

寺沢薫さんは、弥生時代後期になると奈良の高地性集落は現在の奈良県の橿原から桜井の地域に集まってくると言っています。一つ一つの遺跡の認定のしかたなどで意見の違うところがありますが、大きく見るとそういう傾向はあるように思います。それが図13の磐余《いわれ》山、忌部《いんべ》山、本馬丘《ほんまおか》という地域に集中してきます。そして、この地域は前期の古墳がつくられてくる地域であり、奈良盆地に南から入ってくる交通の要衝の地域を占めるという場所でもあります。

奈良盆地の場合、高地性集落はこのようなあり方をしています。古墳が生まれてくる背景、あるいはそのルートを抑えるという働きをしているという事例です。

古墳時代への転換と高地性集落（都出）

土器による弥生・古墳時代の年代（暦年代観については二〇一五年改訂）

弥生時代の年代をどう考えるかについては、学界でも侃々諤々《かんかんがくがく》の論争があって、研究者によっては一〇〇年ぐらい開きがあります。たとえば、『日本の考古学』（河出書房新社、一九六六）の第三巻の弥生の巻は、畿内地方は田辺昭三・佐原真両先生がお書きになっておられますが、『日本の考古学』が出たころの大まかな年代観は、九州の人と近畿の人で大きく違いがありました。

佐原さんたちによれば、弥生時代の中期の終わりごろが『魏志』倭人伝に出てくる倭国の乱に相当するのだということになりますが、そこで書いておられることを読みますと、倭国の乱が中国文献に記載されていて、二世紀末と書いてある。一方、高地性集落は近畿地方で第3様式、第4様式と呼んでいる中期の中ごろから新しいところに集中するということから、「倭国の大乱（AD一八〇年前後）を第4様式末とした」（同書一三四ページ）というように年代を決めたふしがみられます。

それについて、私は年代決定の手続きとしてやはり適切ではないと思っています。

＊私の現在（二〇一五年）の年代観は、かつて佐原さんなどがお書きになった年代観よりは中期の年代を古くして、BC四〇〇〜BC五〇年（森岡秀人「農耕社会の成立」『日本史講座1 東アジアにおける国家の形成』東京大学出版会、二〇〇四より）と考えようとしています（表2）。そこに第5様式と書いてある後期が実はBC五〇〜AD一八〇年に相当して、後期の終わりごろが二世紀末の段階に当たるのではないかというのが一つのポイントです。

年代をどう考えるかによって、とくに中国側で書かれた史料と弥生時代の出来事とを付き合わせるうえで、大きく変わってくるわけです。これはたいへん重要な問題ですので、どうしてそういう年代を考えるかという要点を、かいつまんでお話しします。

九州のほうでは中国製の鏡など舶載品が大量に出てくるので、年代の手がかりが比較的得やすいのですが、近畿地方や東日本ではそういう手がかりは少なくなってしまいます。したがって、いろいろなものを総合して考えていかなければなりません。私の場合は古墳時代から逆算していく方法と弥生時代の九州で出土する中国製の品物が入ってくる時期を考えていくという方法の両方から挟み撃ちにしてサンドイッチのようにして年代を詰めていけば、ある程度誤差が少なくなってくるのではないかという考えを使っています。この点では白石太一郎さんの提唱された方法から学んでいます。

そこで、古墳時代のほうから言いますと、まず須恵器が出てくる時期の年代を考えながら、古墳の出現年代を押さえようというのが第一段階の作業です。須恵器の出る時期について、私

時代	時期	様式・型式	細分	土器	年代
弥生時代	前期	第1様式	古・中・新	弥生土器	BC400年
弥生時代	中期	第2様式 第3様式 第4様式	古・新	弥生土器	BC50年
弥生時代	後期	第5様式	古・中・新	弥生土器	180年
弥生時代	終末期	庄内式（第6様式）	古・新	土師器	300±20年
古墳時代	前期	布留式	古・中・新	土師器	390年
古墳時代	中期	TK73 〃216 〃208 〃23 〃47		須恵器	471〜500年
古墳時代	後期	MT15 TK10 ＋ TK43 〃209 ＋ TK217		須恵器	600年

表2 弥生時代から古墳時代の年代（2015年改訂）

は四世紀末と考えています。記号でTKとあるのは大阪府の陶邑の窯跡の須恵器の型式です。そのいちばん古いものがほぼ四世紀末であろうと考える理由は、埼玉県の稲荷山《いなりやま》古墳から出た須恵器と鉄剣銘から出てくる年代の幅にあります。鉄剣銘の辛亥年が四七一年だとして、それから一世代の年代幅のなかで古墳への副葬がおこなわれたとし、それがこの古墳出土の須恵器年代と一致するとすれば、稲荷山古墳の年代は四七一年から五〇〇年ぐらいに押さえられると考えました。

一方、新しいほうの飛鳥時代に近い時期の須恵器は、下のほうにTK二〇九、二一七とありますが、ＴＫ四七形式との間にほぼ一〇〇年間の年代幅があって、須恵器の型式が五型式ほど入ります。今度はこの幅で四七一年から古いほうへ折り返してみますと、その前にやはり四ないし五型式の須恵器があるので、そういうことから言って、須恵器の出現年代は稲荷山古墳の年代よりも一二〇～一三〇年さかのぼらせればいいのではないかというのが一つの根拠です。

次に、布留式と書いてありますが、これは土師器です。いちばん古い須恵器が出てくる時期以前の布留式の土師器は三つぐらいに分けることができると思います。今日は細かい話はできませんが、非常に細かい変化なので、この型式をたくさんの時代幅に考えることは難しい。一型式を三〇年ぐらいとして、須恵器が出現する四世紀末と考える。古墳の出現年代をほぼ三〇〇年を前後する時代、つまりＡＤ二五〇年ぐらいだと考えています。

ただし、私は古墳の出現は布留式からだと考えていますが、学界の多数派は庄内式の段階だと考えています。もし前方後円墳が庄内式の新しい段階から始まるとすれば、ＡＤ三〇〇マイナス五〇年ぐらいになるかもしれません。しかし、古墳の出現を布留式と考えると、いくらさかのぼっても三世紀の中葉ぐらいだろうと私は考えているわけです。

このような面倒くさい手続きをずっとやりながら、しかも九州で出ている弥生時代の中期、後期の遺物などとの組み合わせを考えていきますと、弥生時代の後期はＢＣ五〇～ＡＤ一八〇年に落ち着くのではないかと思いますが、これが今日私がお話ししたいことの最初の出発点になっています。

倭国の乱と高地性集落

さて、先ほどの石野さんのお話の中にもあった高地性集落に象徴されるような大きな乱と考えられるものが何回かあるようです。大きくいうと、弥生時代の中ごろの時期、それから後期の時期の二つのピークがあると思います。先ほど申し上げた佐原さんなどの考えによれば、弥生中期の乱が二世紀末の乱に相当するということだったのですが、いまのような私の年代観に立つと、後期の高地性集落に対応する乱が中国の史料に記されているということになってくるわけです。

そうすると、ここで一つ厄介な問題が起こります。それでは、弥生時代の中ごろの時期にあった乱はどうなるのかということです。私はこれは中国の史書には書かれていない乱ではないかと思います。『魏志』倭人伝の記載などを見ていても、比較的詳しく書いてある記事は外交関係記事が多いので、中国の王朝にとって関心があった記事、あるいはこれは東アジアを押さえていくうえで大切だと思う記事が中国古代の歴史編纂室の史料にどんどんファイルされていったのではないかと思いますが、そういうなかで弥生時代中ごろの乱は、おそらく目にとまらなかったか、とまっていても大したことはないと考えたか、あるいはなんらかの事情で記されなかったのではないかと考えています。

日本考古学の立場からいえば、中国の歴史史料を絶対視して、そこに書かれていないことは存在しないかのように考えていくと、話はうまくいきません。今日は純考古学的にとはいきませんが、考古学の資料を謙虚に見ながら、いまのような年代観に立って、弥生時代から古墳時代の乱を考えてみればどうなるかということを大胆に復元してみたいと思います。

大きくいって、高地性集落のピークは中期と後期にあるとしましたが、表2にもあるように、中期は第2様式、第3様式、第4様式に分かれています。とくにこのうちの第3様式と第4様式の時期に、高地性集落のピークがあるように思われますが、これは年代としてはちょうどBC四〇〇～BC五〇年です。

分布範囲は、先ほど石野さんもおっしゃったように、瀬戸内海の沿岸から近畿地方の中心部に集中するようです。それから、純粋に高地性と呼べるものではありませんが、先ほども出てきた大きな環濠集落が各地にみられます。たとえば、関東地方では第4様式の時期にワッと集中的に出てくるようです。神奈川県の大塚《おおつか》・歳勝土《さいかちど》遺跡とか、千葉県の大崎台《おおさきだい》遺跡など大きな集落が発掘されています。かつて埼玉県で池上《いけがみ》遺跡という遺跡が出てきました。これは少し古くなるようですが、やはり関東の環濠集落が多く集中するのは第4様式の時期だと思われます。

この点については石野さんと私は同じ意見だと思いますが、そういうものが一斉に出現するような一つの動乱状態があったのではないかと考えています。それでは、その動乱はどういう性格のものかということが一つのポイントです。先ほど石野さんは、近畿地方で弥生後期に高地性集落が集中すると言われました。お話を聞いていると、どうも近畿の中でもめているような感じに説明されましたが、私はそうではないと思うのです。高地性集落がワッと一斉に瀬戸内から　畿内という範囲に出てくる時期は、もちろん内部の内輪もめや、小競り合い等はあるでしょうが、基本的には瀬戸内海の西から近畿地方を巻き込むような大きなブロック間の対立抗争、あるいはこの大きなブロックと、その外のブロックとの対立があったのではないかと考えています。

サヌカイトと石庖丁の流通

その理由を簡単に言いますと、第3様式と第4様式の時期の近畿地方の石器の流通に関する酒井龍一さんや峰屋晴美さんたちの研究（酒井龍一「石庖丁の生産と消費をめぐる二つのモデル」『考古学研究』第二一巻二号、一九七四。峰屋晴美「終末期石器の性格とその社会」『古文化論叢―藤沢一男先生古稀記念論集』同刊行会、一九八三）に従えば、近畿地方の中で争っていたのでは考えにくいような物資の流れが見られます。ご承知のように、打製石器はサヌカイトという奈良と大阪の境にある二上山から採れる石を使っています。もし近畿の中で大動乱があって、流通が遮断されるようなことがあったとすると、二上山の石をたとえば淀川水系の人たちは使うことができないのではないでしょうか。ところが、集落の石器の出方を見ている限りにおいてはスムーズな流れをしていますので、ある程度近畿地方の中での友好関係は保たれていたのではないかと思います。

同じように、磨製の石庖丁がありますが、紀ノ川の沿岸で採れる石が近畿地方の南のほうで使われて、淀川水系で採れる石が北のほうで使われています。これも住み分けているように見えながら、淀川下流域など両地域の接点では両方の石が使われているので、石庖丁についても流通網ができていると思います。

銅と鉄の流通

それから、最近銅鐸の鋳型が近畿地方でもだいぶ見つかってきましたが、私は青銅器をつくる工人が奈良県の唐古《からこ》・鍵《かぎ》遺跡や大阪府の東奈良《ひがしなら》遺跡のような大きなムラを根拠地として近畿地方の中を巡回していたと考えています。そういう流通網も含めて、第3様式と第4様式の時期には、すでに近畿地方の中はまとまり、政治的な結合がある程度できあがっていたと考えたいと思います。

問題は鉄です。これは近畿にとってのウィークポイントであったのではないかと思います。近畿地方の弥生の第3様式と第4様式の時期に打製石器が大量に出てきます。それぞれのムラでもつくっていますが、これとは別に集中的につくっている村があるようです。もちろん鉄器はかなり使っていますが、鉄器の不足分を補うために石でカバーしているようです。どうしてそういうことが起こるかというと、近畿地方は中期の段階で安定した鉄地金の供給を確保できていなかったからではないかと思います。

私は近畿に住んでいるということもあって近畿びいきですが、ゴリゴリの邪馬台国畿内説の人のように、いつでも、なんでも近畿が先進で、優越していないとだめだとは思いません。弥生の中期の段階では鉄原料の獲得では九州に有利な面があったようです。実際にお墓から出る量を見ても、九州のほうが非常に優勢です。しかし、近畿の場合もかなり鉄を使っていると思います。現に最近鉄器の出土がかなり増えていますが、その中に大陸製の鋳物でつくった鉄の鑿《のみ》や斧がありました。鋳物をつくろうと思うと、一五〇〇度ぐらいの温度が要るので、当時の弥生の技術ではおそらく難しいでしょうし、成分分析の結果からもだいたい中国製であることが推定されています。そういう製品も含めて、原料鉄を中国や朝鮮から確保する必要があったと思います。

実は、私は第3様式と第4様式の段階の争いの背景には、鉄を確保するルートをめぐって、瀬戸内や畿内という単位のブロックどうしの覇権争いもありうると考えています。性格はよくわかりませんが、かなり広範囲な集団間の争いではないかと思います。

弥生後期の動乱の性格

次に、後期の段階の動乱の性格ですが、これは時期的に言いますと、私の土器の年代観ではBC五〇～AD一八〇年に当たります。この高地性集落の分布について、先ほど石野さんは近畿に集中するとおっしゃいましたが、私はそうは思いません。もちろん、近畿には後期の段階の高地性集落は多いのですが、先ほど石野さんが引用された図12を見ていただくと、瀬戸内海の島にもポツポツとありますし、広島から山口にかけて多いわけです。

とくに山口や広島のところにどうして多いのかということになりますが、実はこれは分布図のマジックです。弥生時代の話から外れますが、近世の一揆の発生場所を示したある分布図をみると、やたらにどこかの県に多いのです。いろいろ調べた結果、その県には一生懸命調べていらっしゃる先生がおられて、その人がどんどん新しく発見するものですから、どんどん数が増えたのだということがわかりました。それとよく似ておりまして、広島、山口に多いのは、これは小野忠凞先生がおつくりになった本だからです。この地方をフィールドにされた小野先生やお弟子さんが一生懸命探されたので、このように多いわけです。したがって、一生懸命やる人が岡山にも兵庫にも出てくると、もっと増えると思います。実際に最近では中国縦貫道路の緊急調査をしたので、それに沿ってずいぶん出てきました。分布図を描くと一直線に並びます。これも分布図のマジックです。

そういうことはありますが、それを差し引いても高地性集落は瀬戸内にもあるわけです。先ほど、石野さんは年代はややこしいんですよとおっしゃいましたが、私自身が土器を見たもので、自信をもって言える例を一つ挙げますと、山口県の熊毛半島という瀬戸内海に突き出た岬にある標高二〇〇メートルを超える山のてっぺんの吹越《ふきこし》遺跡は後期の新しい段階です。これは確実に土器からいうことができますが、瀬戸内海をはるかに見下ろすいい場所にあって、竪穴住居が五、六軒ありました。

そういうことから、私は後期の段階において近畿地方だけではなくて、瀬戸内海の西の端までを包むような一つの戦闘状態、緊張関係があったと考えているわけです。

それから、近畿地方では近畿の中心部だけではなしに、後期の段階の高地性集落が丹波からも出ています。これは日本海に抜けていくルートです。福知山で最近自動車道の調査で出てきている遺跡が三カ所ありますが、やはりこの時期でした。滋賀県では琵琶湖の西岸の雄琴《おごと》の山のてっぺんに雄琴高峰遺跡がありますが、これは中期〜後期の高地性集落です。そこでは火焚場のような焼土壙と呼んでいる焼かれたピットが出たりしているので、通信のための狼煙用とも考えられています。これ以外にも近畿の中心部だけではなくて、その中心部を囲んで日本海に抜けていくルート、それから琵琶湖を通って北陸へ抜けていくルートにも点々と並んでいるようです。

以上のことから、私はこの時期の動乱も西日本規模のかなり組織的なものではないかと思っていますが、問題はその性格です。ちょっと今日は思い切って言ってみようと思います。この段階では吉備など瀬戸内海の勢力と近畿地方の大きな集団ブロックどうしはほぼ連合ができていて、これらはその西の北部九州を意識した戦闘布陣態勢をしいたのではなかったかと考えるのです。

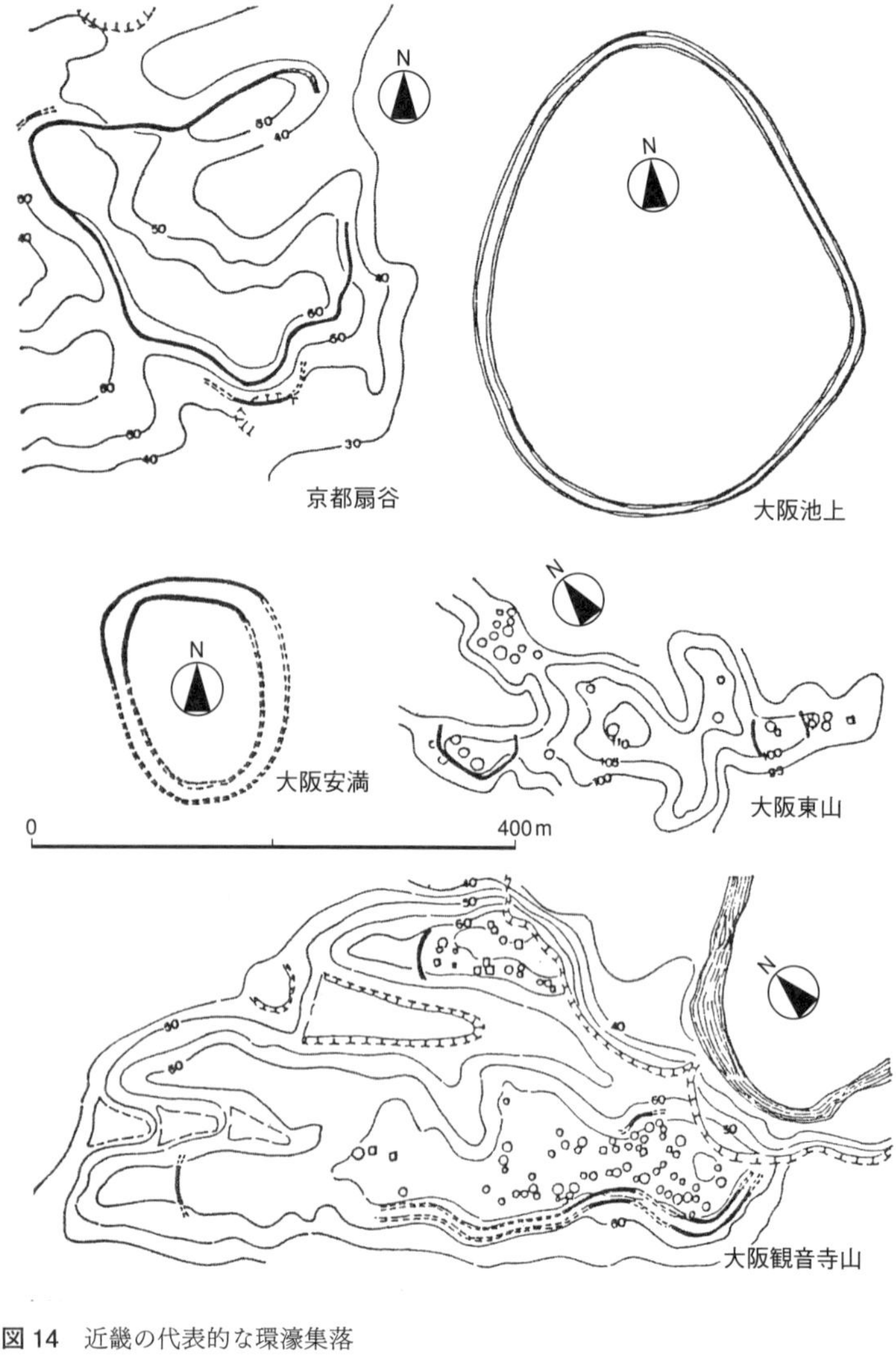

図 14　近畿の代表的な環濠集落

高地性集落の役割

先ほど高地性集落の役割の話が出ましたが、ただ単に高いところにあるだけではなく、濠を掘って守りを固めているので、逃げ城的な性格はもちろんもっています。しかし、そういう性格は平野の大きな集落も、もっているわけです。図14は近畿の環濠集落の代表的なものの平面図です。図15は私の環濠集落に関するイメージにもとづく復元案を示しています、二重の濠が掘られている場合は、こういう土塁が回っていると考えられ、攻めるにはなかなか堅固な、お城のようなものです。平野のほうにもこういうものがあり、同時に山の上でも守っているわけです。そうすると、山の上の集落に固有な用途の一つに、狼煙などを利用した通信機能があるということになると思います。

図15　環濠の復元案

たとえば、北部九州と瀬戸内・近畿ブロックが争うようなことになったときに、いちばん西の端の山口県での戦闘が直ちに近畿地方の奥まで伝えうるように狼煙をあげるという通信網ができあがっていたのではないでしょうか。地理学の渡辺久雄先生は現代の電波通信のパラボラアンテナの設置場所と古代の狼煙台や近世の米相場用の手旗信号台の場所が一致することが多いと指摘しています（『条里制の研究』創元社、一九六八）。高地性集落の立地場所を調べていくと、とくに私がAタイプとしている特別に高い山の上にあるものは、この通信用のパラボラアンテナが設置されている場所と重なるところが非常に多いのです。また、淀川水系で私が調べた高地性集落の場合は、そういう通信施設と重なるのと同時に、江戸時代に米相場を大阪から京都へ知らせる手旗を振る場所と一致するところもあります。私は淀川水系の高地性集落は全部自分の足で登りましたが、やはりよく見渡せるところにありました（一一一ページ図18参照）。

このように、狼煙的な機能も合わせて考えると、本州の西の端から畿内までの範囲で、いざというときに通信もできる、実際に戦闘になった場合に逃げ込んで戦うこともできるという態勢を、すでに弥生時代後期の段階で瀬戸内・畿内連合がもっていたのではないかと思っています。なぜそう考えるかというと、実はこの戦乱の結果を考えてみたからです。二世紀の終わりから三世紀の初め、弥生時代後期の新しい段階から庄内式にかけて、いろいろな変化が起こります。たとえば九州に方形周溝墓が出てくるわけです。

弥生時代から古墳時代へ

九州は弥生時代前期の段階には木棺があり、中期には甕棺を非常に流行させていますが、方形周溝墓は受けいれなかった社会です。渡来集団の中にいくつかのグループがあって、そのうちの一つのグループが畿内地方に定着しますが、それが方形周溝墓をもっていた集団だと思います。あるグループは北部九州に定着しますが、その人たちは方形周溝墓をもたなかった人たちで、九州は頑固にそれを拒否したのでしょう。ところが、後期の新しい段階から庄内式期にかけて、九州でも方形周溝墓が出てきます。

そして逆に、近畿地方も含めて後期の新しい段階に鉄が一斉に全国に広がります。これはおそらく近畿中心部が鉄の安定した供給ルートを確保することができるようになったからでしょう。弥生中期の九州の甕棺に中国製のいろいろな鏡が入っていたり、中国ではランキングの一つのしるしとして王に下賜される丸い璧《へき》を九州の人がもっているというのは、後漢の王朝と北部九州とが非常に密接な関係にあったからだと思います。そのころ、北部九州は倭の代表としての外交権を中国に対して要求していましたが、二世紀末から三世紀初めの動乱を契機にしてひっくり返って、畿内・瀬戸内ブロックが優勢になっていくという体制がこの乱の結果、生まれたのではないかと思います。

このように考えると、次の古墳時代とのつながりもうまくいくのです。瀬戸内と畿内の地域は、特殊器台の上に特殊な壺を載せた埴輪、それを結合させた朝顔形の円筒埴輪をもっていることで、ほかの地域とはちょっと別の地域です。そういうことも含めますと、古墳の埴輪祭祀においても、瀬戸内から畿内中心部は一つの共通の様式をもって、その当時の政治ブロックの中枢を占めていたのではないかと思います（図16）。

そういう政治的連合が前期古墳の段階で見られますが、それらはすでに二世紀末の動乱のあとの時期に徐々にできていったのではないでしょうか。ただし、二世紀末前後の時期に、岡山では楯築遺跡のような墳丘墓があり、山陰には四隅突出墳があります（図17）。これらを見ると、ある程度政治的な連合体はできてきたけれども、地域、地域の墓制の習俗を塗り替えるところまではいっていません。それぞれの地域の独立性をまだ強くもったままの連合体でしょう。それが三世紀半ば以前の状況だろうと思います。そして、それを打ち破っていくのがその次の前方後円墳の時代だと私は考えているわけです。

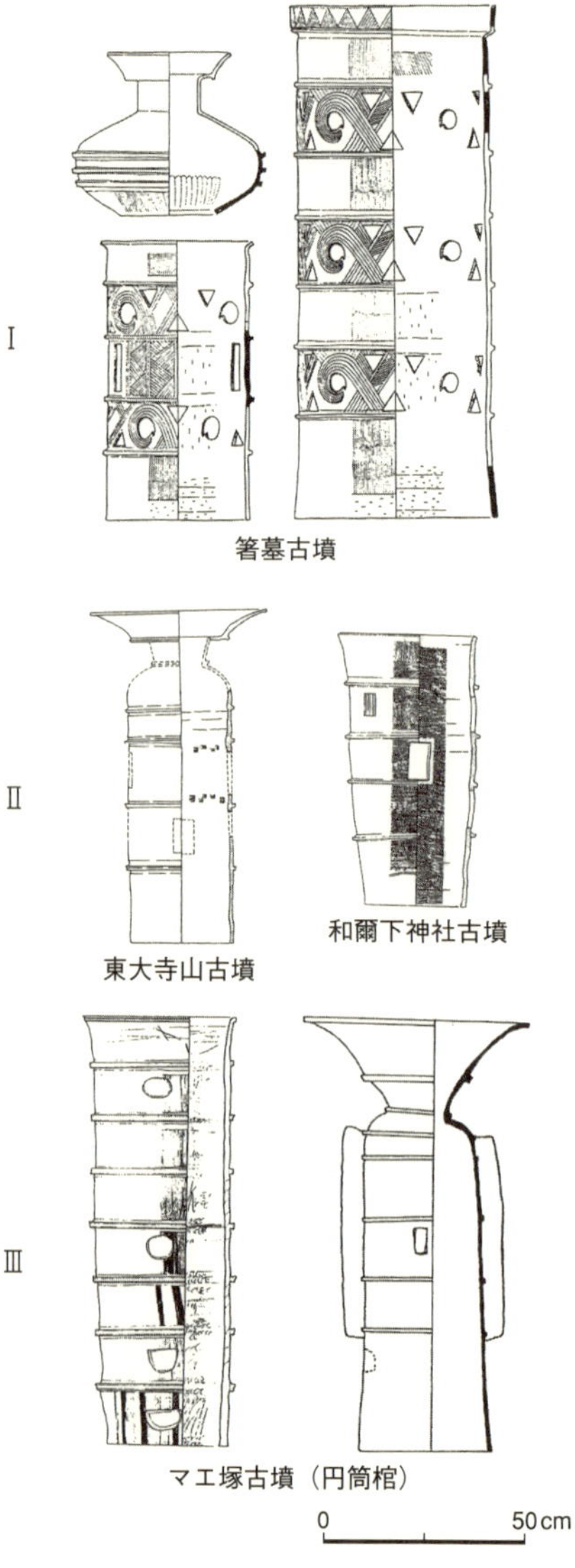

▶図16　大和の埴輪の変遷

したがって、『魏志』倭人伝に書かれている狗奴国と卑弥呼がうまくいかなくて、争いがあったという記事は、年代的に言えば三世紀の半ばですから、私の土器の年代観で言うと、庄内式前後に当たります。この段階では近畿地方の高地性集落はすたれて、むしろ周辺地域に高地性集落が見られますが、三世紀半ばの争いの場が、周辺地域に移っていることを示すのか、あるいは、畿内には高地性集落を必要としない防御態勢ができあがっていたのでしょう。

年代の問題

石野　これから意見の違う点を出し合って、できるだけけんかをしていこうじゃないかということなのですが、ちょっとややこしい話になるかもしれませんので、年代の問題の整理をしておいたほ

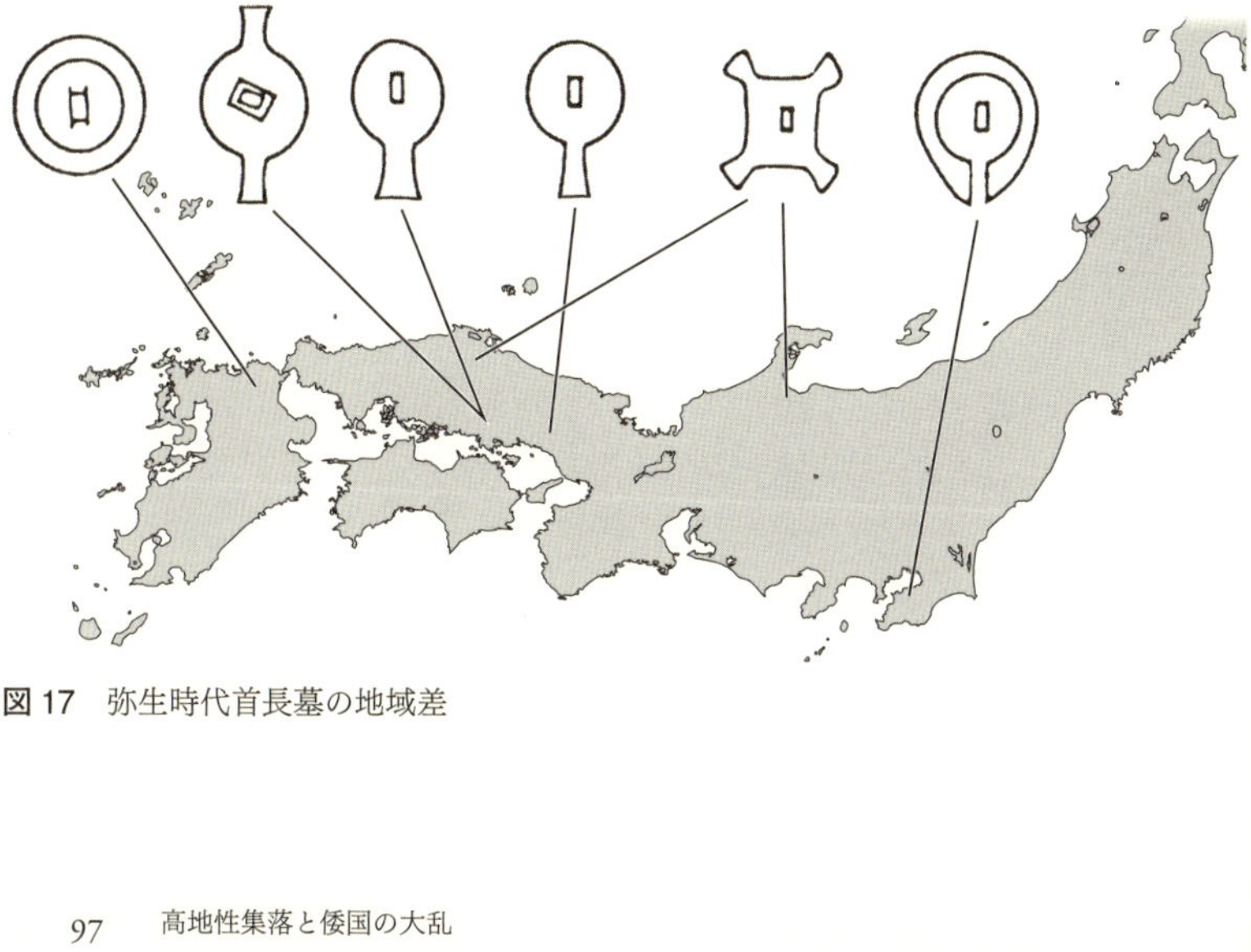

図 17　弥生時代首長墓の地域差

うがよいと思います。それから、近畿に高地性集落が集中したとした場合、いったい戦いの当事者はだれであったのか、単なる内輪もめだというのはおかしいのではないか、と都出さんは言っておられますが、それはそうなのか、そうではないのかという問題があるわけです。同時に、弥生時代後期の動乱の範囲は近畿中心なのか、瀬戸内と近畿なのかということによって、性格づけ、意味づけが変わってきますが、その辺が都出さんと私では違っているようですから、どうなのかという感じで、話を進めていけたらと思います。

まず年代の問題ですが、都出さんがつくられた弥生時代と古墳時代の年代表（表2）について私の考えを述べさせていただきます。この表の一〇〇年とか三〇〇年とか四〇〇年とか、西暦の年代を書いているほうを動かさずに、それ以外のところを動かして、私はこう思うということを申します。

一つは、兵庫県の森岡秀人さんが、『信濃』という雑誌に弥生時代後期の年代のことを書かれました。そこに書いてあることをざっと紹介しますと、弥生時代中期の年代は従来広くとられていたけれども、土器などからみてもかなり短いのではないかと言っておられます。それから、九州の人が書かれたものでも、後期の開始を西暦一年からちょっとたった程度、一〇年か二〇年ぐらいたったあたりから考えたほうがいいのではないかということが書かれていました。

私は後期の始まりは西暦一年から約五〇年ほどたったころで、およそ二〇〇年ぐらいまで約一五〇年間つづき、そのあと私が纒向1式と呼んでいる時期が二世紀末から三世紀の初めぐらいに入ってくるのではないかと考えています（一四四・一四五ページ図21参照）。

＊都出さんは、一九八五年の対談時点では弥生後期の開始を「AD一〇〇ころか」としていましたが、二〇一五年時点で表2のようにBC五〇年に改訂されていますので、対談時点の暦年代観の違いは一応、解消されたように思います。

そこで起こってくることを高地性集落と結びつけると、弥生時代中期に一度ピークを迎える高地性集落にかかわる乱は中国の文献に出ていないという点は同じです。そして『魏志』倭人伝に出てくる二世紀の終わりの戦い（一八〇年前後）は次の高地性集落のピークとなる弥生時代の後期の戦いであるというのも同じです。卑弥呼が死んだという二四七、四八年は、庄内式の段階です。そう考えていますが、この辺に関して都出さんから一言いただきたいと思います。

都出　年代については、石野さんもほぼ私と一緒だと思っていたのですが、先ほど森岡さんの説を紹介されましたので、石野さんはまた少し変わられつつあるように思います。森岡さんの考えを出されましたので、それについてのコメントと、いまおっしゃった石野さんの年代観について申します。

石野さんが纒向1式は三世紀の初めで、庄内式は三世紀の中葉とおっしゃいましたが、私は庄内式については三世紀の中葉から後葉にかけてだと考えています。したがって、中葉を含むという点では石野さんの意見と一緒です。それから、纒向1式は、私が呼んでいる後期の第5様式のいちばん新しい段階と庄内式の古いところとの中間にあると考えているので、一部は共通ですが、ちょっと違っています。したがって二〇年ぐらいずれますが、大きな違いではありません。

問題は後期を二〇〇年間だといえるかどうかです。私も森岡さんが書かれた『信濃』の論文を読みましたが、森岡さんは中期の年代幅を従来より短く考えられています。もう一つは、中期の始まりについて、九州の方の影響を強く受けて古くされています。森岡さんのお考えによると、中期のいちばん古い段階はBC四〇〇～BC五〇〇年ぐらいまでということです。

この考えの前提になっているのは、最近の九州の人の研究のなかでも、もっとも古く考える年代に近づけるということです。九州の遺跡から出てくる中国製の鏡などについて、中国で製作された年代と九州で埋まった年代は大きくずれないという前提で、ずれてもだいたい二〇～三〇年までにとどめておこうという考えで、それでいくとほぼそうなるだろうと思います。

しかし、そこが私と違うところです。つまり日本に入ってきてからの使用期間があるし、ものによっては転々としていることがあるので、そういうことを考えると、製作年代に近い年代を与えることはできないという基本的な考え方があるわけです。

たとえば、畿内地方でいうと、最近貨泉《かせん》が河内平野の調査でだいぶ出てきました。例の王莽の貨泉ですが、それが出てくる遺跡の土器は、中期の終わりから後期の初め、つまり第4様式の時期の終わりから第5様式の時期にかなり集中しています。なかには第5様式の新しいところから出たものもありました。

いま言いました第5様式の新しいところでも出てくるということが一つのポイントです。貨泉が第4様式の末とか第5様式の初頭とかいう時期だけに集中してしまった場合は、中国でつくられたものが海を渡って日本へやってきて、日本の遺跡に埋められるまでの間は非常に短い期間だということも考えられますが、日本の中で第4様式の終わりごろの段階で出ているものもあれば、後期の第5様式の新しい段階で出てくるものもあるわけです。さらに、近畿では北《きた》瓜破《うりわり》遺跡で前漢鏡のかけらが古墳時代前期の遺物を含む層から出ています。日本に来てからあちこち動いたり、ある程度年代がたってから埋められるということがあるので、埋没年代を製作年代に近いところに簡単にもっていくということには批判的なのです。

もう一つは、森岡さんのように考えた場合には、後期はBC五〇〜AD一八〇年という長い期間になってしまいます。森岡さんはそれを解決するために、第5様式の住居の継続年代の再検討などを含めていろいろ再吟味しています。

＊現在（二〇一五年）、私は弥生時代後期の第5様式をBC五〇〜AD一八〇年ぐらいの幅の中に置き、弥生時代終末期の庄内式期をAD一八〇〜三〇〇年に二〇年か三〇年を前後した年代の幅の中に置くと考えています。

石野　後期の開始を西暦五〇年、あるいはそれよりちょっと古い時期に置くのかどうかというと、実はいまのところそこまでもっていく自信はありません。ただ、そういう新しい論文が最近出されたものですから、それをいま都出さんにぶっつけました。私自身もそこまで上がるかどうかはちょっとわかりません。

都出さんは須恵器の初現を四世紀末としておられ、また九州の青銅器類の年代の問題などを基準にしておられる点では、私の考えは都出さんの表2とさほど変わりません。むしろ、この表は都出さんの従来の考え方よりもかなり古くしているのではないかと思います。年代の取り方ではけんかしにくいというか、けんかがあまり起こりません。

ただ、いつから古墳時代とみるかという点では、大きく違っています。都出さんは、古墳の出現を布留式からだとしておられます。今日の問題とはちょっと違いますが、庄内式の初め、あるいはその前の纒向1式から私は古墳時代だと思っていますから、そういう点は非常に違っています。ですから、年代についてはまだまだ問題があると思います。

いま後期の開始、あるいは中期の終わり方ということに関して、ご意見を出されましたが、高地性集落がいつから出てきてどういうふうに分布するかということにからんで、弥生時代の社会がいつ大きく変わるのかが問題です。たとえば、方形周溝墓が広く現れて、広く散らばっていく段階は、関東では弥生中期段階です。近畿より西のほうは遅くて、不思議と東のほうにはどんどん伝わっていきますが、そういうことも一つ考えるべきではないかと思います。そうすると、弥生中期社会というのは何かが起こっているのではないかということになるわけです。

最近大阪でも加美《かみ》遺跡という二・五メートルくらいの盛土のある非常に大きな方形周溝墓がみつかっています。それから、早稲田大学の『古代』という雑誌で、田中新史さんが宮ノ台式の時期、関東の弥生時代中期ですが、その頃に古墳があるといっておられます。私はなんでも古くして喜ぶほうですが、弥生中期段階の方形周溝墓を方墳であるという自信はまだありません。しかし、そういう墓が弥生中期段階に出てきたり、高地性集落が現れてくるのは、弥生社会の一つの変わり目になると思いますが、どうでしょうか。

都出　それは関東ですか。

石野　関東も含めて、西日本もひっくるめてです。

方形周溝墓について

都出　その問題に入る前にひとこと。年代論で私が自説を変えたかのごとくおっしゃいましたが、私は自分の弥生年代論を発表したのは、この一、二年のことで、旧説などありません。さて、方形周溝墓の問題ですが、私はあれは大陸起源の墓制だと考えています。朝鮮半島の平安南道に台城里という遺跡がありますが、これは無文土器文化の方形台状墓です。それから、遼東半島の竜山文化の積石塚のなかに、方形台状の墓の伝統があります。そういうものが弥生時代よりも古いある段階に遼東から朝鮮半島の一部に伝わって、そういう伝統をもっている集団の一部が弥生時代の前期の新しい段階に瀬戸内から近畿地方に落ち着き、その人たちが始めた墓制が方形周溝墓だと考えています。

中国では戦国時代から非常に大きな墓がつくられていますが、燕《えん》の下都《かと》の墳墓群では貴族の墓は方形台状の墓で大小さまざまです。その階級の下層の人たちの墓は台城里の台状墓や日本の方形周溝墓と関連するのだろうと思うのです。

したがって、方形周溝墓は弥生前期の段階に畿内に出現して、中期の宮ノ台式の段階に関東地方にワーッと広がっているので、環濠集落とセットになって、西からの一つのインパクトがすでにあったのではないかと思います。宮ノ台式の時期に関東にそういうものがワッと出てくるということは、西のほうの動乱のなんらかのあおりで、はみ出したのか、あるいは意識的に関東に押し寄せてきたのかもしれませんが、一群の集団が東へ東へとやってきたということであって、その時期が関東の弥生社会の一つの画期になっているのではないかと考えています。とくに関東に方形周溝墓が出現するということは、一つの大きな政治的な変動を反映していると思います。

石野　ちょっと横道にそれるかもしれませんが、方形周溝墓の広がり方は、近畿に早く出てきて、西のほうにあまり行かずに、東のほうにわりと早く行くわけです。古墳が出てくるころの土器の動きも、たとえば東海系の土器が近畿にも来ていて、関東のほうにもたくさん来ています。そういう動きとも関係がありそうですし、前方後方形周溝墓と称するようなものも関東でいまたくさんみつかっています。そういうことから、古墳が出てくる前段の近畿の勢力は、もしかすると西よりも東とかなり密接で、東と手をつないで西と戦争しているのではないかということも感じます。
ですから、方形周溝墓の分布についても西で戦争があって、その落ちこぼれが東に来たのではなくて、東と手をつないだ一つの現れだと考えることもできると思いますが、そういう見方はどうですか。

都出 手をつないでいたかどうかはむずかしい問題ですが、むしろ新しい時期の最後の段階である三世紀半ばに、文献のほうでは狗奴国との争いが出てきます。この狗奴国をどう考えるかということについては、会場からもご意見が出るかもしれませんが、一つはその意識が私の脳裏にあるわけです。

年代でいいますと、第4様式の中期後半の段階で方形周溝墓が関東にまで行きますが、もう一つは土器の動きです。第4様式の時期に西日本から凹線文様が出てきて、広島県から東の端は尾張の一宮まで一斉にワーッと広がりますが、この土器の分布範囲は宮ノ台式の方形周溝墓の分布範囲まで行っていません。かりに第4様式の段階で一時的に大きな地域ブロックのまとまりができたとしても、凹線文の土器に象徴されるような瀬戸内から尾張までが一つのブロックで、尾張から東はもう一つ別のブロックでしょう。ただ、宮ノ台式の土器には櫛描文様がありますが、あれは近畿の影響だと考えられますので、なんらかの派生的な影響が近畿からあったと思います。しかし、その直接的なものはいまのところ証明できないわけです。

石野 墓の形だけではなくて、いま都出さんが言われた土器の共通性、住居、集落形態その他もろもろのものを全部くらべなければ、弥生社会の共通基盤、あるいはその分布圏、文化圏、政治圏もなかなか出せないと思います。

高地性集落分布の範囲と動乱の状況

石野　話を高地性集落のほうに戻します。弥生後期の段階の高地性集落は近畿に集中します。なぜ近畿に集中するかというと、近畿地方は古墳前期になると大型古墳が出てくる地域ですから、その大型古墳が出てくる前提になる争いが近畿地方で起こったと私は考えました。都出さんはそれに対して、戦乱はそんな内輪もめ程度のものではなくて、土器から確実に弥生時代後期とわかる山口県の吹越遺跡の例を出され、近畿を含み、瀬戸内まで広がるものではないかと言われました。

これは中期になるかもしれませんが、九州の場合、墓の中から銅剣の切っ先が出てきます。近畿の場合は、墓から石槍が体に刺さった状態で出るという例が大阪の勝部《かつべ》遺跡にありますが、石槍は近畿の武器であり、青銅器は九州の武器です。そうすると、九州の弥生人は九州の武器で殺され、近畿の弥生人は近畿の武器で殺されているということになるわけです。当然、その地域の中でも争いはあっただろうということになるのかもしれませんが、いまある例で言うと、その反対はありません。殺された人間は墓に入れてもらえなかったのかもしれませんが、近畿では銅剣で殺された痕跡がいまのところありません。そういう実例から見ていくと、近畿に高地性集落が集中し、近畿の中で争いがあったということも十分考えられるのではないかと思います。

都出　おそらくそういう反論が出てくるだろうと待ち構えていました。いまおっしゃったように、九州では磨製石剣や銅剣の切っ先が骨に刺さっているという例があるのは確かです。橋口達也さんなどが丹念に集めておられますが、甕棺の人骨に磨製石剣の先が食い込んだまま折れて残っています。したがって、それは磨製石剣で殺された人だと思いますが、それは北部九州でかなり出ているので、九州圏の中の争いというふうに考えてもいいと思います。これは中期初めのことです。

もう一つは、勝部遺跡の短剣ですが、実はあれはまだ解体していません。あれは出たころから話題になっていますが、腰につけていた短剣なのか、骨に刺さっているのか、まだ確認されていません。骨の上なのか、中なのかというのは確認できない状態で木棺と一緒に保存されています。ですからこの問題が確認されてからお話ししたいと思います。

これとの関連でもう一つ気になるのは、畿内の方形周溝墓の木棺の中から石鏃が出るということです。死んだ人の骨が残っていますが胸のあたりに石鏃が五、六個あるという例がありま す。ある人は、矢で殺された人が葬られていると解釈していますが、どうも解せません。はたして石鏃がたくさん打ち込まれた状態、つまり矢を抜かない状態で死者の身内が葬るだろうかという疑問が残ります。

一つの可能性として、矢が死者に供えられているというケースです。また別の解釈は土井《どい》ヶ浜《はま》遺跡で一六本の石鏃が身体に刺さっていた人骨の解釈です。あれは戦争で殺された、土井ヶ浜の英雄であったという解釈もありますが、それとは別に意識的に殺された人という解釈もあります。滋賀県の兼康保明さんは、フレイザーの『金枝篇』の民族例の中にある聖なる王の力が弱ってくると王殺しがおこなわれるということではないかと解釈しています。また金関丈夫先生は、英雄のように生前に強い力をもった人の死後の霊は邪悪な働きをするから、死後に死体を損傷する、というフレイザーのあげた民族例から、一六本の矢を死後の刺傷と考えようとされています。

畿内の弥生の墓の人骨では、まだはっきりと鏃が骨に刺さっていたという確実な例はありません。また仮に勝部遺跡の例が畿内系の短剣で殺されていたと仮定した場合でも大規模な戦いでは必ず内輪もめが起こります。ローマ帝国のシーザー自身が征服戦争の途中で味方に殺されているように、そういう可能性もあると思います。

石野　確かに大阪の勝部遺跡の例は骨がやわらかくて、腰の部分から石槍が出てきます。石槍とよんでいますが、いま都出さんが言われたように、石で作った短剣ではないかと考えられている石器が出ているというのが事実で、硬い骨に突き刺さったままという状態ではないものですから、いまのような問題が出されます。ですから、両方の解釈ができるわけです。ほかにそういう例がたくさんあればいいのですが、ありません。
石鏃が刺さった例のほうは大阪で最近何体かみつかっているようですが、石鏃のタイプは大きいものですか。

都出　大きいタイプです。

石野　佐原さんが高地性集落の問題を指摘されたときに、石鏃が非常に大きくなる時期がある、それは鏃が武器として成長した姿だと言っておられますが、そうすると、戦争で殺された場合だったら、大きい鏃が刺さっているほうがわかりやすいと思います。そういう材料はいまのところさほど多くありませんが、たとえば勝部遺跡のようなものもあるので、近畿の中、あるいは九州の中の内輪もめは十分あるのではないかということで、申し上げたわけです。

弥生時代後期の高地性集落の性格と倭国の大乱

石野　それから、後期段階に高地性集落が近畿に集中するという場合、私は後期前半という言い方をしています。都出さんは第5様式の後半、後期の後半と言っておられますが、同じ後期でも前半と後半では意味づけが違ってきます。この辺について都出さんに意見があるようですから、お願いいたします。

都出　石野さんは、中期、後期の高地性集落の間に断絶があるということを強調されています。

結論から申しますと、私は中期の終わりと後期の後半にピークがあると言っておりますが、その間に高地性集落がなくなるとは考えていません。私の考えでは、近畿地方では後期の高地性集落は多くが後葉のものだと思います。

第5様式の土器を三つに分けるか、四つに分けるかで少し表現のしかたは変わってきますが、もし四つに分けた場合は最後の二つで、これは石野さんの纒向1式は含みません。そのちょっと前までを含めた後期の後半です。淀川水系の高地性集落の分布図（図18）に載っている遺跡で、右上のほうから見ますと、南日吉遺跡、ずっと南に行って木津川水系の飯岡遺跡、天神山遺跡、椿井《つばい》（大塚山古墳の下層）、城山遺跡、これらの遺跡から出土している土器は後期の新しい時期です。それから、八幡の幣原《しではら》遺跡もそうです。高槻の紅茸山《べにたけやま》遺跡からは典型的な後期後半の土器が出土しています。それから、枚方市の天野川の近くの鷹塚山《たかつかやま》遺跡、その東側の南山遺跡も後期後半です。このように、土器がわかっている例でいうと、後期後半が多いです。

さらに、後期の初頭にのぼるものもあって、たとえば、高槻の紅茸山遺跡の左側に白い丸があります。これは芝谷《しばたに》遺跡ですが、第5様式の初期とその直前の第4様式の終わり、つまり中期の末、後期の初めの土器が出てきます。田辺の天神山遺跡の場合は第4様式の土器も若干出ていきます。そういうふうにみていくと、後期の新しい段階に比重がかかり、かつ後期の初めかもう少し古い中期の終わりごろまでさかのぼっていくものもボツボツと出ているので、全く途切れてしまう時期はないとみています。ただ、高地性集落の中期と後期の二つのピークは認め

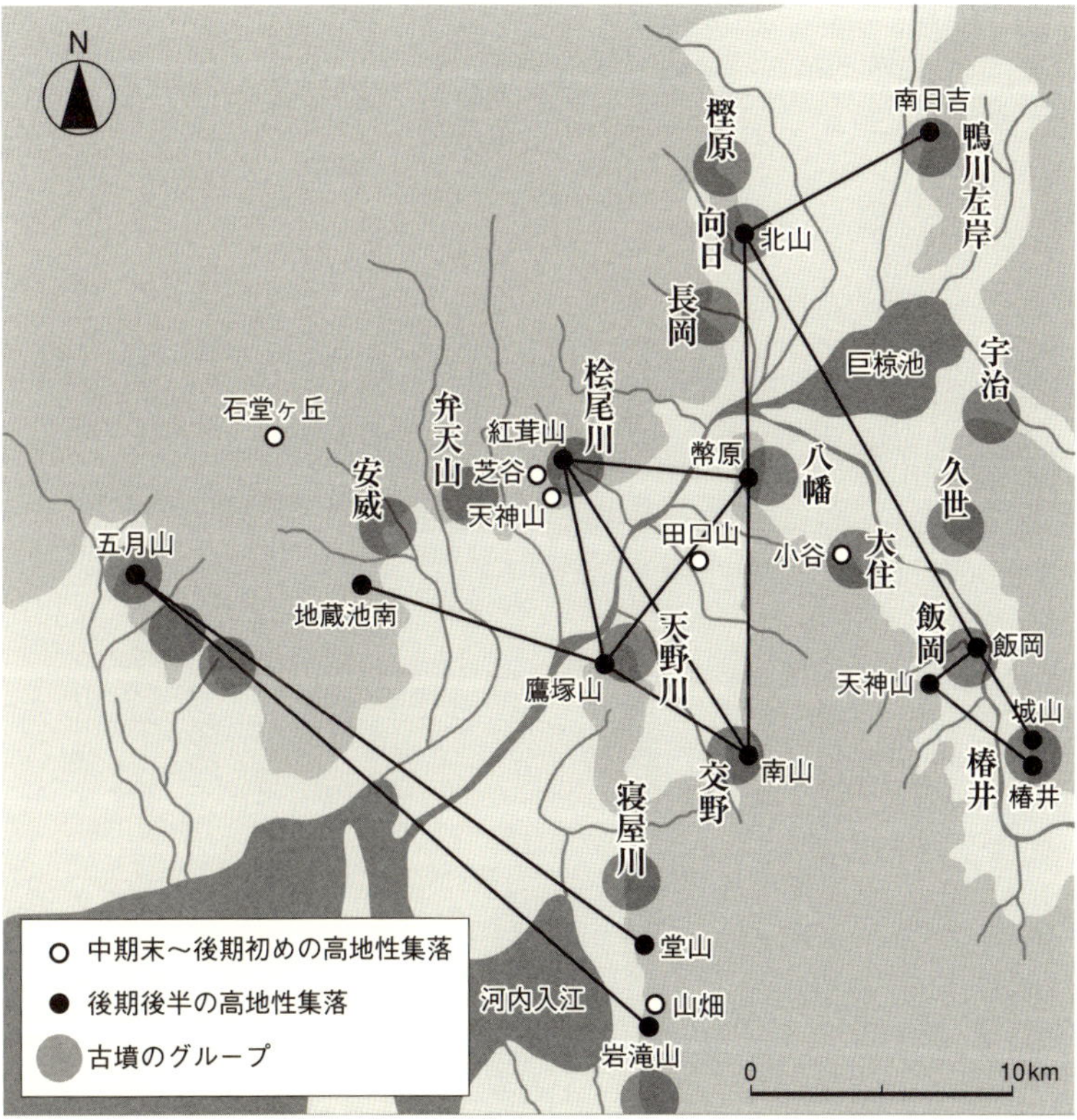

図 18　淀川水系の高地性集落のネットワーク

ていいかと思います。

さて、高地性集落の断絶とか継続ということをみてゆくと、どうも同じ高地性集落でも三つのタイプがあるようです。一つは、中期の初めから後期の新しい段階まで連綿と丘陵の上で営まれているものですが、その多くは私が準高地性と呼んでいるBタイプのものです。比高にして三〇メートルぐらいで、低地の田んぼに行くにもたいして不都合ではないという場所にある高地性集落は、だいたい継続型が多いと思います。

それに対して、短期で廃絶するタイプがありますが、これは標高三〇〇メートルとか、ときには六〇〇メートルという高い山の上に営まれています。これらは第5様式のいちばん新しい段階のある時期だけ、あるいは第4様式の新しいところの一時期だけというふうに、短期間だけ人が住むというタイプです。

それから、その真ん中のタイプです。ある程度土器が何型式か継続する、中期の間だけは継続するというタイプです。

そうすると、まったく高地性集落がなくなるということではなくて、絶えずどこかにあるということになりますが、そういうことも含めて、石野さんは話をきれいにしようとされすぎているという印象を受けます。

石野　土器の細かな研究が近畿の中でもだいぶ進んできました。いま都出さんが言われたように、各遺跡の土器を検討していくと、本当に切れ目があるのかどうか、きれいに分けられないのではないかという話が起こってきたわけです。三年ぐらい前に、大阪の『古代学研究』という雑誌でそういう討論をやりましたが、その中で私は「まいった。どうもこういうふうにはきれいにいかないかもしれない」と言っているんです。

それなのに今日また持ち出しましたが、あの段階では土器を細かくやっている人間が、「土器を一生懸命やっていくと、そんなにうまく分かれていませんよ。ずっとつづいていますよ」と言うので、やっぱりそうか、ダメなのかなと思いました。そのあと、私自身は土器を細かく見る力がだんだん落ちてきていますが、細かく見ている人間の話を聞いたり、自分でちょっと土器を見たりしている限りで、もしかすると、私の説はまだまだいけるのではないかということを最近思っているのです。

土器をもとにして細かく見ていくという点で、継続しているという見方と、切れるという見方がありますが、私はいったん「まいった」と言ったけれども、復活させることができるのではないかと思っています。いまのところは奈良の土器の一部ですが、近畿全体で見直していくと、そういう余地がまだあるのではないかと考えています。

それから、土器から出発しているのですが、弥生時代全体がそもそも戦乱の時代であって、先ほど都出さんが言われたように、平地の村でも環濠集落という大きな濠をめぐらせる村が現れます。これは古墳時代とか縄文時代には基本的にはないことであって、弥生時代にはそういう村が盛んにつくられているのは、弥生時代全体を通じて間断なく戦乱がつづいていたからだ、そうすると切れ目がないのではないかということになりますが、間断なくつづいていて、なおかつ都出さんが言われたように、二つのピークがあるわけです。

ですから、間断なくつづいていく遺跡をあげることはできると思います。ずっと戦いが連続しているような遺跡を近畿全体の中であげることはできるでしょうが、その中にピークになる高地性集落の非常に多い時期がきっとあるだろう、それがこういうかたち、土器の型式には切れ目があるということで整理できるのではないかと考えています。

弥生後期の動乱の範囲

都出　年代観にからんでそのピークを後期の前半にするか、後半と考えるかで変わってきます。私は第5様式をBC五〇～AD一八〇年ぐらいの幅で見ていますが、私の年代観から言うと、後期前半は二世紀でも古いほうになるわけです。石野さんの場合、後期前半のピークというと、年代はいつごろになるのですか。

石野　後期の始まりを、いまのところは西暦五〇年ぐらいで考えています。そうすると、後期前半になると、文献と一致しなくなってしまいます。実は、今日は前半と後半というのは避けようと思っていたのですが、都出さんが言われたように、どうも高地性集落に関しては後半のほうに多そうだなと思っています。別に無理に文献に合わせなくていいのですが、先ほどあげられた遺跡はどうも後半の土器が主体になるようです。それは後半の段階になって、文献に現れてくる戦いを反映しているということで、その戦いの範囲は近畿であると考えなければなりません。

後期に高地性集落が近畿に集中するかどうかということに関して、もう一つ問題があると思います。広島や山口では高地性集落が多いけれども、これは出土した土器からみて古墳時代のものだと思います。吹越遺跡の土器にしても、山口や広島の地域で近畿の庄内式に並行する段階の土器は、まだはっきりしていないのではないでしょうか。弥生時代後期の土器と非常によく似た土器が庄内式並行段階にずっとつづいているんじゃないか。そうすると、その土器を見た地元の研究者は弥生後期の遺跡だという可能性がかなりあるのではないかと思うのです。

都出　地方の土器になると、そういうややこしい問題が出てきますが、吹越遺跡の土器は自分で見ているので、少し自信をもって言えます。この地域のこの時期の土器については山本一朗さんなどが発表され、また最近山口県の平野部の土器の編年がだいぶ進んでいますが、それによると、確実に庄内式並行の土器が山口平野で出ています。その編年の順番から言いますと、吹越遺跡は庄内式土器の一型式直前で、近畿地方でいうと第5様式のいちばん新しいところと私が考えているものです。

私の場合は、庄内式とそれ以前とをくらべる一つの指標として、甕形土器の内面を鉄刃で削っているかいないかということを考えていますが、吹越遺跡のものはそれがありません。ですから、その直前の時期だと考えています。

それから、瀬戸内航路をずっと行ったいちばん西の端の交通の要衝だけではなくて、南四国の土佐にも同じような土器が発見されはじめています。岡本健児先生に教えていただいたのですが、先生がヒビノキ式とされる、第5様式の末ぐらいの叩き目をもった土器の時期です。それも念頭に置くと、近畿だけではなくて、瀬戸内航路ともう一つは四国の東南から宇和島に抜けていく交通路の確保も重要になっていたと思います。第5様式の新しい段階の高地性集落は、畿内以外でも、今後類例を増すと思いますが、現状でも、瀬戸内ルート以外にも外洋航路、土佐回り航路でも出ておりますので、石野さんのおっしゃるように近畿に集中するという考えには承服しがたいのです。

石野　後期段階に近畿に集中するか、しないかという話ですから、まず近畿以外の遺跡が後期であるのかどうかが問題です。そうすると、土器の話になってしまって、非常にややこしいのです。唐古・鍵遺跡の調査以来、近畿地方でも四、五十年間、第5様式の土器、弥生時代後期の土器がずっとあって、そのあとで土師器が出てくると考えられていました。土師器が出てきた段階では、もう弥生的な土器は残らないとずっと考えられていましたが、その間に庄内式土器というものがあることがわかってきました。しかし、その段階では第5様式という弥生後期的な土器が庄内式段階には残らないと思われていたわけです。

ところが、だんだん資料が増えてくると、庄内式段階にも第5様式的な土器が大量に残っているということがわかってきました。そういう事実があるので、近畿はわりあいその辺の時期に関しては土器の研究が進んでいるほうだろうと思います。しかし、これから資料が出てくる地域では、なかなかそこまでわからないのではないでしょうか。

高知県のヒビノキ遺跡でも第5様式とそっくりの土器が出ていますが、その土器が庄内式に並行しないということはまだわかりません。近畿地方で庄内式に並行する第5様式的な土器は、だれが見ても、「これは弥生後期の甕です、これは庄内の甕です」ということは区別できないと思います。まったく同じものが両方の時期にあるという状況ですから、よその地域のものも区別できません。

ただ、都出さんご自身が見られた吹越遺跡の土器はかなり確かで、後期の終わりだということですから、それなら安心だと思っています。都出さんが言われる後期の終わりは、纒向1式を含まない後期ですか。纒向1式を含んでくれると、その中で世の中が変わったと思っているからいいのですが、それを含まない後期の終わりということになると、近畿地方では後期の終わりに唐古四五号上層式と言われている後期のいちばん終わりごろの土器の形があるわけです。もし、そういう土器に並行するとなると、近畿でもその段階の高地性集落はもうないのではないかと思うのですが。

都出　そうではなくて、先ほど私が淀川水系であげたなかの高槻の紅茸山遺跡のいちばん最後に後期後半の土器が出てきます。それから、私が発掘に関係した元稲荷古墳の下層部、北山遺跡のいちばん最後の土器は、庄内直前のものです。

石野　なかなかうまくいかないものです。近畿の高地性集落で、後期後半の時期にピークがあっても、後期の最末期の段階はどうもなさそうです。唐古四五号上層式の段階ではどうも消えているなと思っています。そうであれば、山口県あたりにその段階に高地性集落があるというのは、近畿でなくなったあとに出てくるものです。一つの土器の年代幅は、短くても二〇年か三〇年はありますから、一〇年なら一〇年という土器の様式が変わっていない段階のうちに近畿では高地性集落は終わっていて、その次によそで起こってくるというのはありうることだと思います。そういう見方をしていたので、山口県で後期の最終末に高地性集落はないでしょうと聞いたら、あるということなんですが、その辺は私もこれから土器を改めて見ないとわかりません。

そうすると、後期の動乱の地域を近畿に絞れるのか、瀬戸内を含み込むのか、あるいは高知まで含み込むのかということになりますが、私はやはり近畿中心ではないかと思っています。ただ、最近兵庫県の北のほうの但馬の地域で、円山川沿いの丘陵上に遺跡がみつかったり、鳥取県米子市福市《ふくいち》遺跡で弥生後期と地元の人がいっている丘陵上の遺跡があります。私はその辺も全部ひっくるめて、各地域の土器研究が進めば庄内式並行になるであろうと思っていますが、内心では自分が見たうちで但馬のものはいくら頑張ってもそこまではいかない、後期の中で収まるという気がしています。いま自分の考えに不利なものを出しましたが、もしそういうふうに広がってくると、動乱の地域は非常に広くなって、山陰も北陸も含み込んで後期段階にも戦乱があったということになってくるわけです。

そうすると、中期段階でも典型的な高地性集落の遺跡は瀬戸内から大阪湾、丘陵性の遺跡も入れると瀬戸内西部から関東という範囲になりますが、後期段階にもそれと変わらない範囲で、北陸、山陰をさらに含み込んでの動乱ということになると思います。これをどう考えられますか。

都出　私の考えでは、増えれば増えるほどありがたいです。とくに中期の段階では畿内中心部は少なくとも中国や朝鮮との外交関係でのイニシアチブを本当に握っていたかどうかわからないという考えをもっています。その点で言いますと、関門海峡の海上権を制覇できなければ、瀬戸内海を経て大陸へ出ていくというルートは閉ざされますので、ここは絶えず一つのポイントになる地域です。

もう一つは、日本海回りでルートを確保する必要があると思います。後期の段階で山陰のほうでも高地性集落が最近増えているようですし、近江とか丹波にも後期の段階の高地性集落があって、やはり北陸ルート、それから丹後へ抜けていくルートを畿内のほうで確保しようとしていることの一つの反映です。

その辺で石野さんと意見が違うことになると思うのですが、私の場合は高地性集落というのは一つの軍事戦略のネットワークであって、畿内だけでもめているとか、山陰だけでもめているというのではなくて、畿内から丹後へ、丹後から山陰海岸を通って、外洋で中国・朝鮮へという軍事ルートを開くという狙いが地域ブロック間で実現し終わったのが後期の終わりであると考えています。

ちょっと話が大きくなりますが、おそらく二世紀末の動乱は単に北部九州と瀬戸内・近畿ブロック連合との争いというようなものではなくて、九州の背後には後漢王朝がいるということを畿内勢力の方は意識していたのではないでしょうか。あたかも、白村江の戦いのあと天智朝の段階で、唐の攻撃に備えて、西は金田城《かなたのき》から高安城《たかやすのき》までずっと山城をつくるのと似た現象がもっと原始的な段階で西日本にあってもいいのではないかという考えをもっているわけです。

そういうふうに考えますと、そのあとの三世紀以降の政治過程がかなりうまく読めてきます。倭が後漢に代わって魏と通交するというのは、中国の中でも権力が変わるわけですから、その気配とうまく合致していると思うのです。ですから、畿内から西部瀬戸内までのネットワークで考えようということです。

石野　そうすると、九州は中期段階に中国をいわば背景として力をもっているわけですね、高地性集落は九州にはほとんどなくて、瀬戸内・大阪のほうにあるので、戦いの対象は瀬戸内・近畿連合と九州とお考えになるのですか。

都出　後期の段階は大胆に言えばそういう可能性があるのではないかと思います。結果を見るんです。連合したかどうか知りませんが、二世紀末の後期後半の動乱のあとで九州が振るわなくなるので、その結果を見たら、そのときのイニシアチブ争いで北部九州が衰退したのではないかということになるわけです。それと同じ時期に後漢王朝が衰退して、魏が勃興してきますが、そういう東アジアの動きとも関係があるのではないかと思います。

逆にお聞きしますが、石野さんの場合は後期は高地性集落が近畿に集中するとおっしゃいましたが、近畿の中でもめていいいると考えられるのですか。

高地性集落と前方後円墳の出現

石野　近畿に集中するという考え方は、あとの古墳に影響されているんです。古墳をつくる地域と一致してくるので、古墳をつくるに至る前に戦いがあった、それが近畿の地域だという考え方です。

都出　確かにそういう見方もできますが、畿内周辺部の紀伊とか、丹波の山の中の、必ずしも前期の前方後円墳にすぐつながらないような地域にも、後期の段階の高地性集落がありますね。そういうのはちょっと苦しくなるのではないですか。

それから、淀川水系などでも椿井大塚山古墳の墳丘の封土中に後期の土器が入っていて、どうも椿井大塚山古墳ができる直前に、あそこに高地性集落があったようです。私が発掘に関係した元稲荷古墳もやはりその下が高地性集落です。これは偶然かもしれませんが、かなりよく合致するものがありますね。もし偶然だとすれば、前期古墳もわりあい見晴らしのいい場所につくりますから、高地性集落と偶然一致してしまうということかもしれません。小説風に言えば、さる大戦の折に見張台として軍事拠点として役立ってくれた非常に由緒ある場所に古墳をつくったのかもしれないということも考えています。しかし高地性集落と古墳との一致といっても立地が共通するぐらいの一致であって、あまり古墳の出現の原因になったと考える必要はないと思います。

石野　私は、高地性集落は後期段階に近畿に集中すると思います。最近各地で後期段階のものが出ていると言われてますが、土器を細かく見ていけば新しい段階のものだということになるだろうと思っているので、近畿以外のところにあるものについてはまったく考えていません。それに対して、都出さんは、広い範囲に高地性集落があって、それは東アジア世界全体で考えるとこういう見通しになるんだと言われました。それはまったく考えていませんし、いまでも近畿以外に高地性集落はきっとないだろうと思っています。その辺は全然かみ合わなくなってしまいます。しかし、近畿以外のところにも高地性集落がたくさんあるとした場合、いまの解釈はおかしいのではないかというのは、差し当たって出てきません。

それから、都出さんは前期古墳から弥生時代後期の土器が出てくることがある、しかし、それはあまり前期古墳と結びつかないだろうとおっしゃいました。たしかにあまり対応するものはありませんが、高地性集落がかつてつくられていたところに前期古墳がつくられている例はいくつかあるので、内心ではことによったら対応するのではないかと思っています。都出さんが言われたように、かつてわれわれが頑張ったその場所に頑張った王者の墓をつくって祀るという意識があったのではないかと思っているわけです。ただ、実例があまりないのでそういうことを言ったことはないのですが、先ほど都出さんがあげられた古墳とか大阪の玉手山の前期古墳があるところから、銅鏃をもつ弥生後期の住居が出ているので、可能性としてはそう思うのですが、都出さんの立場からすると、たぶんこれは無理だ、むずかしいだろうということですか。

都出　ちょっと言葉足らずでしたが、石野さんが近畿に高地性集落が集中することと前方後円墳の出現とを結びつけて考えておられますので、そういう関係のつけ方は私はしていないということを強調しただけです。私が作った淀川水系の高地性集落の分布図（**図18**）を見ていただきますと、黒丸を打っているのは後期後半の高地性集落ですが、その周りに大きい丸で囲んであるのは、前期古墳の一つの首長系譜です。首長の一代目、二代目、三代目の墓がつくられる一つの単位が大きい丸です。その大きい丸と高地性集落とがだいたい対応するような格好で出てくるので、私は次のように考えています。

弥生後期の後半の段階ではこういう大きい丸の一つごとに首長一族がいたと思いますが、近畿地方全体を守っていかなければいけないとか、狼煙《のろし》の連絡ネットワークで守っていくという場合に、ネットワークの一つ一つの持ち場がそういう高地性集落の一つであるとすれば、この高地性集落は何某という首長が守りましょうということになったのではないかと考えています。その集団の分遣隊のようなものが山の上に住んで、見張りをしたり、大きい高地性集落の場合は逃げ城にもなりますが、大きい丸はそういう一つの単位を示すわけです。これがずっと西のほうに行ったらどうなるかということは、私自身十分追跡しておりませんので、はっきりしたことは言えませんが、そういう個々の首長の一つの任務分担のようなものが弥生後期後半の時点ではあったかもしれません。

見張り、連絡の狼煙の役割をもつ高地性集落

都出　こういうことを考えるうえで一つ参考になるのは、中国の漢の時代の烽燧《ほうすい》の制で、これは何里ごとに置くとか、守りは何人でやるとか、火をたくものは何と法律で決まっていますが、普通は狼の糞をたくわけです。狼の糞がなぜいいかというと、あれを乾燥させると火つきがよくてよく燃えるだけではなくて、煙が黒いからです。それで狼煙と書いて、ノロシと言うんだといわれています。夜の場合は火でないとダメですが、昼間ですと白い煙ではわかりません。黒い煙のほうがいくら明るい空をバックにしても、ああ、あそこであがっているなということがわかるわけです。

私たちは狼煙というと、古い西部劇のアパッチ族が攻めてくるという類のものしか知りませ

んが、中国では第二次世界大戦中でも抗日ゲリラの人たちが狼煙を使って合図をしていたようです。私の知り合いの人が軍人として行っていて、黒い煙を見たら怖かったと言っていましたが、そういうものが中国の古い時代からありました。

古代中国の場合は、国境に烽燧の線をずっと置いていますが、お役人組織で守っています。日本の場合は、弥生時代の首長がそれぞれ地域分担を担わされていたという可能性も考えています。そこまで考えますと、高地性集落の一単位がのちに前方後円墳が出てくる単位と無関係ではないと言えると思います。先ほどの私の発言ではちょっと誤解があるかもしれませんので、ちょっと補足しておきます。

石野　そういうことになりますと、ますます前期古墳と結びつけて考えることができると思います。中国の漢代の烽燧の制の場合は、そういう役割の人間が数名いて、人数が書かれていますが、大きな村を形成するようなものではありません。ところが、近畿の高地性集落の中には、五、六軒以上の住居が同時にありそうだという集落がいくつかあるわけです。

もちろん、高地性集落の一つの役割として狼煙をあげるということはきっとあったと思います。しかし、そこでほかの村と同じようにかなり定住的な生活をしていたのではないでしょうか。それを厳密に考えていこうとすると、低地の村と山の村ではもっている土器の数とか種類が同じであるかどうかということも、調べていく必要がありますが、住居の数だけを見てもかなり定住的なものであって、単に戦争のときに数名が斥候のように上がっていって、狼煙をあげてまた下りてくるというようなものではないと思います。この点はどうですか。

都出　石野さんが狼煙台にしてはちょっと人数が多いのではないかとおっしゃったので、私の考えを補足しておきますと、私も狼煙だけとは考えておりません。高地性集落にも立地条件や遺跡の大きさによっていろいろな種類があります。私は特別に高い山の上にあるものをAタイプとしていますが、このタイプは山の高いてっぺんにあって、規模はわりあい小さいものです。かなり高い山の上ですから、集落を広くとることはできませんが、そういう場合でも同時にあったと考えられる住居が四、五軒あるわけです。

実は、弥生時代の人たちが集落を営む場合は、四、五軒というのは最低の単位で、どうもそれ以下では生活がしにくかったのではないかと思います。兵庫県芦屋市の会下山《えげのやま》遺跡では、大きい竪穴住居一つと、四、五軒の住居という感じですから、リーダー格の人の家族とその肉親の集団で小さい集落をつくっています。平野にある場合でも、高地にある場合でも、それが最低の単位だったのではないかと考えています。平野にはそういう小集団を四、五単位、あるいは一〇単位ほど集めたような大きい村があって、それ自身が大きい濠で囲まれていますが、山の上にあがるグループは、その村の人たちから委託を受けたり、あるいは村長《むらおさ》から命令されたりして、山の上の見張役も兼ねてそこに住んでいるわけです。この兼ねてという言い方がみそで、いつも見張っているだけではなくて、そこでちゃんと生活ができなければなりません。実際に中期の高地性集落では高い山の上でも石庖丁が出ているので、かなり無理をしてでも近くで田んぼを作っているようですが、本拠は親村のほうにあったと思います。
そういうふうに考えていますので、四、五軒あっても、それでいいのではないか、普通の生活もしながら、見張りとか通信の役もしたということではないかと思っています。

低地の集落と高地性集落の関係

石野　普通の生活を兼ねてというのは、いろいろ兼ね方があると思うんです。弥生時代の一般的な村と同じように、自分で田んぼを作り、魚をとり、山のものをとって、生活は自分ですべてやっていて、見張り機能をもっているという場合と、多少の生産はやるけれども、食料は親村からもらっているという場合では、かなり違います。石器の組成などに違いがあればいいんですが、いまのところそれほどはっきりしていません。高地性集落の生産用具の組み合わせと、低地の村の生産用具の組み合わせが、大きく変わっているということは、ないのではないでしょうか。そうすると、やはり独立的で、自分が食べるものは自分で作り、親村から食料の支給を受けるということはないと思いますが、それはどう考えておられますか。

都出　それは非常に説明しにくい問題だと思います。その前に、高い山の上にある高地性集落は生活道具の組み合わせが違うかどうかということですが、ちょっと違うケースが大阪府の東《ひがし》山《やま》遺跡にみられます。あの遺跡の場合は、平野ではあまり使われていない打製石器があったり、木の実を打ち欠いて使うような叩き石のようなものの比率が高いということを菅原正明さんが指摘しています。そういうことから、菅原さんは逆に高地性集落は戦争用の防衛的なものではなくて、大阪平野が洪水で住みにくくなったときに、かなりの人が山の上に逃げ込んだのだ、山村だという考えを出しておられますが、私はそうではないと思います。

高いところに小集団が定着していて、長い間、住もうとすると、平野でも生活の糧を得ると同時に、山の上に住んでいるのに適した生活形態をあみ出す集団があっても、いっこうに構いません。ですから、東山遺跡の場合はそういうケースではないかと考えています。

石野　石器の組み合わせがさほど変わらないと言いましたが、都出さんは中期に石庖丁をもっている高地性集落があるとおっしゃいました。ちょっと気になるのは、石庖丁を低地の村と同じように多量に出す高地性集落はないということです。食料を親村からもらうなどということはないのではないかと言いましたが、自分で言いながら自分で否定することになりますが、石庖丁をたくさんもっている高地性集落には中期段階はないんじゃないですか。

都出　私の知っている例では、東大阪市の山畑《やまはた》遺跡は石器が豊富で、石庖丁もけっこうあるんです。山畑遺跡などを見ていると、それほど特殊だとは考えられません。標高は一〇〇メートルぐらいです。そういうところですが、平野まで田んぼを作りに行くことは可能です。

石野　香川県の紫雲出山《しうでやま》遺跡などは大量の石器をもっているので、あの地域の石庖丁も確かにたくさんあったと思います。考えが行ったり来たりしますが、日常的な用具に関してさほど変わらないという傾向がどうもあるようです。そうすると、「兼ねて」の中身があいまいになってしまいます。

軍事的な意味をもつ高地性集落

石野　次の問題に話を進めます。都出さんも、私も、高地性集落は軍事的な集落であるという前提で、今まで話をしてきました。しかし、先ほど都出さんがちょっと紹介されたように、軍事的な集落ではないという意見も当然あるわけです。二人で討論をすると、そうだ、そうだ、軍事的な村だということで意見が一致してしまいますが、なぜ、軍事的集落だと言えるのかということを、少し整理しておく必要があると思います。

都出　石野さんは高地性集落とは一般的に高いところにある村だとおっしゃいますが、とにかく高ければいいというものではありません。阿蘇山の上にあっても、必ずしもいま言っているような意味での高地性集落とは言わなくて、むしろ小野忠凞先生のおっしゃるように高山性でいいだろうと思います。一つは、その地域の生活条件との関連の問題ですが、その地域の日常的な生活基礎が低地であることがあたりまえであるという社会の中で、あるときだけ山の上にあがるという現象がもしあったとすれば、これはちょっとおかしいわけです。

そういう目で見ていきますと、山の上にあがるのは、弥生時代でも全部の期間ではありません。先ほどから言っているように、中期と後期にそういうものが出てくるということです。
それから、畑作説を依然としていまでも強く出している方がおられますが、畑作説ではどうして古墳時代になると突然山からおりてしまうのかということが説明できません。畑作に有利なので、平野で食い詰めた人が登っていった。あるいは洪水が多いから登ったという考えに立つと、先ほどから議論している庄内期には近畿地方では一斉に平地におりてしまいますので、ちょっと説明がつきません。ですから、そういう現象をもつようなものを考える場合は、軍事的な面に結びつけるのがいちばんいいだろうと思います。

石野　この部分は対論になりませんが、確かにそうだと思います。もし弥生時代の山の民的な村であるとすれば、なぜあとにつづいていかないのか。急になくなるのはおかしいわけです。もし自然発生的な村であれば、政治がどのように変わろうが、世の中がどう変わろうが、自然に残っていくのが普通ですが、そうでないということはやはり異常な村なのだろうと私も思っています。

邪馬台国と高地性集落

石野　高地性集落について、私はピークを三つ考えました。第二のピークも、あるいは第三のピークも問題ありということですが、ピークを三つ考えていった場合、仮にそれが近畿に集中してくるという私の考えでいくと、そこで戦いが起こり、それが中国の文献に対応し、やがてそこで大型古墳がつくられてくるということは、何も言わなくても、そこが邪馬台国だと言っていることになるわけです。

都出　今日は邪馬台国については非常に詳しくて、いろいろなお仕事を発表しておられる方が会場にいらっしゃいますので、その反撃が恐ろしいものですから、できるだけ言わないように努めてきました。しかし、先ほどの私の考えを聞いていただくと、ははあ、あいつはこういう論者だなとおわかりになったと思いますので、白状することにいたします。

もし中国の文献が事実を一部でも伝えているのだとすれば、邪馬台国というか、ああいう一つの政治連合体は、近畿および瀬戸内の沿岸地域の一つのブロックを指しているのではないかというのが私の考えです。ですから、種類分けすれば、私の場合は畿内邪馬台国説になるかもしれませんが、従来の畿内説の人と違う点は、弥生中期の段階、すなわち二世紀の初めぐらいまでの段階では、畿内のそういう政治権力は中国などの外交権や商業ルートを確保するという点においては九州に一歩後れていたのではないかというふうに考えているのです。非常に大胆な言い方をしますと、一世紀から二世紀の半ばぐらいまでは、北部九州が中国から冊封に似たお墨付きをもらっていたと思います。それを示すものが須玖遺跡などの前漢鏡や璧です。璧は一つの権威のシンボルですが、それを持った王者がいたのでしょう。実際に文献のほうでもAD五七年やAD一〇七年の朝貢記事がありますが、あれは恐らく北部九州の王様を指していることは間違いないだろうと考えています。

それは後漢王朝にとって良い子だった人たちですが、二世紀末の動乱で、この力関係がひっくり返るのではないか。この考えは立命館大学の山尾幸久さんの研究（『日本古代王権形成史論』岩波書店、一九八三）から学ぶところ大です。その結果、畿内・瀬戸内連合が優勢となり、北部九州はそれ以後衰退し、古墳時代を迎えるという一つの脚本はどうでしょうか。したがって、後期の高地性集落の研究は、今後の邪馬台国論争においてはかなり重要なポイントになってきますが、石野さんのように内輪もめで近畿に集中するという考えをとると、話が私のように雄大になりません。やはり、山陰にも南四国にも認めていくほうが話の展開がおもしろいのではないかと思って、そういう夢をもっております。

石野　東アジア世界の中で話を雄大にするほうがおもしろいし、もしかしたら事実かもしれません。今まではそういう前提で考えていなかったのですが、仮に後期の高地性集落が非常に広い範囲にあったとしても、集中するのは近畿であるという点は、きっと動かないでしょう。そこで、それぞれの問題を全部捨てて、高地性集落だけで邪馬台国の問題を考えますと、集中してくる地域にやがて前期古墳が現れてきます。そうすると、成り行きとして、邪馬台国は近畿の地域にあり、それが初期の大和政権につながっていくと考えるのが自然です。近畿の中でどの地域なのかということはなかなかわかりませんが、大和での高地性集落の動きを考えますと、先ほど言いましたように盆地南部に集中してきます。そうすると、奈良盆地南部は一つの候補になる、そこには前期の大型古墳が集中する地域があるという流れをいまは考えているわけです。

それに関連して言いますと、奈良盆地の中に初期の農耕集落として唐古・鍵遺跡があって、同じ水系をたどって初瀬川をさかのぼっていくと三輪山の麓に纒向遺跡があるわけです。纒向遺跡が栄えるのは唐古・鍵遺跡が衰えたころですから、唐古・鍵の人びとが纒向の地域に移って一つの大きな村をつくったのではないでしょうか。そして、その地域では普通の竪穴住居がみつかっていません。ことによると、高床の建物だけをもった変わった村だったのかもしれませんが、その周りには前期の大型古墳がつくられてきます。その周辺にはかつて後期の高地性集落がつくられていたということも、もしかしたらありうるかもしれません。

これもまた話がうますぎますが、奈良盆地の中での弥生集落の動きとしては、邪馬台国の可能性もあるのではないかと思います。皆さんの関心の一つは、どうもそこにあるようですし、時代はほぼ一致しますから、やはりそれぞれの考えは言っておいたほうがいいだろうということで、最後に出させていただきました。

（石野博信　2015.3）

追記

弥生山城の三段階論

第一段階　前一世紀（弥生中期末）に関東以西の日本列島を包みこんだ汎日本的な争乱があったが、文献には記載されていない。

第二段階　二世紀後半（弥生後期後半）に近畿弥生社会を中心とした争乱があり、『魏志』と『後漢書』にある「桓霊の間」（一四七〜一八八年）の「倭国乱」に相当する。つまり、第二段階の争乱は、倭国女王・卑弥呼共立に至る争乱であり、争乱に直接かかわったのは近畿弥生社会であった。

第三段階　三世紀中葉の抗争は、卑弥呼没後から壱与（台与）の時代にかけての各地域の王との戦いである。

弥生時代の高地性集落を「弥生山城」と呼びかえ、低地の環濠集落と対比させつつ論じたのが「高地性集落と環濠集落―弥生の高城と水城」（『戦後五十年古代史発掘総まくり　アサヒグラフ別冊』一九九六）であり、本書収録の都出さんとの対談から一〇年後の総括である。

九州型銅剣で刺傷された近畿弥生人―兵庫県神戸市玉津田中遺跡―

「九州の弥生人は九州の武器で殺され、近畿の弥生人は近畿の武器で殺されている」（一〇六ページ）と発言しているが、神戸市玉津田中遺跡の調査で、弥生中期末の方形周溝墓の周溝内人骨は北部九州系の細形銅剣の切っ先が突き刺さっていた（篠宮正ほか『玉津田中遺跡』兵庫県教育委員会、一九九六)。

一九八五年の対談の段階には、九州は九州で、近畿は近畿で、それぞれの戦いはあったが九州と近畿の広域の戦いはなかったと想定していたが、稀にはあったのだろうか。大阪府池上曽根遺跡や京都府久美浜町芦原遺跡には北部九州系の石鎌が少数ながらあり、石鎌が武器であれば弥生中期の広域戦が弥生山城の存在とともに想定される。

弥生末期、唐古・鍵遺跡から纏向へ移動したか

「奈良盆地の中に初期の農耕集落として唐古・鍵遺跡があって、同じ水系をたどって初瀬川をさかのぼっていくと三輪山の麓に纏向遺跡があるわけです。纏向遺跡が栄えるのは唐古・鍵遺跡が衰えたころですから、唐古・鍵の人びとが纏向の地域に移って一つの大きな村をつくったのではないでしょうか」(一三三ページ)。

私は一九七九年に「唐古・鍵遺跡の人々は、弥生時代後期末に唐古・鍵の地域を離れ、三輪山麓の纏向の地域に移動した」と考え(「大和唐古・鍵遺跡とその周辺」『橿原考古学研究所論集』四)、一九八五年の都出さんとの対話でも再論しています。

しかし、その後、二〇〇三年一一月の「畿内弥生社会像の再検討」(考古学研究会編シンポジウム記録五、一五五・一五六ページ)では、「端的に言えば唐古鍵は遅れているということです。唐古鍵は後進地であると。だからこそ大型前方後円墳がぱっとあらわれたと思って」いることを発言しています。

私が当初、「唐古鍵から纏向へ」と考えた根拠の一つは、纏向遺跡出土の甕形土器の五〇

パーセントが弥生後期以来の伝統的厚甕だった点にあります。他は新型の薄甕（纒向型甕＝庄内型甕）だが、煮炊用の日常容器が継続していることを重視しました。

しかし、その後に桜井市大福遺跡と同・脇本遺跡から弥生後期末と古墳早期（纒向式期＝庄内式期）の破砕銅鐸と再利用した銅滓などが出土し、東西に並ぶ三世紀の大型建物地区＝纒向王宮内の二点の銅鐸片とあわせて、二世紀末〜三世紀初頭の銅鐸破壊＝弥生のカミの否定と新王宮の建設を想定することとなったのです。


（都出比呂志 2015.3）


北陸、東海、関東の東日本では二世紀後半になって、高地性集落が増加します。この状況は、西日本で二世紀前半から中頃に起きた政治的緊張が、一歩遅れてこの東の地域にも波及したことを意味します。

弥生時代における争いや戦争は、大きく四段階に分けることができます。

第一段階は弥生時代早期から前期にあたるもので、これは山や川など地理的な条件で区切られた小地域内で、水や土地の分配をめぐる争いでしょう。

第二段階は弥生時代中期のもので、小さな「国」を築く過程の争いです。

続いて、この小さな「国」をさらに大きなブロックに統合する動乱、第三段階は弥生時代後期のもので、西日本全体を巻き込んで戦いが続き決着がつかなかった「魏志倭人伝」にいう「倭国乱」で、卑弥呼を共立して戦いを収めた動乱です。

第四段階は三世紀中頃のもので、卑弥呼の跡を継いだ壱与《いよ》の時代で、狗奴国を巻き込んで東日本にまで波及した動乱ということができます。

（石野博信 2015.4）

補記

八一〜八三ページの都出発言の改訂を受け、九八・九九ページの石野発言を改訂した。弥生後期から庄内式期の暦年代観の改訂であり、他の部分にも齟齬をきたす部分があると思うが、できるだけ一九八五年の対談時点のままとした。

2014

倭国の大乱から邪馬台国へ

唐古・鍵遺跡と纒向遺跡

石野博信
藤田三郎
橋本輝彦

石野　弥生時代の初めにつくられ、奈良盆地の中心的集落の一つとなった唐古・鍵遺跡と、その東に流れる大和川を五キロさかのぼった地点に、倭国の大乱がおさまった二世紀末に始まり大集落に発展する纒向遺跡。この二つの遺跡を比較検討し、纒向遺跡は邪馬台国と関係があるのかないのか、唐古・鍵遺跡は纒向遺跡とどのような関係にあるのかをみてゆこうと思います。

大環濠に囲まれた集落、唐古・鍵遺跡

石野　まず、唐古・鍵遺跡には大きな環濠があり、纒向遺跡には環濠がないというそれぞれの特色があるけれども、藤田さん、唐古・鍵遺跡の盛衰を説明してください。

藤田　唐古・鍵遺跡は、奈良盆地のほぼ中央、標高五〇メートル前後の沖積地に立地しています（図19）。弥生時代前期から古墳時代前期まで継続する環濠集落で、遺跡の規模は南北八〇〇メートル、東西七〇〇メートル、四二ヘクタールの面積があります。国内最大級の弥生集落で、地域の拠点となる集落です（図20）。周辺には、鳥装の巫女の絵画土器が出土した清水風《しみずかぜ》遺跡や法貴寺斎宮前《ほうきじさいぐうまえ》遺跡などの衛星集落が半径一キロほどの範囲に点在しています。

弥生時代前期の段階は、全体像はまだ見えていませんが、三つの集落が分立しているような状況で、そこにそれぞれ区画すると思われる環濠があります。このような分立している状態を統合するような大環濠（内濠）を掘削するのが弥生時代中期の初頭（大和第Ⅱ―3様式期）で、大

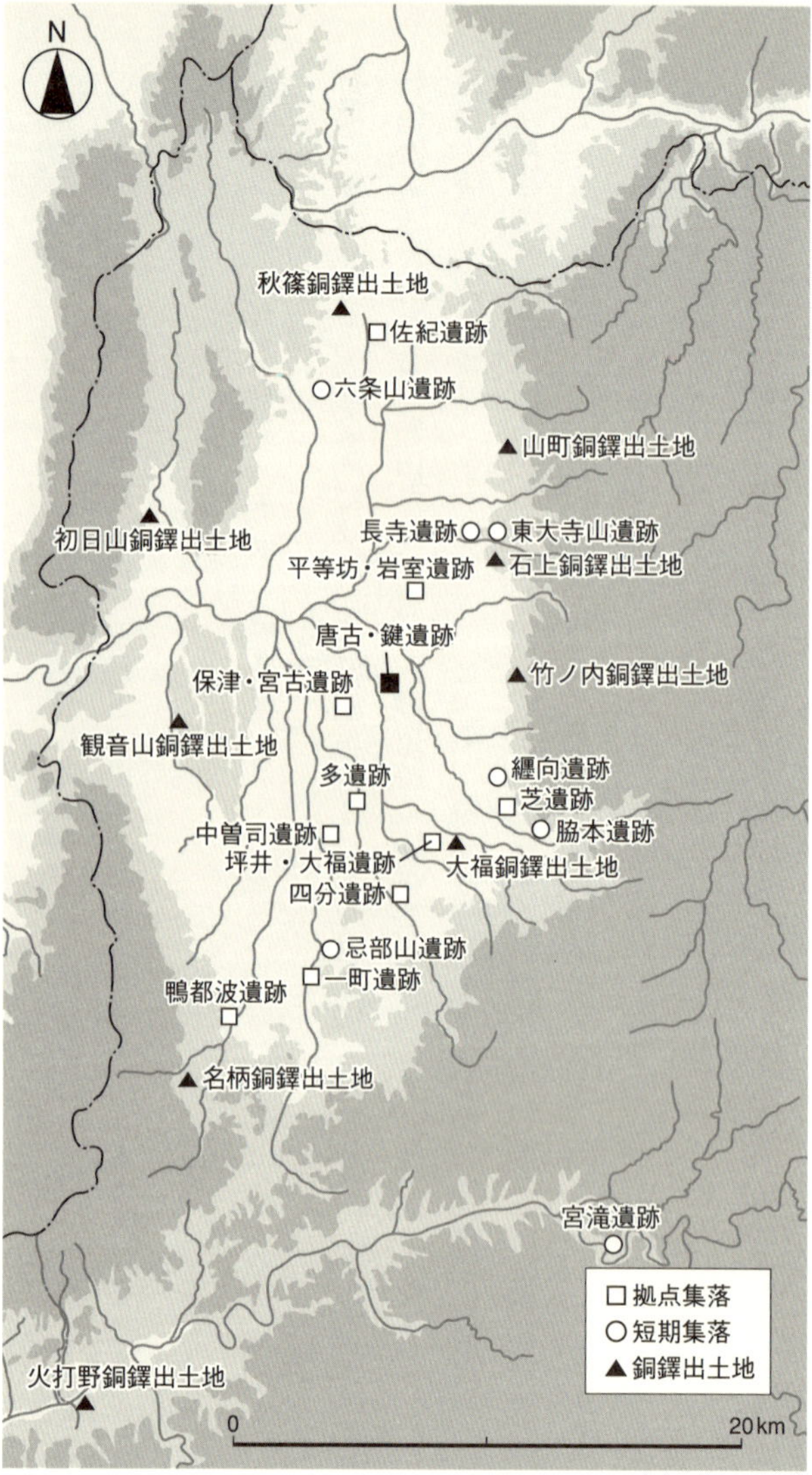

図 19　奈良盆地の弥生時代から古墳時代初頭の主要な遺跡

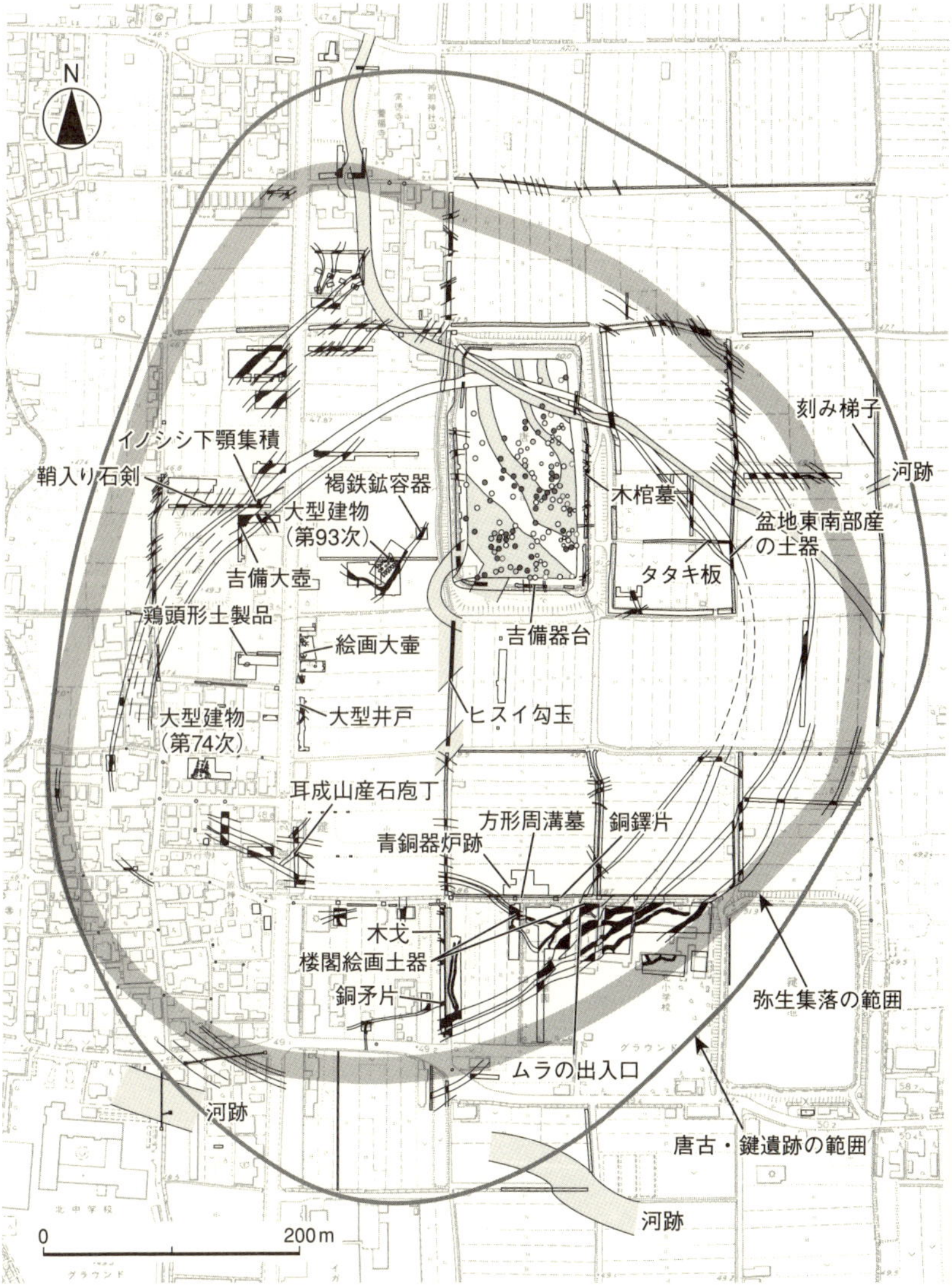

図20　唐古・鍵遺跡の調査成果

環濠が成立し、居住区を規定します。それ以降、居住区の外側に多条環濠（環濠帯）がずっと継続されます。つまり大環濠が掘削されて以降、古墳時代前期まで唐古・鍵遺跡の集落形態は変わりません。

これら環濠が埋まるのを防ぐために溝さらいを繰り返すとともに、外側へ環濠を掘削して条数を増やしていくという行為を弥生時代中期の初頭から古墳時代前期までつづけます。いちばん大きな画期は弥生時代中期末（大和第Ⅳ—2様式期）で、その時期に唐古・鍵遺跡は集落の内部まで洪水層で埋没し、ほとんどの環濠が埋没します。それをまた溝さらいする。そういうようなことを繰り返しますが、弥生時代後期末には環濠がほとんど埋まるような状況になります。その段階では、完形土器などを意識的に投棄して環濠を埋めています。

その後、古墳時代の布留0式期*の頃に再度掘削して、布留1式期まで一条ないし二条の環濠を形成します。この環濠は当初の大環濠を再掘削したので、集落規模は大環濠がつくられた当時と同じという状況です（図21）。

石野　唐古・鍵遺跡の環濠は、かなり規模が大きいということは以前から言われているけれど、時期によっては環濠が何本もあるわけで、いちばん内側といちばん外側で、何メートルぐらいの幅がありますか。

藤田　いちばん内側が幅八メートル前後で径四〇〇メートルの範囲を囲みます。そしてその外側に、北西側で大体一五〇メートルぐらいの間に環濠が多い時で七条ぐらいあるだろうと思います。東南部側がいちばん少なく、幅一〇〇メートル内外で、三条ないし四条です。それがぐるっと回っています。

石野 それが最終的に埋まる時期、集落が消える時期はいつですか。

藤田 不明な点が多いのですが、環濠が埋没した後、古墳時代中期（布留3式期）ぐらいまでは人が住んでいます。それ以降、まったく無人になったのかどうかというのは、ちょっとわからないです。

石野 そうすると、土器のかけらが大量にある時期というのは、いつぐらいまでですか。

藤田 庄内式期は少なく、布留1式期になると増加し、それ以降は減少します。

＊弥生時代から古墳時代にかけての土器様式の編年および年代観は、**図21**を参照。

自然環境による変化

藤田 まったく視点が違うのですが、唐古・鍵遺跡から出土した両生類の骨を琉球大学の中村泰之さんに同定してもらいました。弥生時代の前期から後期までの井戸や溝から出てきた一五〇〇点ほどの両生類の骨です。弥生時代後期以降にしか出てこないカエルがいるというおもしろい結果が出てきました。カスミサンショウウオ、アカハライモリ、ニホンアマガエル、ニホンアカガエルは弥生時代後期以降の遺構にしか出てきません。それは自然度の高い環境、

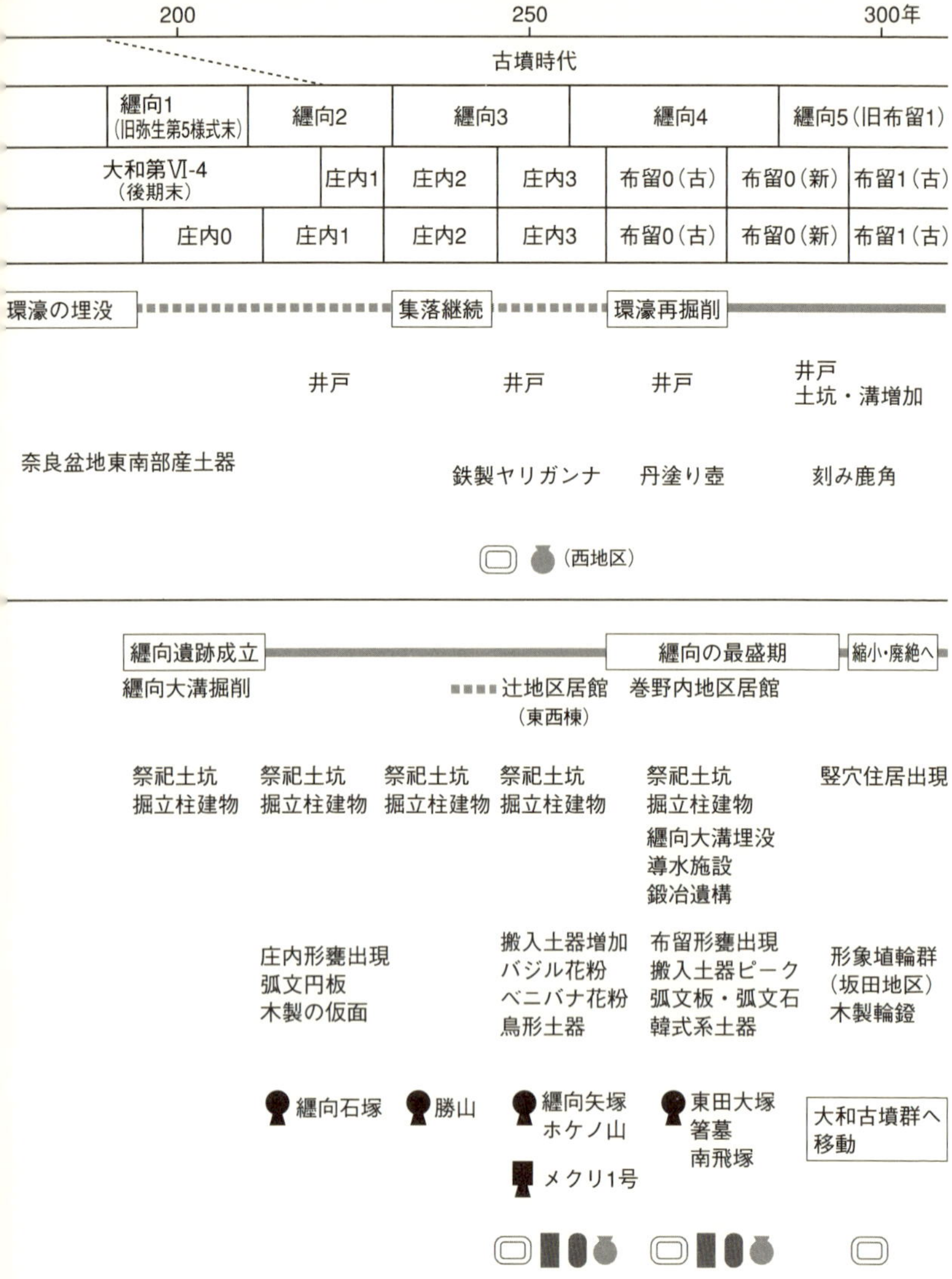
200
250
300年
古墳時代
纒向1
(旧弥生第5様式末)
纒向2
纒向3
纒向4
纒向5(旧布留1)
大和第Ⅵ-4
(後期末)
庄内1
庄内2
庄内3
布留0(古)
布留0(新)
布留1(古)
庄内0
庄内1
庄内2
庄内3
布留0(古)
布留0(新)
布留1(古)
環濠の埋没
集落継続
環濠再掘削
井戸
井戸
井戸
井戸
土坑・溝増加
奈良盆地東南部産土器
鉄製ヤリガンナ
丹塗り壺
刻み鹿角
(西地区)
纒向遺跡成立
纒向の最盛期
縮小・廃絶へ
纒向大溝掘削
辻地区居館
(東西棟)
巻野内地区居館
祭祀土坑
掘立柱建物
祭祀土坑
掘立柱建物
祭祀土坑
掘立柱建物
祭祀土坑
掘立柱建物
祭祀土坑
掘立柱建物
纒向大溝埋没
導水施設
鍛冶遺構
竪穴住居出現
庄内形甕出現
弧文円板
木製の仮面
搬入土器増加
バジル花粉
ベニバナ花粉
鳥形土器
布留形甕出現
搬入土器ピーク
弧文板・弧文石
韓式系土器
形象埴輪群
(坂田地区)
木製輪鐙
纒向石塚
勝山
纒向矢塚
ホケノ山
メクリ1号
東田大塚
箸墓
南飛塚
大和古墳群へ
移動

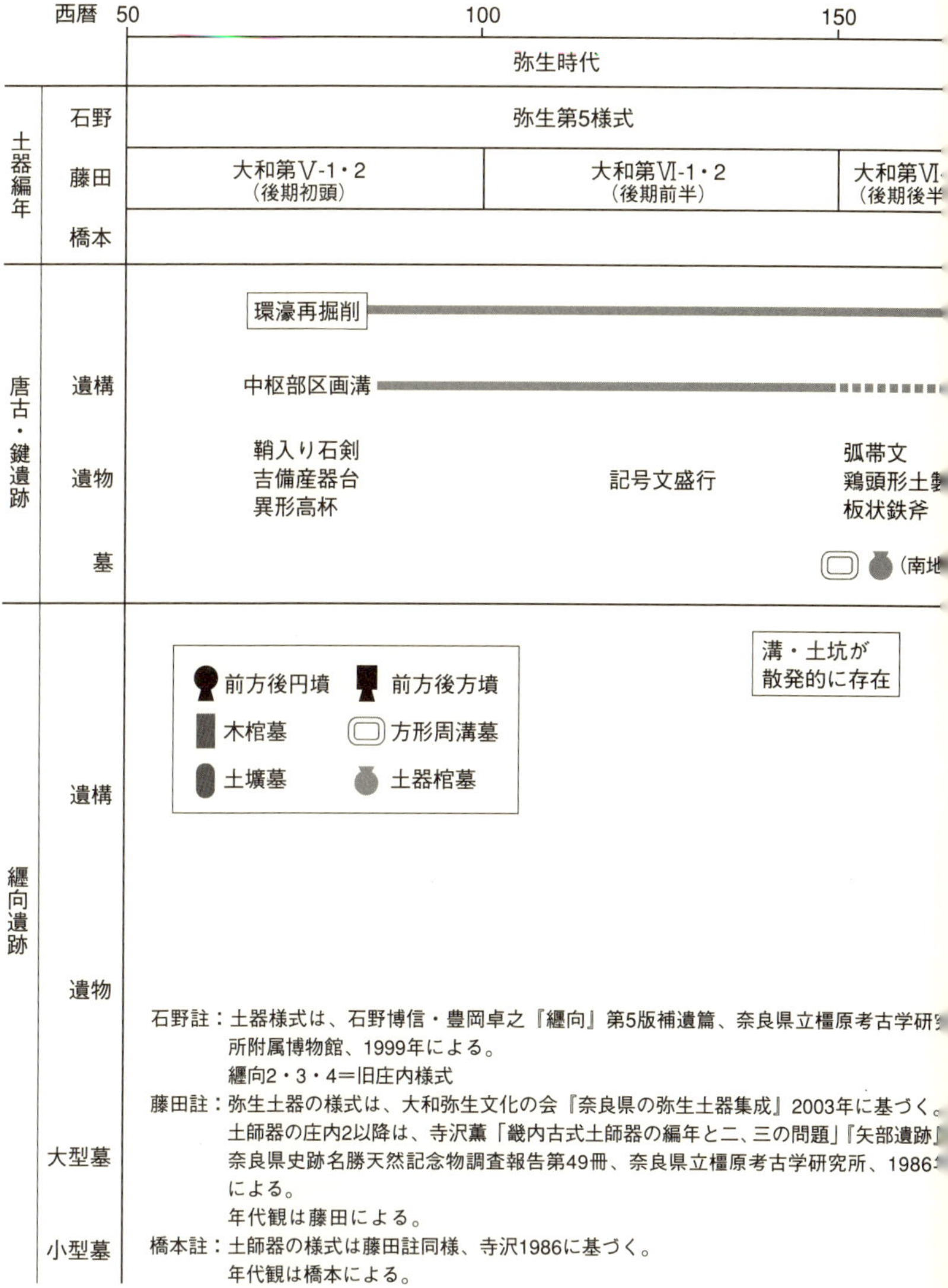

石野註：土器様式は、石野博信・豊岡卓之『纒向』第5版補遺篇、奈良県立橿原考古学研
所附属博物館、1999年による。
纒向2・3・4＝旧庄内様式
藤田註：弥生土器の様式は、大和弥生文化の会『奈良県の弥生土器集成』2003年に基づく。
土師器の庄内2以降は、寺沢薫「畿内古式土師器の編年と二、三の問題」『矢部遺跡』
奈良県史跡名勝天然記念物調査報告第49冊、奈良県立橿原考古学研究所、1986
による。
年代観は藤田による。
橋本註：土師器の様式は藤田註同様、寺沢1986に基づく。
年代観は橋本による。

図 21　土器編年と唐古・鍵遺跡、纒向遺跡の変遷

樹木などが多くある状態になったということで、集落の内部の環境がかなり変わったのだろうという結果をもらっています。

唐古・鍵遺跡は先ほど言ったように、中期末に洪水でガサッと埋まってしまいます。それを後期に掘り直して環濠集落を維持するのですが、どうもその時期以降、自然度の高い環境になってくる。今までは集住するムラというイメージだったのが、ちょっと違ってくるという結論になると思います。そして集落の中でも弥生時代後期後半、つまり環濠が維持されるか維持されないかの段階には、ムラの中に方形周溝墓がつくられます。ですから集落構造がかなり変質し、環濠の意味も違ってきているのかなと思うのです。

石野　それが弥生後期後半という時期になるのか、あるいはそのなかに庄内甕を伴うような時期を含んでくると、三世紀を含んだ時期になるのか。それによって纒向との関係はずいぶん変わってくるのかもしれません。もし三世紀を含む時期の現象だとすると、やはり唐古は過疎地になったということですか。

藤田　これは唐古・鍵遺跡だけの話ではなく、奈良盆地全体で考える必要があると思います。弥生時代中期から後期の段階で、環境の変化が奈良盆地の中で起こっている。たぶん近畿全体で起こっている環境変化ではないかと思いますが、そのなかで大和地域を位置づけるべきかもしれません。

石野　自然環境が変わってきたということは、それによって人口も減ってきたということにな

ります か。

藤田　人口の減少はわからないですが、人口の流動があったとみるべきでしょうか。

橋本　唐古・鍵遺跡で環境が変わったのは、自然の環境が変わったのか、人間がそこに住むのをやめることによって環境が変わったのか。藤田さんが考えておられるのは、人口の減少によって環境が変わり、カエルの種類に変化が出てきたということでしょうか、それともいわゆる天変地異の類でしょうか。私は人口の減少が大きいのではないかと考えています。

藤田　それもありますけれど、直接的原因は気候の変動なども考えられるし、間接的にはそれに伴う社会環境の変化も考慮されるのではないでしょうか。

橋本　庄内式期ではない、弥生時代後期の段階で、桜井でもポツリポツリと小さな集落が出てきます。桜井市域では集落の数だけでいえば、南部のほうに非常にたくさん増えます。奈良県下は、どこも同じ状況だと思います。

石野　弥生時代後期に小さい集落が増えるということですか。

橋本　そうです。逆に弥生時代中期の小さな集落がポツポツとたくさんあるかといわれると、それはあまり思い浮かびません。

藤田　それは奈良盆地中央部の田原本町のあたりでも同じだと思います。奈良盆地東南部には弥生時代後期の遺跡が増えます。

石野　橿原考古学研究所に来て、私がつくった遺跡の分布図を見ても、弥生時代後期になると奈良盆地全体で、たしかに土器散布地はワッと増える。だからといって人口が多くなったかどうかはわかりません。土器のかけらが三つ四つ落ちているというところは圧倒的に増えているけれど、大型の環濠集落がワッと増えるわけではない。

藤田　「環濠集落」という定義もむずかしいと思います。きれいに環濠をめぐらせている集落は、たぶんどこにもありません。大和のなかで「多重環濠集落」として位置づけられるのは、平等坊《びょうどうぼう》・岩室《いわむろ》遺跡、唐古・鍵遺跡、中曽司《なかぞし》遺跡、坪井《つぼい》・大福《だいふく》遺跡ぐらいでしょう。それ以外は環濠集落ではないという気がします。そうすると、大和ではこの四つの遺跡を中心に考えていかなければいけないと思います。

唐古・鍵遺跡では集落の変遷のなかで、衛星集落をつくる段階とつくらない段階というのがあります。衛星集落をつくる段階というのは、弥生時代中期初頭と中期後半、それと後期後半の段階です。その段階に唐古・鍵ムラは大きく発達しています。多重環濠は、そういうことがなにか関係してくるのではないかと思います。集落を維持できなくなったか、集落の中で何かいろいろな原因があって外に出て衛星集落をつくったのかもしれません。

纒向遺跡の始まりと終わり

石野　纒向遺跡は唐古・鍵遺跡の東南五キロほどの三輪山の山裾にある集落ですが、この纒向遺跡の始まりと終わりというのはいつ頃だろう。纒向遺跡に環濠はありますか。

橋本　纒向遺跡に環濠はありません。従って集落エリアを正確に確定させるというのはなかなかむずかしい状況です。遺構がどういうエリアでどの程度集中するのかという形でしか見ようがありません。庄内式期には太田・辻の集落を中心に、直径約一キロのエリアに遺構が集中しており、それよりも外のエリアには庄内式期の古い遺構というのはさほどありません。これが成立段階の纒向のだいたいの規模になるのかなと思います（図22）。

石野　私は纒向の始まりを第5様式の末だと思っているのだけれど、その時期に始まるということですね。

橋本　そうです。そして唐古・鍵遺跡と同じで、どこを終わりとするのかがむずかしい遺跡です。私のイメージとしては、ヤマト王権の中心とされる纒向というのは、いわゆる布留0式期の段階、箸墓が築造される段階に集落エリアがかなり拡大します。大体東西二キロ、南北一・五キロぐらいの規模に遺構が密集していて、どこを掘っても遺構が出てくる状況となります。それが布留1式期になると、遺構数は激減します。ですから、一般的にいわれるヤマト王権の中心としての纒向というのは、たぶん布留1式期の段階には失われているのではないかなという感じです。

石野　布留1式期の三世紀末から四世紀前半に遺跡はあるけれども、その密集度は非常に低くなるのですね。

橋本　特徴的なのは、布留1式期になると遺跡内に竪穴式住居が入ってきます。庄内式期とか布留0式期の段階には、竪穴式住居は今のところ一棟も出ていません。それが布留1式期になると、遺構が非常に少なくなるなかで、ポツンポツンと集落の中に竪穴式住居が入ってきており、纒向遺跡は一般集落とあまり変わりのない状況になります。

藤田　それはおもしろいですね。唐古・鍵遺跡の遺構の状況が見えにくくなる庄内式期の時期に、纒向遺跡では遺構が非常に見えやすくなるけれど、布留1式期になると普通の集落のような状況になってくる。逆に唐古・鍵遺跡のほうは、布留1式期になるとちゃんと遺構が出てくる。たとえば、唐古・鍵遺跡と同じような坪井・大福遺跡や平等坊・岩室遺跡も土器などから見て古墳時代前期の布留1式期の遺構は、けっこうあると思います。唐古・鍵遺跡が目立つ時には、纒向遺跡は目立たないというような状況がありますね。

唐古・鍵ムラの人びとが纒向のマチへ移ったのか

石野　私が橿原考古学研究所にいた頃、唐古・鍵遺跡について書いた論文で、唐古・鍵ムラの人たちが同じ水系をたどって三輪山麓の纒向に移ったとしたけれど、一〇年ぐらい前から「本当にそうだろうか？」と自分の説を疑いだしています。古墳時代になっても唐古・鍵ムラはそれなりに繁栄しているという藤田説は〝それなりに〟という感じです。

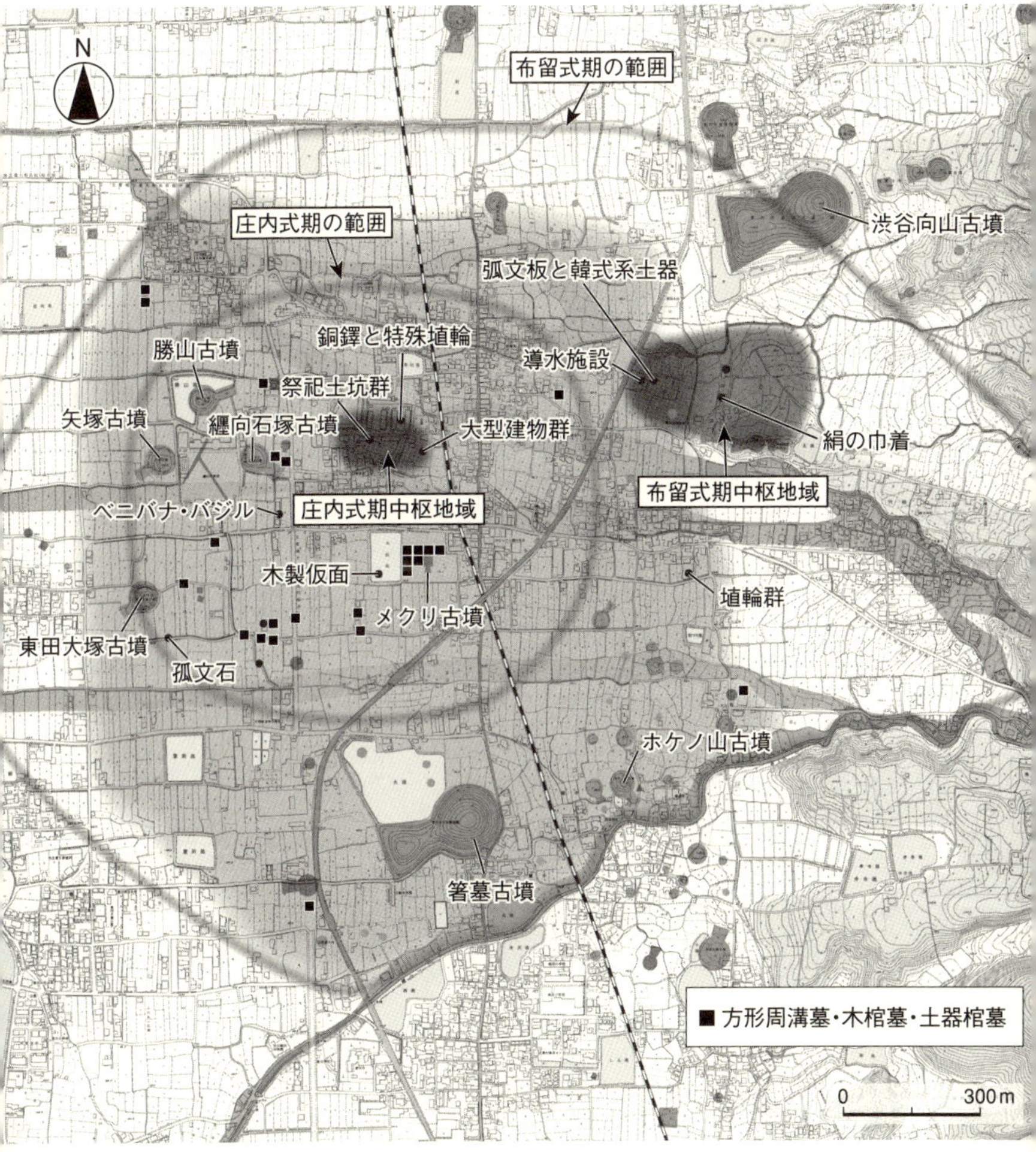
N
布留式期の範囲
渋谷向山古墳
庄内式期の範囲
弧文板と韓式系土器
銅鐸と特殊埴輪
勝山古墳
導水施設
祭祀土坑群
矢塚古墳
纒向石塚古墳
大型建物群
絹の巾着
布留式期中枢地域
ベニバナ・バジル
庄内式期中枢地域
木製仮面
埴輪群
メクリ古墳
東田大塚古墳
孤文石
ホケノ山古墳
箸墓古墳
■ 方形周溝墓・木棺墓・土器棺墓
0
300m

図 22　纒向遺跡

唐古・鍵ムラの人たちが纒向遺跡に移ったと考えた根拠のひとつは、纒向遺跡は唐古・鍵遺跡の土器様式をそのまま引き継いでいるということでした（図23・24）。纒向遺跡で大量に出てくる土器様式の時期は、いわゆる第5様式の末で、纒向のマチづくりが運河のような直線水路の掘削から始まっています。土器から、唐古・鍵ムラの人たちが新しい開拓地を求めて纒向へ移ったと考えたのですが、もしかすると纒向へはよそ者がやってきて、よそ者集団が新たにつくったマチなのではないかと思うようになりました。それはありえませんか。

藤田　唐古・鍵遺跡の住民全員が纒向遺跡にいったということは、ありえないと思います。

石野　橋本さん、纒向を掘っている人間としては、纒向遺跡の最初というのは、奈良盆地の中で自然発生してきた集落なのか、よそ者が来てつくったのかということはどう思いますか。

橋本　自然発生というのは考えにくいので、よそ者がやって来たと思います。ただ、よそ者とはいっても、纒向というエリアにとってのよそ者であって、そこには奈良盆地の別の場所からやって来た人たちも多くいたと思います。

石野　唐古・鍵ムラから来たとしてもよそ者ということですか。

橋本　纒向というところは、もともと誰もいない過疎地ですから、そこに奈良盆地内の人たちが来ても、よその地域の人たちがきても、よそ者といえばよそ者です。ただ、唐古・鍵ムラや坪井・大福ムラなどから人が移動したとしても、奈良盆地の中心としての機能というのは、意外に唐古・鍵ムラなどに残るのではないかという気がします。そういう意味では、唐古・鍵遺跡も絡みつつ、纒向遺跡というのはできているのかなと思います。

石野　末永先生の唐古遺跡第一次調査の時から、唐古・鍵には布留式期の段階までの遺構があることはもうわかっていました。四世紀段階まで唐古・鍵遺跡がつづいていることは確かですが、単純に出てくる土器の量でくらべたら、弥生時代の数百年間、弥生後期の段階までの土器の量、あるいは後期なら後期に限っての土器の量と、庄内式期と布留式期の土器の量をくらべたら、圧倒的な差があるのではないでしょうか。個体数で数えるのはむずかしいけれど、どんぶり勘定ではどんな感じですか。

藤田　確かに圧倒的に弥生土器の体積は多いです。ただし、古墳時代前期の土器は小形で薄いつくりのものが多いですから、体積で土器量を比較するのはちょっとむずかしいです。また、弥生時代六〇〇年以上の間と古墳時代前期数十年では差が出るのは当然です。このようなことを含めて考えるならば、弥生時代の土器が圧倒的に多いというのはあたりまえで、比較するならば極端な差にはならないような気がします。

石野　近畿全体というか、大阪平野と奈良盆地の弥生時代をくらべると、大阪平野では弥生時代中期末、後期初めまでは集落がずっと継続しているけれど、後期初頭が終わった段階ぐらいから小さな集落に分散していきます。そういう動きの中で、奈良盆地だけは、唐古・鍵遺跡をはじめ、平等坊・岩室遺跡、中曽司遺跡などで、環濠集落が後期末までずっとつづいています。近畿全体から見ると、奈良盆地は特殊な地域ですね。ですから私は「奈良盆地の人間は臆病な

図 23　唐古・鍵遺跡の弥生時代後期の土器（上）と庄内式土器（下）

図24　纒向遺跡の庄内式期古相の土器（上）と庄内式新相～布留式古相の土器（下）

のか」と言ったりします。「大阪の連中はさっさとムラを囲む濠を捨てて平野の中にそれぞれマチづくりをしているのに、奈良盆地の弥生人だけは依然としてムラ全体を濠で囲むような防禦施設を持ちつづけているのはなぜか」という言い方をしていたのだけれども、奈良盆地には、そういう何か特殊性があります。

奈良盆地のなかで、大型環濠集落というのはそうたくさんあるわけではない。それを前提に考えたら、平等坊・岩室遺跡や中曽司遺跡は庄内、布留併行期までつづいていますか。第5様式期までと同じぐらいの密度でつづいているとわかる集落遺跡はどこだろう。平等坊・岩室遺跡の居館と称するものは、時期は布留式期に入っているのですか。

橋本　平等坊・岩室遺跡は、弥生時代後期末から庄内式期の初めといわれています。

石野　それは、新しくみても庄内式期の初めに、平等坊・岩室遺跡には長方形区画に類するものがあるということですか。そうすると、ほかの環濠をもつ弥生の大型集落でも、そういう古墳時代前期までつづく可能性を前提として考えると、反対に纒向遺跡とは何ものかということになりますね。盆地内のいくつかの拠点的集落では、三世紀になっても継続しているのに纒向に新しいマチづくりがおこなわれている。この纒向とはなんだろう。

橋本　なかなかむずかしいです。ただ、変わらずつづくとはいっても、その集住の度合いというのは、弥生時代後期に小さな集落が増えるということに比例して、坪井・大福遺跡でも唐古・鍵遺跡でも中期末までのようにそこに集住する環濠集落とは、かなり様子が変わっていると思います。
カエルの種類の変化のように、環境が変わって自然度が高くなってくるということは、前代と変わらず、そのまま多くの人が住みつづけるのではなく、そこで一回大きな変化があるのが弥生時代後期の段階です。大阪平野の集落の環濠が埋まっていくのと、かなりリンクする形で動いていると思います。
弥生時代後期の環濠集落は、集落の構成員は環濠の外など、ある程度周りに散っているけれど、環濠内のどこかに中心となる区画があり、居館や倉庫などが相変わらず残りつづけているという風景だったのではないかと思います。このような状況の後に、纒向が突然出現するというのが私のイメージです。

石野 たかだか一五×二〇キロ程度の狭い奈良盆地で、環濠をもった中心的な集落が四つか五つあるのに、何もない所に纒向が突然現れますが、纒向遺跡の隣、巻向川のすぐ南には芝遺跡がありますね。芝遺跡は弥生時代中期末で終わるのですか。

橋本 弥生時代後期末までつづいています。

石野 纒向のすぐ隣に後期のそれなりの集落がある。人が住んでいる所があるのにそのすぐ北側の一キロなり二キロの範囲に突然マチづくりをするという状況はなんだろう。

奈良盆地の中で、環濠をもった弥生時代前期からずっとつづくような大型集落が、三世紀になってもつづく傾向が高いと考えたら、纒向がますます特殊になりますね。

ほかの弥生時代以来の集落が廃れて、それにかわって纒向の集落が現れるというのではなく、ほかの伝統的集落はずっとつづいているのに、そこに纒向のような環濠をもたない集落が突然現れる。そして出てくる土器は、他の集落とまったく同じ。では、そこに新たに来た人たちはいったいどこから来たのか。盆地のなかから来たのか。水系からいうと、同じ大和川水系の唐古・鍵ムラから来たのか。そうではなくて、奈良盆地内のいくつかの大型集落が連合して新たなマチづくりをしたのか。あるいは奈良盆地以外からやってきたのだろうか。

奈良盆地東南部の土器

石野　唐古・鍵遺跡と纒向遺跡のそれぞれの外来系土器の地域と比率について、唐古・鍵遺跡ではどういう地域でどれぐらいの比率がみられますか。

藤田　比率はむずかしいですが、全体的な流れを説明します。

唐古・鍵遺跡の全期間を通じて外から持ち込まれた土器はたくさん出ています。ひとつの大きな流れとしては、弥生時代の中期の初頭から中期の中頃（大和第Ⅲ―2様式期）ぐらいまでは、東海系の伊勢湾岸地域の土器で、なかでも条痕文系の土器がたくさん入ってきます。西方の瀬戸内系は少ない。パラパラとは入りますが、東海系を五としたら、瀬戸内系は一ぐらいの比率でしょうか。それがガラッと変わるのが弥生時代中期後半（大和第Ⅳ様式の段階）。その段階で東海系がかなり減って、瀬戸内系の土器が非常に増えてくる。その典型的なのは吉備の大壺と器台です。大壺は高さ約八三センチ（図25）、器台は高さ約七三センチで口縁部には連続渦紋をめぐらせています。これほど立派な土器は少なく、シンボル的なものだろうと思います。

弥生時代後期になると、近江系を含めた東海系がまた増えてきます。そしてそのまま引きついて弥生時代後期末の大和第VI―4様式期から古墳時代初頭の庄内式期まではそういう傾向があります。このような状況のなかで注目されるのが、弥生時代後期末に多量の完形土器で埋めた東側の環濠です。半数以上が盆地東南部産の土器です。盆地東南部産というのは桜井市のあたりでつくられた茶色い土器です（図26）。色調や胎土では生駒西麓産（河内）の土器と区別するのがむずかしいのですが、混和されている砂粒の大きさやつくり方が異なります。なぜ奈良盆地東南部産の土器が多量に唐古・鍵遺跡に搬入されるのかはわからないのですが、奈良盆地では、唐古・鍵遺跡以外の集落でも盆地東南部産の土器がその時期には出てきます。これまで生駒西麓産の土器と認識されているものでも、土器のつくり方を見ると盆地東南部の土器の可能性があります。ですから、集落の動向のなかで盆地東南部が果たしている役割が何かあるのではないかという気がします。

石野　それは第5様式の後半か、あるいは庄内併行期の可能性もありますか。

藤田　甕の内面を削る土器もあるので、たぶん庄内式期に入っていると思います。

石野　その頃の纒向遺跡は、マチづくりの始まったぐらいの時期ですか。

図 25　唐古・鍵遺跡出土の吉備の大壺（高さ：約 83 cm）

橋本　そうですね。

石野　その弥生時代後期後半、あるいは庄内併行期の土器の出方というのは、溝から大量に出てくるのですか。

藤田　環濠の最上層からガサッと出てきます。

石野　環濠を埋めているわけだ。器種は、どんなものがありますか。

藤田　甕が多いです。高杯、壺などもありますが、当然その時期の器種の比率としては、甕の比率が高いので多くなると思います。

石野　その時期というのは、唐古・鍵遺跡に人は住んでいる。纒向遺跡では新しいマチづくりが始まって、もう何年かたっている。

藤田　その時期に、わざわざ東南部の土器を唐古・鍵遺跡まで運んできて環濠を埋めているということです。

図26　唐古・鍵遺跡から出土した奈良盆地東南部産の土器

橋本　それは、弥生時代後期終末に唐古・鍵遺跡に限らず奈良盆地の集落の環濠が埋もれていく現象と、盆地の東南部に纒向遺跡が出現することとに深い関係がある現れでしょう。

東国の土器と西国の土器

石野　纒向との絡みはちょっとおいて、伊勢湾系統の土器で、三重県と愛知県は区別できますか。

藤田　私は、伊勢湾岸というくくりでしかわからないです。近江と三重は非常に近い関係にあって、土器胎土などで明瞭なもの以外は、なかなか区別がつかない部分があると思います。甕なども区別は非常に難しいと思います。大和に入ってきているそれらの土器は、近江・三重の土器などを含めて「伊勢湾系」・「東海系」というくくりで扱っています。当然、受口状口縁の壺や甕のタイプが、たぶん奈良盆地全体で多くなると思います。

石野　弥生中期頃から外来系の土器は大和に入ってきているけれど、印象としてその比率が高くなるのは、弥生時代中期・後期・後期末と分けたら、どのぐらいの時期になると、よその地域の土器が多くなりますか。

藤田　目立つ土器というのがありますから、その土器でパーセンテージが増えてしまう恐れがあるので、ちょっとむずかしいです。一割はいかないと思いますね。

橋本　一割いけば相当だと思います。

石野　弥生時代中期（第3様式）ぐらいの段階で、伊勢湾系が多いということだけれど、瀬戸内よりも伊勢湾系が中期段階で多いというのはなぜだろう。

藤田　西の地域の文化と東の地域の文化のちょうど接点が奈良盆地にあって、西が強いか東が強いかによって、ものの流れが違ってくるのではないかと思います。西からの影響が強い段階は西の地域の土器が入ってくるし、東の影響が強い時には東の地域の土器が入ってくる。奈良盆地は、東部地域のいちばん西端になるし、西部地域からみるといちばん東端という位置づけで考えれば、非常に理解しやすいのではないでしょうか。

石野　昔、橿原遺跡の整理の手伝いをした時にわかったのですが、橿原遺跡から東北系の縄文晩期の土器が集中的に出てくるけれど、淀川を越えると東北系の縄文土器は基本的にありません。奈良盆地には、そういう東北文化の拠点的な性格があるとその時に思いましたが、そういう傾向が弥生時代になってもあるのだろうか。時期によっては、弥生時代になってもヤマトは東の文化の拠点になるような性格があるのかな。でもあまりそれは言われていませんね。奈良の弥生文化は、西日本の文化と一体だと普通は思われている。

しかし、時期によっては違うのかもしれない。そういう点では、纒向遺跡出土の外来系土器の比率で、東海系がやたらに多いということもありますが、纒向では庄内併行期で時期別に大ざっぱに前半と後半に分けて、今の段階でどんな傾向ですか。

橋本　まず先に弥生時代の状況をみますと、桜井市域の坪井・大福遺跡では後期には東の土器はありますが、西の土器は確認されていません。また、先ほどおっしゃった弥生時代中期の段階の外来系土器はみあたりません。

石野　芝遺跡でもそうですか。

橋本　芝遺跡では、弥生時代中期に伊勢湾系の土器が数点入っています。坪井・大福遺跡では後期の後半ぐらいになると、近江系や伊勢湾系の土器など東のほうの土器が入ってきています。唐古・鍵遺跡と決定的に違うのは、全体の土器の量が少ないということ、また、明らかに西の土器と認識できる土器が抽出されていないことです。坪井・大福遺跡の場合は、集落部分がほとんど調査されていないという影響もあると思います。

それが纒向の段階になって、はじめて西の土器が入ってくるようになります。庄内式期を通じて、東海系の土器が多いという傾向はずっとありますが、東海以外の西の地域の土器、吉備や河内などの地域の土器は、調査地点で若干ばらつきが出るにしても、平均するとほとんど変わらないぐらいのパーセントで出てくる傾向にあります。庄内式期の前半、後半を通じて、確かに東海の土器が多いのですが、総量でみればわりと満遍なく西の土器も東の土器も入っているという感じです。

東の土器の中心となるのは尾張や伊勢の土器などです。これらをこまかな地域ごとに識別するのは困難なので、伊勢湾沿岸か東海などと一くくりにしかできません。一方、西の土器は河内や播磨、摂津、阿波、讃岐、あるいは吉備とこまかく分けていますが、それを西の土器としてひとつにくくってしまうと、西と東の土器の量にそんなに差はないのかもしれません。

石野　纒向の報告書をつくった時に、一人で数えると間違うから関川尚功さんと二人一緒にいる日だけ外来系の土器を数えたけれども、今から約四〇年前の土器に対する認識しかなかったから、報告書（『纒向』桜井市教育委員会、一九七六）に載せている比率は再検討の必要があるのです。阿波系の土器とか淡路の土器というのは区別できていないし、山陰と北陸の土器も十分には区別できていません。だから、数え直して比率を見直してほしいと思っています。

報告書では、外来系土器のうちの約五〇パーセントが東海系の土器になっています。数えた事実は、たしかにそうですが、それはいわゆるS字口縁甕の胴部破片というのは誰にでもわかるということがある。S字口縁甕は、薄くて断面が一ミリとか二ミリしかないからよく割れて、かけらが多くなる。そのうえ区別しやすいから、かけらを全部数に入れています。そういうことがあるので、口縁部だけで数えたらどうなるか、数え直す必要があるだろうと思います。報告書の数字どおりでいくと、よそから来ている土器のうちの半分は、三重県あるいは愛知県の影響の土器だということになってしまっているから、狗奴国がもし三重や愛知だとすると、狗奴国と纒向は仲がいいのか悪いのか……と、いきなり文献上の話になってしまうので、本当に東海系の土器というのは多いのかどうか、時期別に数え直す必要があります。印象でもいいから、橋本説の外来系土器比率の円グラフをつくれないですか。

橋本　報告書にはしていませんが、布留0式期以降のものであれば、遺構単位で統計処理をしたことがあります。何カ所かでやってみましたが、東の土器を細別できませんでしたので、やはり東海が多い傾向があります。

石野　それは、かけらを数えているからなのでは？

橋本　かけらですが、同じ条件で口縁部をカウントして統計をとってみましたけれど、やはり東海が五〇パーセントぐらいの比率で出てきます。

石野　最初、数える前に吉備と大和、あるいは吉備と近畿が合体して、ヤマト政権、近畿政権をつくったという話があったので、その先入観もあって、吉備系の土器が圧倒的に多いだろうと思っていました。掘っている時にもそう思っていたけれど、数えだしたら意外に少ない。

橋本　たとえば阿波や讃岐、吉備はまったく別の集団なのでしょうか。瀬戸内海を介してひとつの密接な集団として見ることもできますね。そういう土器の様相がこまかく分けられた地域と、東海という大きな地域名で表現される範囲とは同じレベルでは考えられないのではないかと思います。

石野　香芝市二上山博物館では毎年「邪馬台国時代のどこそことヤマト」という講演会をやっています。東部瀬戸内の阿波、讃岐、播磨と吉備とは別に扱っていました。なぜ別にしたかというと、阿波、讃岐にはいわれるほど吉備系土器は行っていません。とくに特殊器台が基本的に行っていないのです。しかし土器はけっこう行っている。そこで近畿に来る場合のことを考えると、区別したほうがいいだろうと思って区別したけれども、案外播磨の土器が多いという。纏向遺跡の報告書を出した頃には播磨の土器というのは十分区別できていませんでしたが、今はけっこう播磨系土器と阿波系土器が、昔の報告書段階よりは区別できるようになって、纏向で案外比率が高いのではないかということを聞きますが、実態はどうですか。

橋本　播磨は識別が難しい部分もありますが、阿波はある調査地点で分析、統計した時には一〇パーセント近く入っていました。地点によっては吉備や近江もだいたい八パーセント、一〇パーセント入っていますが、それとほとんど同じくらいの割合で阿波の土器は出てきます。今となっては、阿波の土器はもう普通の土器になってきています。

石野　そういえば岩石学の奥田尚さんの考え方で、庄内甕は北陸系と言ったり、あるいは播磨産と言ったりしていたけれど、今、あの考えはどうなっていますか。

橋本　あれはむずかしくて、議論の決着はついていません。河内の庄内甕ではなくて、纏向遺跡出土の大和型庄内甕の多くが播磨産だとされています。また、布留の最古式である布留0式期の布留形甕の成立が、加賀南部だということです。

石野　奥田さんは、今もそれをそのまま主張しているのですか。

橋本　今でも言っておられると思いますが、土器の分布や製作技法的にはなかなかむずかしいのではと私は考えています。

石野　奥田さんの岩石学の立場での眼は信頼できると私は思っています。土器に含まれている石粒から、奥田さんは大和型庄内甕や布留形甕を播磨産や加賀産と言っています。石粒に関しては奥田説は正しいという前提で考えたら、その地域の石粒をもってきて、粘土に混ぜて土器をつくるということもあったのでしょうか。

神話上の話になりますが、神武天皇が大和に入り、征服するために香具山の土を取ってくるという伝説があります（『日本書紀』神武即位前紀）。神話だから、ほどほどに考えなければいけない。しかし、地元の「物実《ものしろ》」（『日本書紀』崇神天皇十年）としてそこの土を取ってくるという行為があるのだったら、石粒をもってきてその土地を献上させたような行為があったのだろうか。岩石学の立場で言っていることは、そう簡単には否定できません。

しかも粘土はいくらでもそれぞれの地域にあるのに、土器をつくってもってきたというのは、なぜそんなことをしなければいけないのかと思います。

それにしても外来系土器で纒向遺跡と唐古・鍵遺跡をくらべた時に、纒向遺跡では毎日使っている器類のなかで、よその地域の特色をもった土器が多く、調査地点によっても違いますが、場所によっては三〇パーセント、少ない所でも一五パーセントは外来系土器という数字が出ています。唐古・鍵遺跡では一パーセント、多くみても三パーセントという感じでしょう。そうすると、歴史的な背景というのは当然違ってきます。

外来系の土器が多いということは、それぞれの地域の土器をもった人間が纒向に来ていると考えると、よその出身者が多いということで、都市的な要素が纒向遺跡にはあると思っています。大和の人間が、それぞれの地域に行ってものを持って帰ってくるという、ものだけの移動ということも当然含まれるとは思いますが、それも含んだうえで外来的な要素が多いというのは、何パーセントあったら都市と言えるかというのはわからないけれど、都市的な要素のひとつでしょう。奈良盆地のなかで弥生以来の伝統的集落は拠点として、四つか五つは古墳時代までつづいています。その間の距離は五キロか六キロぐらいしか離れていない。それなのに纒向は新しく生まれたマチで、よそとの付き合いの度合いが圧倒的に違う。というのは、いったい纒向とは何かということです。地元の人間が連合でつくったマチなのか、よそ者が来て占領したマチなのか。

外来系の遺物

藤田　集落自体は土器だけで成り立っているわけではないと思います。当然ながら生活がそこにあって、米づくりをやって、いろいろな道具をつくってという物づくりの中でひとつの集落が成り立っている。そこにいろいろな各地の人が来て、物流センター的な機能を果たすというのが弥生の中核的な集落の展開でしょう。

今の話では、纒向遺跡というのは、まったく異質な搬入土器だけでも半分以上が各地から来ているところとなってしまいますから、その生業というか、土器以外がどんな構成になっているのかというのが見えないですね。

石野　そうですね。両方の地元産ではない土器以外のものというのは、どんなものがありますか。唐古・鍵遺跡ではどうですか。

藤田　唐古・鍵遺跡は、物づくりをして出すほうが多いだろうと思います。逆に特別なモノ、翡翠《ひすい》などが多く入ってきているという気はします。

石野　翡翠と一緒に出た褐鉄鉱ですが、思想が入ってきているのかな。

藤田　私もそう思います。褐鉄鉱は、「鳴石《なるいし》」といわれるもので、砂礫層の中でつくられる自然の鉱物です。砂礫層の中で、精製された粘土に砂礫が巻き付いて、鉄分で殻をつくる。その中の粘土がギュッと縮まると、殻と粘土の間にすき間ができて、振ると音がする。あるいは、そのすき間に水がたまったらチャプチャプと音がするので、「鳴石」「鈴石」などとよばれています。

唐古・鍵遺跡から出てきたものは、それを割って中の粘土を取り出し、弥生時代では最大級、最上級の翡翠勾玉を二点入れて、土器のかけらでふたをして埋納したようです。一五センチぐらいのものです（図27）。そして重要なのは、中にあった粘土です。それは何かというと、正倉院の「種々薬帳」の中に出てくる〃禹余粮《うよりょう》〃という薬の一種だろうと言われています。これは八〇〇年後の奈良時代の話ですが、同時代では中国大陸の道教思想の中にその〃禹余粮〃が出てきて、仙薬としての効能が書かれているのです。そういう道教思想のもとに、唐古・鍵遺跡の褐鉄鉱容器があるのではということは辰巳和弘さんの説です。
石野　〝禹余粮〟は薬？
藤田　正倉院の「種々薬帳」では下痢止めのような効能が言われているようです。今、正倉院に残っているのは紫色の粘土の粉で、それが〝禹余粮〟ではないだろうかと言われています。
石野　褐鉄鉱が出たのは、どの時期ですか。
藤田　土器片、あるいは出土層位からいうと弥生時代中期末、あるいは後期初頭ぐらいの時期です。
石野　弥生時代中期から後期初頭の段階で、中国の思想が入ってきている可能性がありうるということですね。楼閣の絵画も出ている（図28）。あの絵画も中国の楼閣というものを意識して描かれたものであろうということで、

図27　唐古・鍵遺跡出土の翡翠勾玉を納めた褐鉄鉱容器

大和の人間が中国に行ったか、中国の人間がこっちに来て描いたかであろうと思われます。とにかく中国思想、楼閣というものを見た人間が描いたものです。

楼閣絵画土器が出土した頃に言われたのは、九州の弥生時代にくらべると、中国・朝鮮系の文物というのは、近畿では圧倒的に少ない。そういうなかで、わずかに反論できるものといったら、楼閣絵画とか褐鉄鉱というものしかない。邪馬台国は中国と外交交渉をやっているのに、三世紀の纒向がもし邪馬台国だといっても、その頃の纒向に中国系のものがどれだけあるかということもよくいわれますね。

橋本　邪馬台国かどうかは別にして、それについてはあまり気にしていません。纒向に中国や朝鮮半島系の土器は、そんなにいらないと思っています。なぜかというと、土器は基本的には日常の器ですから、それを使う中国や朝鮮半島の人たちが大挙して纒向まで来る必要はないのです。

纒向に限定していえば、最近纒向でみつかったベニバナやバジル、あるいは画文帯神獣鏡や内行花文鏡、方格規矩鏡のような鏡、また箸墓でみつかっている鐙《あぶみ》などのように、外来の文物も増えてきましたし、この中には当時の日本の中で、これしかないという一点物の遺物も含まれています（図29）。

北部九州や、ほかのルート上で「外来のものが多い」と言っても、ほとんどが土器です。当時、大陸とやり取りをする時には当然、船を使うわけですから、港にはたくさんの船乗りもい

図 28　唐古・鍵遺跡出土の楼閣絵画土器片

るでしょう。向こうから来た船乗り、こちらから行く船乗りたちが使う日常雑器はそこでいくらでも捨てられる。けれど上級の鏡やベニバナやバジルは、そこに落ちていない。ですから、運搬する人びとの動きに関連するような土器と、持ち込まれた高級品とは別に考えなければいけないのではないかと思います。

先ほど藤田さんが正倉院の話をされましたけれども、奈良の正倉院には中国から来たものやシルクロードを通って来た高級な品々が入っています。けれども、同じ奈良時代の奈良県内の遺跡から九州やほかの地域の遺跡よりも大量に中国、朝鮮系のものが出るかといったらそんなに多くはありません。ですから、最近は九州に朝鮮半島系とか中国系のものが多いといっても、多くは船乗りたちが捨てたゴミがほとんどだと考えています。纒向には、上級の品があるということで、その中心性や先進性というのは十分に証明できていると思っています。

石野　日常雑器は君たちにまかせた、と九州で言ったら袋だたきにあいますね。

銅鐸祭祀からの転換

石野　邪馬台国がらみの話になってきましたが、弥生時代に戻り唐古・鍵遺跡の銅鐸について。

唐古・鍵遺跡では弥生時代中期から後期（第4様式末、第5様式初め）に銅鐸鋳造をしている一方で、纒向地域では、三輪山麓も含めて銅鐸をたたき壊している。弥生の神様を祭る用具であ

画文帯神獣鏡（ホケノ山古墳出土）

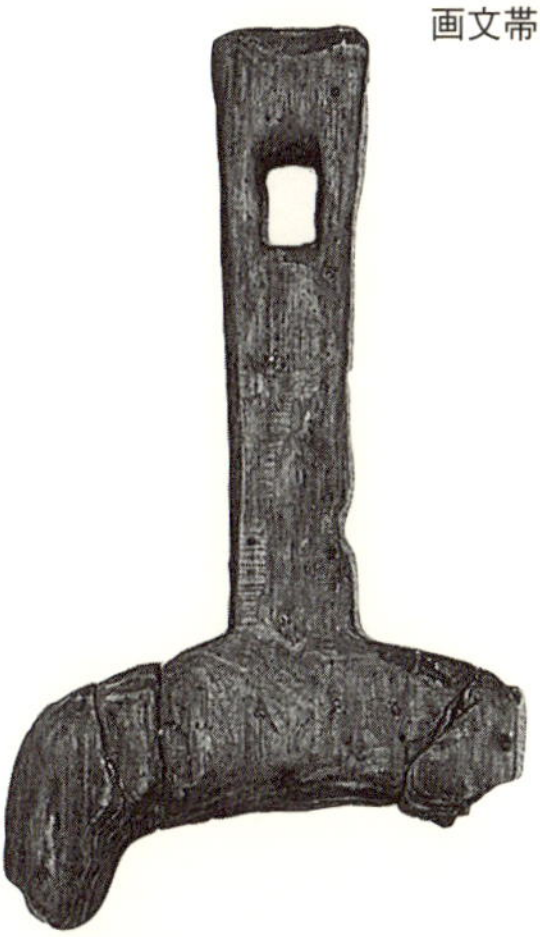

木製輪鐙（箸墓古墳周濠出土）

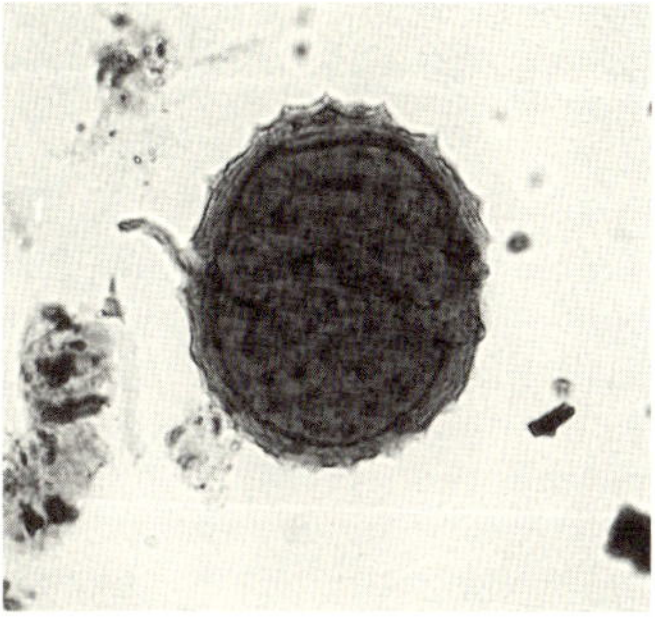

ベニバナの花粉（太田地区出土）

図 29　纒向遺跡から出土した外来系の文物

る銅鐸祭祀のひとつの中心地である唐古・鍵ムラと、それをたたき潰している三輪山麓とをくらべた話に入りましょう。唐古・鍵遺跡で銅鐸をつくっている時期とその出方や数を説明してください。

藤田　唐古・鍵遺跡から出土した鋳造関係遺物は、石の鋳型と土製鋳型外枠というものが出ています（図30）。土製鋳型外枠というのは、石の鋳型の次の段階の技術であると思いますが、土製の鋳型外枠の内側に粘土を貼り付けて鋳型とするものです。石型から土型まで二～三型式あるのだろうと思いますが、おそらく弥生時代中期から後期初頭にかけて石の鋳型を使い、その後、土製鋳型外枠を使う技術へと技術改良していったようです。

もっとも多いのは、土製鋳型外枠を利用した青銅器づくりです。銅鐸の形をしたものは三種類あり、いちばん小さいものは四〇センチ、そして五〇センチ、六〇センチのものです。いちばん大きい鋳型外枠が六〇センチですから、五〇センチ強ぐらいまでの銅鐸が唐古・鍵遺跡でつくられた銅鐸です。扁平鈕から突線鈕1式ぐらいまでの銅鐸をつくっていたのだろうと思います。土製の銅鐸鋳型外枠は全部で二〇個体分が出土しています。鋳型は二個一対《つい》で構成されますが、出土した外枠は一組以外は対になりませんので、二〇対弱の鋳型があったと考えてもいいのかなと思っています。ですから、鋳造された銅鐸は二〇個あまり、その鋳型で二回鋳造されれば、四〇個となります。かなりの銅鐸をつくっているということです。このような銅鐸づくりは、後期の初頭で終わるだろうと思います。唐古・鍵遺跡からは銅鐸の鋳型だけでなく、鋳造に失敗したと考えられる銅鐸片一点が出土しています。
銅鐸以外に青銅武器もつくっています。戈《か》と鏃《やじり》、それと釧《くしろ》です。これらが鋳造された青銅器の中心だろうと思います。今、纒向遺跡で出ている銅鐸は突線鈕何式ですか。

橋本 突線鈕3式か4式です(一九ページ図2参照)。

藤田 ちょっと開きがあって、唐古・鍵遺跡でつくっている銅鐸を纒向で壊しているというわけではないと思います。唐古・鍵遺跡の鋳造は後期初頭にピークがあって、その後どうなったのかというと、後期後半の送風管が一点あるのみで、唐古・鍵ムラの青銅器づくりのその後は、衰退したのだろうと思います。たぶん唐古・鍵遺跡の銅鐸づくりをした集団は、坪井・大福遺跡へ移ったのではないかという気がします。もっと東海のほうにいっている可能性があるのかもしれません。

石野 唐古・鍵遺跡で銅鐸をつくっているのは、突線鈕1式までで、それ以降の銅鐸は近畿式銅鐸、あるいは東のほうの三遠式銅鐸となる。唐古・鍵ムラでは、銅鐸のマツリはつづいているけれども、つくってはいません。藤田説では、もしかすると銅鐸づくりは、桜井の坪井・大福遺跡に移っているのではないだろうかということですね。

藤田 鋳造技術(図31)の系統、すなわち鋳型あるいは取瓶《とりべ》、送風管(鞴《ふいご》)など鋳造技術に関する構成遺物からみると、坪井・大福遺跡につながっていくと思います。坪井・大福遺跡は、共伴土器でいうと弥生時代後期の終末あるいは古墳時代初頭でしょう。

図 30　唐古・鍵遺跡出土の鋳造関連遺物

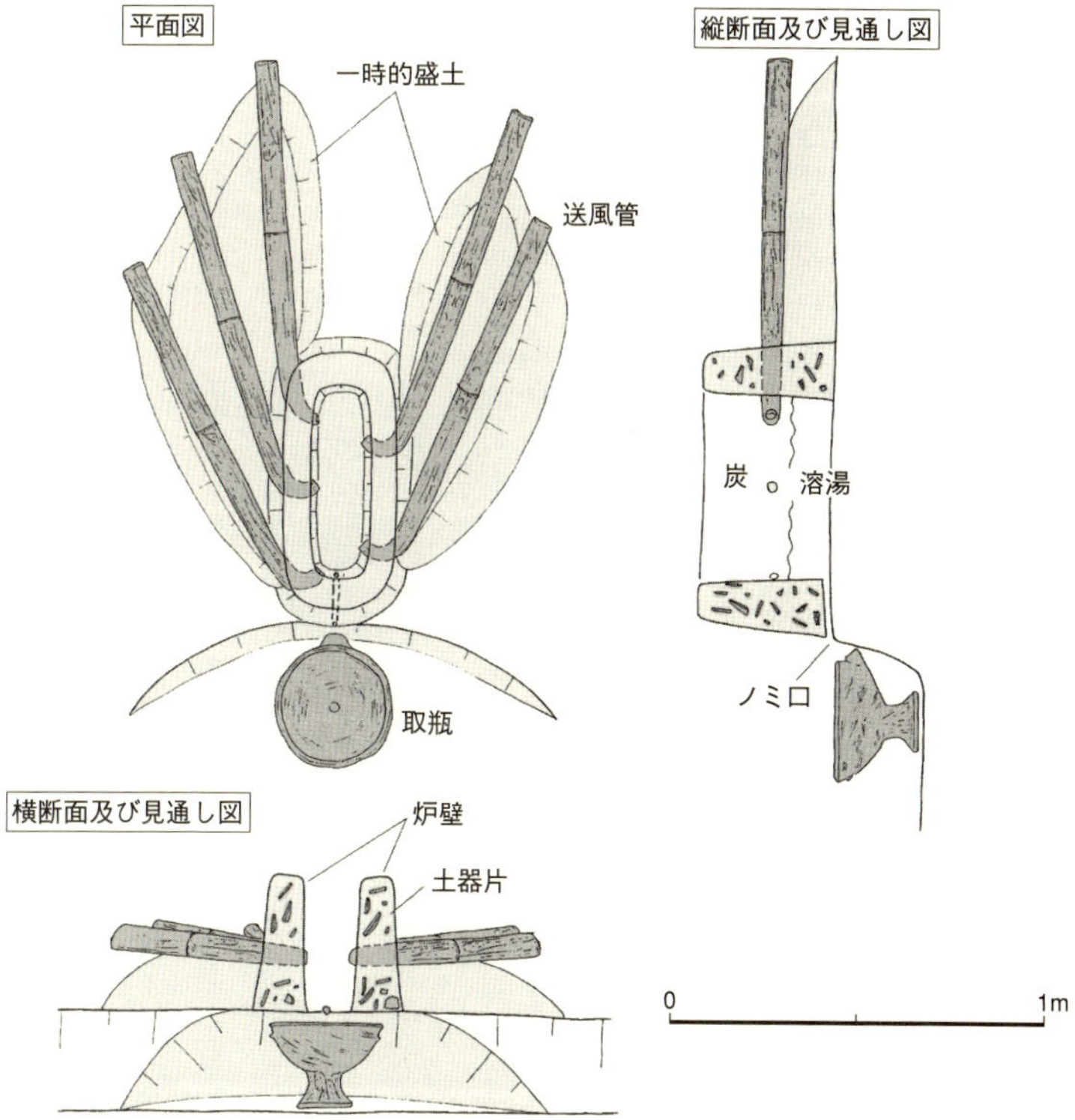

図 31　唐古・鍵遺跡出土の炉の構造

石野　坪井・大福遺跡の銅鐸片は、突線鈕のどれぐらいの時期の可能性があるのですか。

橋本　突線鈕3式か4式かというところです。復元すると、高さは一メートルぐらいはあるのではないかといわれています。破片は舞の破片だったり、鐸身途中のものだったりです。

石野　脇本遺跡からも銅鐸片が出ているけれど、どの時期のものですか。

橋本　時期は坪井・大福遺跡の銅鐸も脇本遺跡の銅鐸もなかなかむずかしいところで、弥生時代後期末か庄内期か、微妙な時期の土器とともに出土しています。

脇本遺跡の銅鐸も、突線鈕式の新しいほうの段階の銅鐸の破砕されたものが出ています。

石野　脇本遺跡にも銅鐸の鋳型はあったのですか。

橋本　脇本遺跡では銅鐸の鋳型ではなくて、何か別のものをつくったのだろうという鋳型の外枠と銅滓が若干出ています。

坪井・大福遺跡から出ているのは、舞の破片などの割れた銅鐸片と送風管や取瓶のようなもの、あるいは鋳型の外枠です。ただ、これも銅鐸用ではなくて、脇本遺跡でも坪井・大福遺跡でも、銅鐸を壊し、その銅を原料として銅鐸以外の何かをつくったのではないかと考えられていますが、具体的には何をつくったのかまったくわかりません。わりと平たい鋳型ですので、どちらかといえば、連結式の銅鏃のような、あまり立体的ではないものをつくっているのではないかと思います。

これらの銅鐸の改鋳される時期ですが、私は庄内式期の初頭でいいかと思います。壊された銅鐸は、いずれも突線鈕3式ないし4式ぐらいの、一メートルにはなるような大きなタイプの銅鐸ですので、藤田さんがおっしゃるように唐古・鍵遺跡でつくっているものとは、ちょっと時期があくかなと思います。

石野　昔、纒向を掘った時に、纒向の辻地区の飛鳥時代の川の中から銅鐸の飾り耳の部分が出てきました。そして、後にわかってくる纒向王宮と仮に私がよんでいる、大きな建物群の一角からも銅鐸のかけらが出てきて、それは型式学的にはほぼ同じ時期だったのではないですか。

橋本　たぶん同じ時期のものだと思います。石野さんが掘った飾り耳と私が掘った破片は、同一個体ではないかと冗談で言っているぐらいです。

石野　その可能性があるぐらい、時期的には一緒のようですね。建物群を建てる直前に、銅鐸を壊したという話もできそうです。そうすると、奈良盆地の中には弥生時代中期末、後期初頭の銅鐸をつくって、あちこちに配布をしていたであろう唐古・鍵遺跡の人たちがいるけれど、それから何十年かたって、纒向遺跡や三輪山麓では銅鐸をたたき壊している。今のところ坪井・大福遺跡と脇本遺跡、纒向遺跡と三カ所で銅鐸をたたき壊していることがわかっています。その時期は二世紀末、三世紀初めぐらいの時期という感じです。

唐古・鍵遺跡から鋳型が出てくる前の話ですが、奈良盆地には古いタイプの銅鐸しかなくて突線鈕式といういちばん新しい段階の銅鐸はないから銅鐸のマツリは早く終わり、次の鏡のマツリにかわっていたのではないかという田中琢さんや佐原真さんたちの仮説がありました。しかし、纒向から銅鐸のかけらが出てきたことによって、銅鐸のマツリの最終段階まで奈良盆地の人たちも銅鐸のマツリをしていたことがわかりました。それを鏡が出てくる直前段階でたたき壊すような事件が起こったということになってきていますが、その辺については二人はどう考えますか。だいたいそれでいいのか、そうとは言い切れないのか。

藤田　それ以外の証拠が揃わないので、銅鐸のマツリを最終段階までやっていたということでいいのではないでしょうか。三輪山の周辺では、やはり銅鐸を溶かして、別のものにつくりかえるという作業をやっていますから。

石野　壊した時期については、纒向のかけらだけでは出てくる場所がみな新しい時期だから、何とも言い難いのですが、坪井・大福遺跡から出てきたことによって、たたき壊した時期がかなり狭められて、庄内式期初頭という時期であることがわかってきました。それで、銅鐸をたたき壊したのは、やはり大きな古墳をつくる直前段階ということになってきます。

唐古・鍵の古墳と纒向の古墳

石野　新しい時代に入るにあたって、古い神を否定するということが本当に起こってきた可能性があるのです。そうすると、それを主導したのは地元民なのか、よそから来た人たちなのかということになる。そういう纒向のマツリと大型古墳が出てくる時期、纒向遺跡の場合は、同じ時期に九十数メートルの墓がつくられているという新しい時代を迎えている。唐古・鍵の地域にも古墳があるけれども、唐古・鍵ムラのつづいている時期と、唐古・鍵の地域の古墳とは年代差があるかもしれないですね。唐古・鍵遺跡の古い古墳の時期はいつですか。

藤田　今のところ、この地域の古墳はそんなに古くなく、五世紀末頃からです。ただ、車輪石の破片が出土しており、古墳時代前期の古墳も今後見つかるかもしれません。気になるところです。

石野　唐古・鍵遺跡の弥生時代後期の墓は、古いほうですか。

藤田　弥生時代後期末から庄内期の方形周溝墓です。

石野　その時期の方形周溝墓の場所はどういう所で、大きさはどれくらいですか。

藤田　集落の東南部、ちょうど青銅剣鋳造の工房跡のある場所で三基の方形周溝墓がみつかっています。

石野　鋳造場所とは、どれぐらい離れていますか。

藤田　ほとんど重なっています。小さい方形周溝墓で、七メートル前後ぐらいのものが三基。もう一つは国道を挟んだ74次調査の大型建物跡が出てきた所で、庄内期の方形周溝墓です。

唐古・鍵遺跡での墓のつくり方は、大環濠集落の段階ではムラからかなり離れた所に墓域をつくりますが、大環濠集落でない段階（中期の初頭、大和第Ⅱ—1、2様式の段階）には、集落にくっつくように方形周溝墓がいくつかと木棺墓があります。それと同じような状況が弥生時代後期末から庄内式の時期に出てきます。

石野　その段階でも環濠はあって、方形周溝墓は環濠内につくっているのですか。

藤田　庄内式段階の環濠は、本来の弥生時代中期の環濠の役目とは違っているかもしれないですね。集落を全部囲むのは間違いありません。唐古・鍵ムラは低地に立地しているので、排水は絶対に必要だろうと思います。したがって水路的なものが必要ですから、常時、微高地の縁辺に環濠的なものをめぐらせています。ですから、環濠といっても水路かもしれません。

石野　それは、新たに掘削しているのですか、それとも改修して使っているぐらいのものですか。

藤田　唐古・鍵遺跡の環濠は微高地周辺に掘削されており、自然地形を利用しています。ですから新たな掘削ということはなくて、以前にあった環濠の溝さらいをして使っています。

橋本　その中に墓が入ってくるというのは、おもしろいですね。

石野　赤塚次郎さんが掘っていた愛知県一宮市猫島《ねこじま》遺跡でも、環濠の中に大きい方形周溝墓をつくっていましたね。

藤田　関東のほうでは、集落の中心部分に大きい方形周溝墓をつくるというのはあるようです。

石野　弥生時代の大型集落では、方形周溝墓は居住地の側ではあるけれど、離れて別に固めてつくっているというのが中期以来のあり方ですが、まれには環濠の中につくられているのもあります。

藤田　ムラの内と外という、集落内部の人間の意識が中期と後期で変わるのだろうと思います。

石野　纒向を掘っていた頃、今から四〇～五〇年前ですが、奈良盆地の中の四〇～五〇メートルクラスの円墳は、だいたい五世紀だろうといわれていた時代で、そのつもりで纒向石塚の堀を掘って、「五世紀の古墳があるな」と思っていました。しかし、墳丘のかたわらに幅八メートルのトレンチを掘ったら、ぐるりと円墳の濠らしきものが出てきて、それをずっと下まで掘っていったら、どう考えても弥生の土器としか思えないような土器ばかりが出てきたのです。

纒向遺跡では九〇メートルクラスの古墳が集落の居住地の縁辺部にある。それは弥生時代の方形周溝墓的なあり方と共通しているというのが、前から気になっています。

箸中山古墳（箸墓）をつくった人たちがどこに住んでいたのかよくわかりませんが、四世紀以降の列島規模の巨大古墳は必ずしもムラのそばにはつくらない。行燈山《あんどんやま》古墳（崇神陵）や渋《しぶ》谷向山《たにむかいやま》古墳（景行陵）をつくった人たちが、近くにムラを構えているとは限らないというのは常識だと思います。誉田御廟山《こんだごびょうやま》古墳（応神陵）や大山《だいせん》古墳（仁徳陵）が大王宮のそばにつくられていた、と言えないのと同じです。しかしながら、三世紀段階の九〇メートルクラスの纒向地域の古墳は、纒向に住んでいる人たちがつくった可能性が高いと思います。弥生集落的な、弥生人の居住地と墓との立地によく似ています。纒向に住んでいた人たちの、住む所と墓地との関係というのは、弥生の伝統そのままということになります。それは、近畿でも九州でもそうなのでしょうか。

橋本　庄内式期で九〇メートルクラスの大型前方後円墳というのは、纒向にしかありません。ほかの地域と比較するなら、方形周溝墓や木棺墓、土器棺のようなちょっと小さな墓と比較したほうが、集落と墓との関係というのは見やすいのではないでしょうか。

石野　そういう集落と墓という点で唐古・鍵遺跡と纒向遺跡を比較して考えると、纒向の人たちは、二世紀末、三世紀初頭から新たにそこに住み始め、居住地の中に墓をつくっています。

唐古・鍵遺跡の人たちも環濠をめぐらせて三世紀まで居住しつづけている。そこの人たちの墓はどこへつくったのですか。

藤田　自分たちの住んでいる微高地のなかの縁辺に、方形周溝墓や土器におさめた墓をつくっています。

石野　先ほどの唐古・鍵遺跡に三世紀段階、つまり庄内式期の方形周溝墓があるという話がありましたが、居住地の中につくっているということですね。

橋本　そのあたりは、唐古・鍵遺跡と纒向遺跡ではわりと共通しています。纒向遺跡では、九〇メートルクラス、一〇〇メートルクラスの大型古墳に目がいってしまいますけれども、そうではない次のランクの墓の分布は、今の地図に落とせば、遺跡の中に満遍なくあるように見えますが、旧河川や微高地などを復元した旧地形と重ねて見ると、やはり微高地の縁辺に方形周溝墓とか土器棺、木棺が集まってくる傾向があります。

石野　九州の三世紀段階、西新町《にしじんまち》式の時期ぐらいには、集落と墓との関係はどうなっているだろう。唐古・鍵遺跡や纒向遺跡のように集落内の縁辺地域にあるのか、離れた所にあるのか。唐古・鍵遺跡や纒向遺跡が日本列島全体で見てごく普通のあり方なのか、変わっているのか、どうでしょうか。

藤田　伊都国歴史博物館の岡部裕俊さんによれば、北部九州の弥生時代後期から古墳時代初頭では、集落に隣接する形で墓群を形成するようです。その後は集落から隔絶するようになりますから、三世紀はちょうどその過程のようです。

唐古・鍵遺跡を掘っていて思うのは、あれだけの環濠を掘削する労働力についてです。大環濠があって、その外側に多重環濠をつくっていきますが、あれが唐古・鍵遺跡の住民だけでつくれる環濠なのかどうか。たぶん周辺集落の人も動員して唐古・鍵ムラを建設している。その土木量は、おそらく時代を少し下れば、当然ながら全長一〇〇メートルくらいの前方後円墳は十分つくれる労働力を唐古・鍵ムラはすでに保有しています。たまたまそのエネルギーが環濠に注がれたのか、古墳に注がれたのかというぐらいの差ではないかと思います。

石野　藤田さんは、唐古・鍵遺跡をとり巻く衛星集落が何カ所かあるということを前に書いていましたね。中心集落があって、その周りに一族のムラがあって、その人たちが結集して環濠を掘り、環濠を維持しているという考え方。その人たちが、直径四〇〇メートルあまりの、いちばん広い所は幅が七〜八メートルの濠を数百メートルにわたって掘っている。ということは、一〇〇メートルクラスの墓をつくれるぐらいの土木量は持っている。

反対に纒向遺跡では、大きい墓はいくつかつくっているけれども、大環濠はつくらずに自然河川を利用したマチづくりをしている。マチをつくる時に、運河は掘っているけれども、それ以外の土木工事は古墳だけ。そして三世紀段階になると、纒向王宮と称する、東西に一直線に並んでいる建物、それに類するものは今のところ唐古・鍵遺跡にはないですね。藤田説では、今掘っていないところで、出てくる可能性を考えていますか。

藤田　三世紀代にですか。それはちょっとわかりません。ない可能性のほうが高いです。

橋本　類例は多くありませんが、奈良盆地でも庄内併行期ぐらいの居館の区画のようなものが断片的にみつかっている例がいくつかありますね。

石野　平等坊・岩室遺跡でもみつかっています。

橋本　生駒の壱分宮ノ前《いちぶみやまえ》遺跡でも、古くなる可能性のある区画溝がみつかっていますし、唐古・鍵遺跡にもどこかに居館があっていいのかなと思います。庄内式期に環濠を掘削し直すというのは、それが居館の区画となるものなのか、あるいは中に居館のようなものがあるのかもしれません。環濠が埋められて解体とはいっても、奈良盆地に従来あった勢力、それぞれの地域をおさえる長のような存在は、周囲に人びとが集住するかどうかは別として、居館などは相変わらず残るでしょう。唐古・鍵遺跡が継続的に残るというのは、そういう意味なのではないかと思います。

石野　平等坊・岩室遺跡のように首長の居館風のものがあるということになると、平等坊・岩室遺跡だけではなくて、唐古・鍵遺跡にも、中曽司遺跡などにも首長の居館はありうるから、それは考えておく必要がありますね。そういうなかで、纒向遺跡は環濠ももたず、一〇〇メートルに近いような大きい墓を三つも四つもつくり、あるいは箸中山古墳（箸墓）周辺まで含めたら十いくつかもつくっている。そして居住地と墓との立地からすると、規模は違っても唐古・鍵遺跡も纒向遺跡も居住地の近くに墓をつくっているという点では一致します。

しかしながら、ここ数年でみつかった纒向遺跡の東西一直線になる建物は、今後、奈良盆地の大型弥生集落からそういう建物が出るかもしれませんが、三世紀段階の日本列島全体のなかで飛び抜けています。橋本さん、その建物についてまず説明してください。

纒向の王宮

橋本 今のところ、纒向遺跡の庄内式の段階の集落エリアを、直径一キロ程度のものと考えていますけれども、その中央よりやや東側の所で、建物群がみつかっています。この建物群は纒向遺跡の成立段階からあったのではなく、成立段階から少し後の段階、これは想像ですけれども、たぶん庄内2式期から庄内3式期ぐらいまで下がってくる時期に建てていると思います。建物が廃絶するのも庄内3式期の終わりの段階ぐらいと考えています。

建物B、CとD、そして二〇一四年の調査でFという建物がみつかっています（図32）。建物

Bから建物Fまで、だいたい七〇メートルの間に四棟の建物が整然と方位と軸線をそろえてみつかり、纒向の庄内の後半期の中枢施設なのではないかと思います。周辺の旧地形などから見ると、南北でだいたい一〇〇メートル、東西で一五〇メートルぐらいの範囲に、居館エリアを想定しています。

建物群のなかには三世紀の中頃の建物としては、国内最大の規模をもつといわれている建物Dがありますが、このように方位や軸線をそろえるという特殊な構造は、三世紀の日本列島内ではみつかっていません。大陸からの新しい思想をとり入れてつくり上げられた、日本で初めての建物でしょう。もっと言えば、纒向遺跡のいちばん中心に座る人間がいた場所と考えられる建物群です。

石野　桃の種がたくさん出てきたのは、敷地の中ですか（図33）。

橋本　そうです。

石野　あそこからは桃の種以外にも、いろいろな魚とか動物の骨とか出てきたそうですが、どんなものが出てきていますか。

橋本　唐古・鍵遺跡ではすでにみつかっていますが、纒向遺跡では初めて海の魚が出てきています。たとえばタイの類でマダイやヘダイ、あるいはアジやサバ、それからイワシの類、そういった海産系のものが出てきています。ほかには鹿や猪の骨のようなもの、それから穀物がかなり出ています。黍《きび》と稗《ひえ》、麻の実なども多く出てきていますし、有名なのは桃の種が三〇〇〇

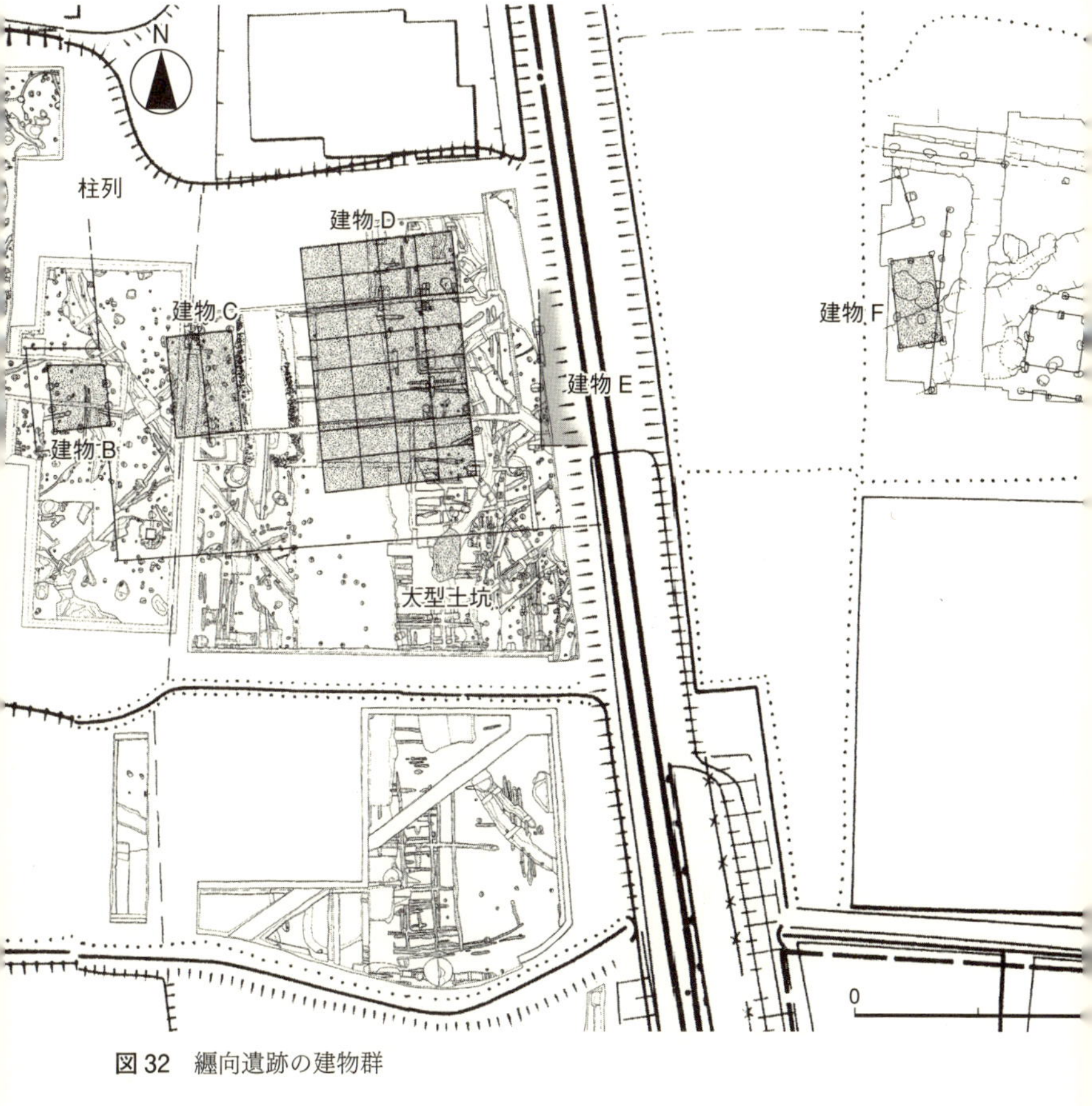

図 32　纒向遺跡の建物群

点近く出てきているということでしょうか。ほかにも土器や木製品も一緒に出ているのですが、おそらくなんらかのマツリで使っている供物だと思います。三世紀の段階としては非常に珍しく、海の幸、山の幸など多彩な食物が供物とされていたと考えられています。

石野　出てきた穴の大きさはどれぐらいですか。

橋本　だいたい四×二・五メートルぐらいの、隅丸の長方形です。深さは約八〇センチぐらいですが、上部は後世の遺構にかなり削られていると思います。

石野　あの穴にあるものが、四棟の建物のどの建物で使われていたか。可能性として、いちばん近い建物はどれですか。

橋本　いちばん大きい建物Dです。穴は、建物のすぐ南で、距離にして約四メートルしか離れていません。

図 33　纒向遺跡から出土した桃の種

石野　普通に考えれば、建物Dに供えられたものでしょう。

橋本　そうですね。出てきている土器が、庄内3式期の本当にいちばん最後、布留0式期にかかっているかどうかというところです。私は、庄内式のなかでおさまると考えていますので、建物群の廃絶と、その穴とは、何らかの関係があるのではないかと思っています。

石野　建物群の柱穴を壊した溝から出ている土器のいちばん新しいのはいつですか。

橋本　庄内3式期の段階です。

石野　同じ時期に建物の一部が壊されていたということですね。柱の一部が壊されたということは、建物はその段階と同時期か、それより古いということになる。そうすると、一連の建物は三世紀の後半か、それより古いということになりますね。その建物群が、東西一五〇メートルあまり、南北も一〇〇メートルぐらいの長方形区画の中に計画的に東西に配置されている。そして、建物Dは、三世紀段階の建物としては最大の建物です。

東西にしろ南北にしろ、三世紀段階で一直線に並ぶ大型建物群というのはありません。吉野ヶ里遺跡には不整形区画の中に大型建物は確かにあります。あるいは可能性としてはそんなに大きくはありませんが、愛媛県の樽味四反地《たるみしたんじ》遺跡、あるいは居住用かどうかわからないけれど、石川県七尾市の万行《まんぎょう》遺跡にもある。しかし、東西軸に一直線に並ぶというのは、纒向遺跡が初めてで、それが三世紀後半ないし、それ以前ということになる。そして飛鳥・奈良時代になると天皇宮は南北軸になります。

古墳時代四世紀、五世紀、六世紀の大王級の建物というのは、今のところわかっていません。『古事記』『日本書紀』に書かれた宮殿伝承はあるけれども、「これではなかろうか」という一角がちらりと見えたのが、脇本遺跡（桜井市）の雄略天皇の泊瀬朝倉宮《はつせのあさくらのみや》ではないかという建物です。東西に並ぶのか南北に並ぶのかは今のところわかっていません。そういうなかで三世紀段階に、奈良県桜井市に東西に一直線に並ぶ建物がある。これは事実です。東西だから太陽信仰につながるのかとも考えられますが、ありうるだろうか。

太陽信仰

橋本　穴師《あなし》山との関係ですね。穴師山の頂上よりも建物の東西の軸線は、やや北側を通過するのですが、辰巳和弘さんによると現在、穴師山の中腹にある穴師坐兵主《あなしにいますひょうず》神社の本来の社殿が山頂のやや北側にあり、ここを建物群の東西の軸線が通るそうです。穴師坐兵主神社は、式内社のなかでも上位のランクの神社です。纒向の建物群の軸線は、そこを向いていたのではないか、そして穴師山から建物群を経由して、西へ軸線をのばすと、纒向石塚の墳丘中央を通る意識的に設定されたラインがあると辰巳さんは説明しておられますが、私は判断しかねています。

単純に見れば、纒向のあのあたりの地形は、川が東西に流れていますから、東西に微高地が長くなる地形だということです。それに制約されて建てていくと、どうしても建物の配置は東西にならざるをえないというのが、ひとつの理由としてあると思います。

もうひとつは、もともと日本の方位的な観念はどういうものだったのかを考えた時に、東西の観念というのは、『日本書紀』成務天皇五年の条にも「東西を日縦《ひのたたし》とし、南北を日横《ひのよこし》とす」という記載があるように、東西が縦だという概念を、ある時期もっていたはずです。そういう縦横の概念というのは、今でも私たちは、九州から東京という移動を考えた時には、東西の移動で考えますし、当時の瀬戸内のルートを考えても、東西の動きを意識しますから、やはり東西が縦という意識はあると思います。そういう影響を纒向の建物は、受けているのではないかと思います。

石野　太陽信仰は、自然信仰としては世界中の各民族にそれなりにあります。ただそれを宮殿配置として本当に意識して配列しているかどうかということですが、あの建物の軸線は真東西よりも何度か振れていますね。

橋本　だいたい四度から五度は振れています。

石野　それを東に延長すると穴師山の頂上になり、西に延長すると纒向石塚古墳の墳頂部を通っていて偶然といえば偶然。纒向石塚の前方部は三輪山のてっぺんを向いているのも偶然といえば偶然。

ここ、二、三年前から纒向学研究センターの森暢郎さんを誘って、建物の主軸線上にテープを張ってもらって、春夏秋冬の朝、早朝に太陽が上がるのを見に行っているんです。石塚古墳には今年（二〇一四年）の二月八日に行きました。あいにく曇りでしたが、翌九日、石塚古墳の主軸に張ってくれたテープの延長上に当たる三輪山山頂から少しずれた日の出の写真を撮れました。やはり太陽信仰とかかわりがあるのかもしれません。とは言いながら、ほかの纏向の勝山古墳や矢塚古墳の主軸は、あちこちを向いていて三輪山山頂は意識していない。箸中山古墳（箸墓）は、墳丘の側面が三輪山を背景としています。ですから、太陽が三輪山の山頂に昇ってくる時期を意識してあの地域の古墳や建物のすべてが三輪山山頂を向いたとは、とても言えない。たまたま石塚の前方部が三輪山に向いているということです。

橋本　そういうことをしようとすると、たぶん土地がとれないと思います。そういうラインにのるところに、一〇〇メートルクラスの古墳をつくる土地を確保しようとすると、絶対に川などにかかってしまい、墳丘の築造が困難になるでしょう。

石野　そうですね。箸中山古墳の方丘部北端の、寺沢さんが掘った所は石をガラガラ埋めて、方丘部の角を無理やり確保しているというつくり方をしています。

橋本　ただ、ずれているとは言っても東西南北の方位の意識は絶対にあると思います。昔、都出比呂志さんが研究されたように、古墳時代前期の段階で竪穴式石室の埋葬主体が北向きにそろってくるというのがありました。ただし、北頭位にそろってくるとはいっても、それなりに角度に幅がある中で北にそろってきますので、真北を厳密に測量してやっているわけではありません。とはいっても、この段階で竪穴式石室を必ず南北方位に向けるという方位の概念というのは入ってきているわけですから、同じような時期の居館をつくる時にも方位の意識はあったものと思います。

石野　纒向王宮の建物が東西配列であることは事実ですが、四世紀、五世紀、六世紀の王宮がまったくわかりません。そして七世紀、八世紀になると南北になります。東西だと太陽信仰ということを考えてしまいますが、南北になると中国思想ということになってきて、四〜六世紀の大王宮配置は今のところさっぱりわかりません。逆にいうと、東西配列の纒向王宮が女王・卑弥呼の宮殿に類するものなのかどうかということにもなるかと思います。

藤田　唐古・鍵遺跡では、ちょうど冬至の日に三輪山から太陽が昇ります。これは昔からよく言われていたことですが、東海大学の北條芳隆さんがその説をとりあげています。弥生時代中期初頭の建物の所から冬至の日に太陽が三輪山山頂に昇るのが見えます。

石野　その建物というのは池の側の建物ですか。

藤田　国道西側の古いほうの建物第74次の調査で出てきた建物です。そして中期中葉の建物からは春分、秋分の時にちょうど龍王山の北岳の山頂から昇る太陽が見えます。

石野　それは実験したのですか。

藤田　北條さんが春分と冬至に、トランシットで確認されました。また、夏至には石上《いそのかみ》の六〇四メートルピークの天理市福住《ふくすみ》のほうにある山から昇ってきます。その山頂は西山古墳の延長上にあって、昔は磐座《いわくら》があったという場所です。

そういうことから、北條さんは唐古・鍵ムラの位置は計画的につくられたもので、弥生時代の農耕暦を管理していたのではないか考えられました。非常に魅力的な説だと思います。それを管理しているのがこの盟主的な唐古・鍵ムラで、大和の農耕暦をつくって一年間を動かしていたのではないかということです。そうすると、建物の延長線上から冬至の日に太陽が昇るということは、計画的かどうか、それを偶然と言えるのかどうか、唐古・鍵遺跡の位置づけを考えると、そんなことがあってもいいのではないかと思います。

石野　そうすると、唐古・鍵遺跡はそうだけれども、ほかはそうでないのかどうか、弥生時代のあちこちで今出ている大型建物で、実験してみる必要があるのかもしれないですね。

藤田　そうですね。あるエリアの中で、全部がやるのではないだろうと思います。その盟主的な集落の位置づけをどうするのかというのがあって、そこがクニという単位をまとめていくうえで暦が必要だということです。

石野　よそではやっていなくて唐古・鍵ムラではやっているとしたら、プレ卑弥呼さんは唐古・鍵ムラにはいたか……?

原田大六さんの『実在した神話―発掘された「平原弥生古墳」―』(学生社、一九六六)では、日向《ひなた》峠から出てくる太陽が被葬者の股間を突き刺すとあります。そして大六さんの調査のあと、埋葬施設の主軸上の二〇〜三〇メートル離れたところで大きな柱の痕跡が出てきました。それに柱を立てればもしかするとと思って、二〇一二年一〇月二〇日、糸島市教育委員会の角浩行《すみひろゆき》さんを誘って、そこにポールを立ててみました。そうしたらみごとに大柱に見立てたポールの影が被葬者の「股間」を突き刺したのです。けれども、突き刺すのは太陽が出た瞬間。あとは下がるだけ。でも本当にそうでした。日向峠という名前自体もそうだし、太陽信仰というのは、あらゆる時代のあらゆる地域にありうる。だから唐古・鍵遺跡にあったものが、奈良盆地のほかにないのかどうか試したうえで、やはり唐古・鍵というのは独特のムラということにもなります。纒向が東西軸線上に並んでいるというのも、そのつながりということもあるかもしれないですね。

橋本　あるいは纒向は新しい考え方のムラで、逆に全然太陽は意識していないという可能性もあります。私は、纒向遺跡では皆さんが言われるほど山や太陽などを意識しているとは、あまり感じません。

もともとあった太陽信仰から、たとえば東西が縦であるとか南北が横であるというような観念的な影響は受けているかもしれませんが、その他の部分については、外から入ってきた新しい考え方であるとか方法の影響を受けているのではないかと思います。ですから、前方後円墳がどこを向いているとか、何かの時に太陽が出るとか沈むなどということは、纒向の段階ではちょっと違うのではないかという気がします。

石野　太陽信仰というと女王・卑弥呼ということになるけれど、邪馬台国が大和にあった。あるいはなかった。どちらでもいいけれども、三世紀は日本列島のどこかに邪馬台国があった時期です。どこかにとは言いながら、私は今日は大和説。藤田さんはどちらですか。

藤田　私も大和説。

石野　橋本さんは？

橋本　大和説です。

石野　三人とも大和説ですね。では、纒向がその候補地だとして、今回みつかった建物が、その宮殿候補、王宮の一部だとすると、あそこには女王・卑弥呼がいたのでしょうか。男弟がいたのでしょうか。

橋本　男弟か卑弥呼かと言われると、むずかしいですね。おそらく、すぐ近くに二人はいると思いますけれども。

石野　ひとつの考え方として、今回みつかった東西に並ぶ建物群のどれかに卑弥呼がいて、どれかに男弟がいるという考え方があります。しかし、そうではなくて、今回みつかった建物にもし卑弥呼がいれば、男弟は別な建物にいると思います。

橋本　地点が違うということですね。

石野　そのわずかな根拠は、『魏志』東夷伝倭人条の「(卑弥呼は) 王となりしより以来、見るある者少なく」にあります。それは卑弥呼が人の出入りしない空間にいるということです。男弟は政治担当ですから、人がたくさん来る。そうすると、卑弥呼と同じ屋敷の中にいるわけがない。文献からみれば、男弟空間と卑弥呼空間は別な屋敷がふさわしい。今回みつかった建物が、卑弥呼なり台与の王宮であれば、それは女王空間であって、男弟空間はそれに併行する近くの別な区画と想像しています。橋本さんは、どう思いますか。

橋本　なかなか答えの出しようのない質問ですね。あの建物のすぐ北であるとか南であるとか、別地点の微高地上の条件のいい所を調査していくしかないですね。

石野　南では纒向駅のすぐ西側の台地。そのさらに南は残念ながら、元纒向小学校の所で調査済みで、そんな建物はない。北では草川微高地が候補です。溝には三世紀の土器片が散在しています。

橋本　今のところ、建物が出てきそうな気配はないですね。遺跡そのものが広いので、時間がかかるというか、我々が生きている間にそのあたりの答えが出るとはなかなか思えません。

藤田　唐古・鍵遺跡の大型建物の跡を見ている限りでいうと、環濠内に現在二棟の大型建物跡がみつかっています。そのうちの一棟、棟持柱をもつほう (74次調査) は、ほとんど遺物包含層がなくて、遺構の切り合いが非常に少ないところに立地しています。もう一棟 (93次調査) は、どちらかというと、遺物包含層もあって、遺構の切り合いもすごくある日常空間、日常の生活臭のするような場所にあります。やはり卑弥呼が住んでいるような空間は、人がほとんど出入りしないという空間であり、宮城でいうと飛鳥の、何もゴミがないような場所をイメージできるのかなと思います。ですから今掘られた纒向遺跡の大型建物がどんな状況なのかというのを知りたいです。

石野　大型建物の周辺で同時期の土器はたくさん出ていますか。

橋本　あのエリアは纒向成立段階からの集落域に含まれますので、遺構としては溝や穴など、纒向遺跡の初めの段階からの遺構はけっこう多いです。土器もわりと大量に出てくる場所ではあります。ただ、今までみつけている数百の遺構を、時期別に色を塗っていくと、大型建物群と同時期の遺構と同じ色になるのは、桃が出てきた土坑ぐらいしかありません。調査でわかっているのは、あの微高地上は建物を建てるときに、厚いところで一メートル以上の整地をおこなっていて、大型建物の建っていた時期に限れば、そこには建物群と土坑ぐらいしかないという状況です。つまり、大型建物が建っていた時には、ほかの余計なものはない空間であったといえます。

藤田　きれいに整地して、聖域なのかどうかわからないけれども、そういう空間をつくっているということですね。

橋本　そうです。

石野　しかし、その後に庄内3式というか布留0式というか、その時期の溝が切っているというのも不思議です。王宮クラスの建物を壊した直後ぐらいの時期に別の用地に使っている。それから東の線路の下にある建物Eというのも、布留1式期ぐらいですか。

橋本　むずかしいですが、布留0式期から1式期ぐらいではないかと考えています。

石野　建物Fを壊した直後に軸を変えた別の大型建物をつくっていますが、その大型建物にともなう同じ方向の建物はないですね。

橋本　建物はありませんが、二〇一四年の調査で、線路を越えた東側から建物Eに方位が近く、区画溝かと考えられる南北溝と東西溝がみつかっています（図32）。東西溝は二条あり、その一つには柱穴列がともなうようで、塀のようなものになる可能性も考えられています。これらが線路の下にある大型建物Eと方位が近いものです。これらの区画溝は布留0式期から最終埋没が布留1式期ぐらいなので、大型建物Eが王宮クラスの建物だとすれば、建物B・C・Dなどの王宮クラスの建物があった場所に、あまり時をおかずにそういったものを建てたということになります。

石野　大型建物Eは柱の穴も大きいし、建物の規模も大きそうだから、伝承の纏向日代宮《まきむくのひしろのみや》か纏《まき》向珠城宮《むくのたまきのみや》のどちらかになるかもしれない……　ただ、纏向という地名は明治になってできた地名だから、今の場所かどうかというのは、厳密にはわかりません。

橋本　飛鳥の宮殿でもそうですけれども、同じ場所で名前を変えながら次の施設が建てられていきます。脇本遺跡でも雄略天皇の泊瀬朝倉宮《はつせのあさくらのみや》だといわれている五世紀後半の建物群の上に、欽明天皇の磯城嶋金刺宮《しきしまかなさしのみや》、あるいは行宮の泊瀬《はつせ》柴籬宮《しばがきのみや》ではないかとされる六世紀後半の建物や七世紀後半の大来皇女《おおくのひめみこ》の泊瀬斎宮《はつせいつきのみや》だといわれる遺構が上に重複しており、脇本遺跡では同じ場所に建物が三時期にわたって建てられています。これと同じように纒向の建物群も、同じ場所に重複して遺構が上にかぶっているものと思われます。

卑弥呼はどこの人か

石野　さて、卑弥呼はどこで生まれ育ったのでしょうか？　その共立の時期はいつでしょうか？　藤田さん、卑弥呼の出身地はどこ説ですか。

藤田　纒向が二世紀末から三世紀初頭に成立したとして、仮にそこに卑弥呼が女王として共立されたとしても、生まれた所は違う場所のはずです。

石野　生まれた時は第5様式の時期、弥生時代ですね。

藤田　その時期に纒向はないので、卑弥呼は纒向出身者ではありません。纒向に卑弥呼がいたという前提の話になってしまいますが、纒向とその周辺の弥生集落との関係ということになると思います。平等坊・岩室遺跡、唐古・鍵遺跡、坪井・大福遺跡、中曽司遺跡の四つが纒向遺跡出現までつづく弥生時代の従来の拠点集落であり、ずっと奈良盆地のクニを支えてきた中心集落だろうと思います。そうすると、この四つの集落のなかで、その盟主となるところに卑弥呼はいたであろうということを考えていくならば、必然的に唐古・鍵遺跡になっていくのではないでしょうか。

石野　私はある時期、吉備出身と言っていたことがある。その根拠は楯築《たてつき》王墓（四五ページ図6参照）。できたのが弥生時代後期後葉の上東鬼川市《じょうとうおにがわち》Ⅲ式で、纒向石塚とはちょっと年代差があります。纒向石塚より楯築のほうが古い。

二世紀末に倭国乱という事件があって、それを治めるために女王を立てる。それを主導したのは、当時最大の墓をつくれる吉備の勢力でしょう。もっと簡単に考えれば、男王では「倭国乱」がつづいてきたのだから連合政権のトップとして吉備の女性を女王にしたてて、大和に都をつくる。その頃、唐古ムラはもう落ちぶれて、大和には大きな勢力がなく過疎地になっていたので、都を邪馬台国である大和につくったと考えたことがあるけれど、橋本さんの説はどうですか。

橋本　卑弥呼が生まれた場所というのは、どこか纒向以外にあるのでしょうが、よくわからないですね。可能性だけでいえば、それは吉備もありだと思っていますし、唐古・鍵もありうると思います。あるいは九州もありかもしれません。

纒向に政権中枢がおかれたときに、たとえば大和にある程度の主導力があって、神の声がよく聞ける女性がいたということがあれば、唐古・鍵や坪井・大福などから卑弥呼が招かれてもいいでしょうし、あるいは地域間の政治的なパワーバランスのなかで吉備が圧倒的に強くて、吉備からそういう盟主的な女王を出すという力が働けば、吉備から来ていてもいいと思います。実際は、そのあたりの解明は不可能に近いでしょう。

ただ、纒向が大和にあるという状況を考えたときには、やはり唐古・鍵遺跡などの大和の弥生集落のなかに卑弥呼の出自があるとするのは、大いにありうるのかなと思っています。

石野　七、八年前ぐらいからヤマト王権は、諸国連合の結果として生まれたという考え方が主流になりつつあります。出雲や吉備、筑紫などのそれぞれの地域の王を祭るための施設を統合して前方後円墳をつくりあげ、それをヤマト王権のシンボルとした。そして連合政権を大和に置いたという考え方が、今主流になりつつあるけれども、誰が言い出したのだろうか。今、福永伸哉さんなんかもそうだと思います。

橋本　寺沢薫さんの説ではないですか。考古学者のなかでは、たぶん寺沢さんがはじめて明確に言ったのだと思います。

石野　言われてみれば、「うん、なるほど」という感じがします。ヤマト王権は連合政権だというのは文献のほうからも、ずいぶん昔から言われているけれど、考古学的に一つ一つの要素をとりあげて、竪穴式石室や埴輪は吉備から、鏡は九州からと考古学的にもそうとも言えるという説が出てきている。そうなると、主導者は誰、ということになる。

寺沢さんは纒向説ですね。数年前に、私は同じ奈良盆地でも天理まで含めて考えるべきだと言ったけれど、「石野さん、やっぱり纒向です」と言っていました。

橋本　大和のなかでも唐古などの従来大和にいた勢力と纒向の勢力は、領域は一緒のなかにいますけれども、二重構造になっていたのでしょうね。

藤田　ですから、纒向だけでも存在しえないと思います。それはこのヤマトという地域のなかで在来の人びとを支えてきた集落があってこそ、纒向は維持できる。

橋本　藤田さんは以前、唐古・鍵ムラは近畿のなかでもかなり盟主的な位置にあると言われていましたが、今でもそう考えているのですか。

唐古・鍵ムラの力

藤田　唐古・鍵ムラには、さまざまな物を生産する力があります。当然米もつくりますが、いろいろな物づくりをする。それは富を生んでいきますから、カネにものを言わせる的なところがあるかもしれません。

石野　でも中国に何を持っていったのですか。

藤田　絹です。

石野　安物の絹ですね。ようやくまねしてつくった、倭錦《やまとにしき》。

藤田　米と反物などをどれだけつくれるかというのもあると思います。

石野　機具《はたぐ》は九州と近畿ではだいぶ違いますか。

藤田　唐古・鍵では、それほど機織り道具は出てきません。何でみるかというと、紡錘車です（図34）。紡錘車の数を数えたらどうでしょう。

石野　紡錘車では、絹の質はわからないですね。

藤田　私の見通しでは、紡錘車の大きさや重量から、糸の種類が多様であったことがわかるはずです。紡錘車の出土する量と大きさなどを目安にいろいろな遺跡をあたっていけば、糸づくりの内容がわかり、そこから機織りの実態がみえてくるでしょう。

石野　紡錘車の大きさとか重さとかで、糸の質がわかるといいですね。そうすると、いいものは大和周辺でつくっていたと言える。

藤田　唐古・鍵遺跡の紡錘車の量ははんぱじゃないですし、たぶん小さい衛星集落では紡錘車は出ないと思います。

石野　唐古・鍵ムラには織姫さんが集中していた

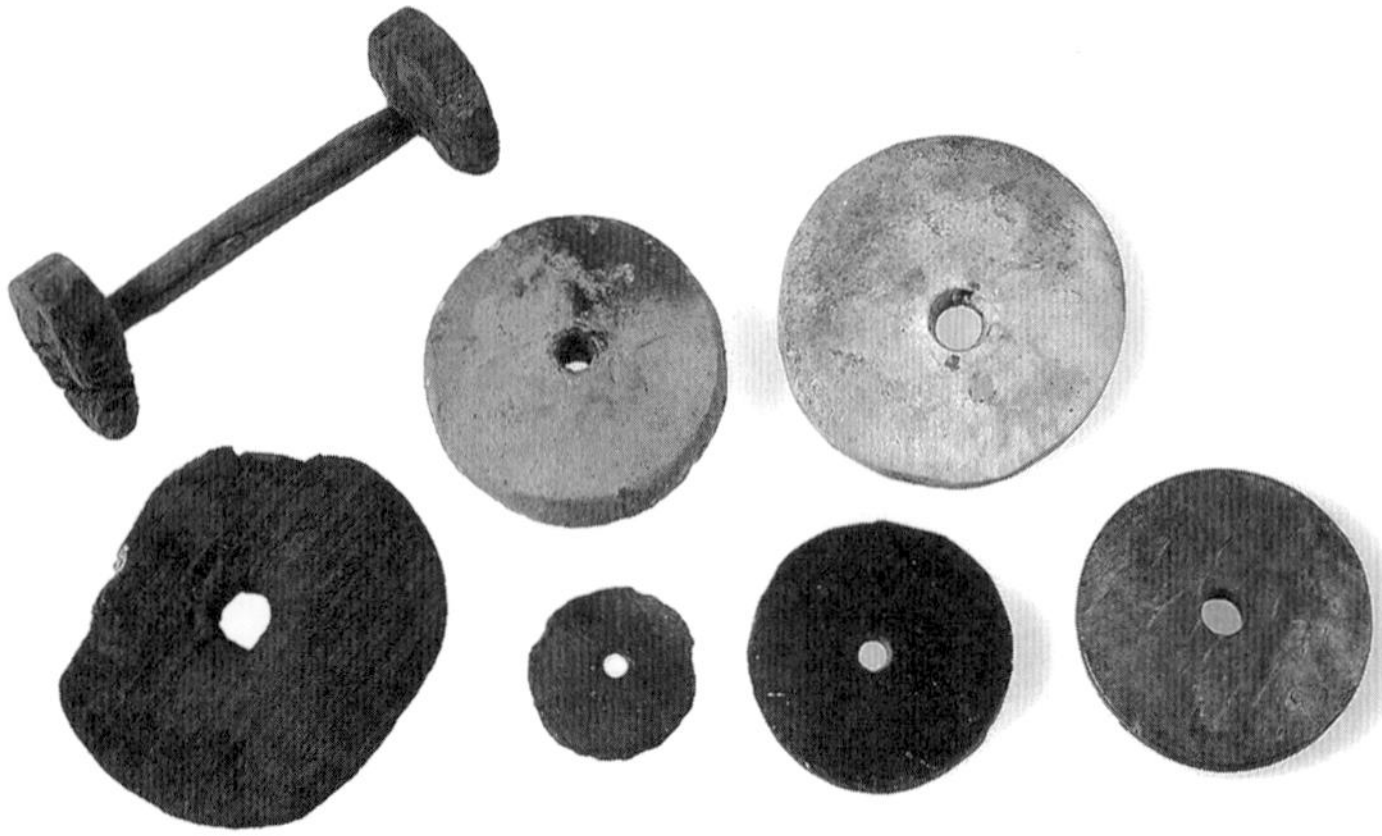

図34　唐古・鍵遺跡出土の紡垂車と桛（かせ、左上）

ということですか。

藤田　はい。

石野　纒向から紡錘車は出ていないですか。つくらせていたということでしょうか。

橋本　もちろん、一定量は出ます。でもそんなに多くはありません。

石野　それは土器片ではなくて、専用紡錘車ですか。

橋本　木製のものもありますが、多いのは土器片を転用した紡錘車です。纒向のものづくりは、よくわかっていません。

石野　王宮ならば、よそでつくらせてもいいわけですね。

橋本　唐古・鍵のように、どこかに供給するというような生産を想定するほど、生産関連の遺物は多くないですね。今までみつかっているのは、鍛冶にしてもベニバナの染物にしても、特殊なものを少量生産したとしか考えにくいのです。

藤田　特殊なものというのは、遺跡の価値としては大変重要だと思います。

石野　役にも立たないものをつくるというのは、纒向は変なマチですね。ベニバナとかは日常生活になくてもいいものだ。やはり鉄とか米とかをつくっているほうが日常生活にはいちばんいいと思います。

橋本　寺沢さんが早くから指摘されているように、纒向遺跡には米づくりの痕跡というか、気配がないのも特徴です。

石野　墓をつくる用具はあるけれども、農耕具がないですね。

橋本　土壌分析してもらっても、水田は西のほうの少し外れたところにあるのではないかとのことでした。

藤田　唐古・鍵ムラの水田域は、おそらく一キロから一・五キロぐらいです。ちょっとオーバーだと言われますが、それぐらいなかったら、ムラの人口を支えられないでしょう。

石野　衛星集落につくらせていたと、ずいぶん前に藤田さんから聞いたように思います。

藤田　当然、そうです。唐古・鍵ムラに何人が住んでいるかというのが問題ですが、多く言う人で一〇〇〇人です。私は一〇〇〇人はちょっと無理だろうと思います。それでも四〇〇〜五〇〇人が大環濠内の径四〇〇メートルの中で生活し、米を食べているとしますと、それぐらいのエリアがなかったら、とても集落は維持できない。衛星集落だけでなく、もっと遠くからも米をもらっているかもしれません。ほかのものをつくって米を手に入れている可能性もあるでしょう。

石野　江戸時代にはろくに米が食べられなかったから、弥生時代にはもっと食べられないはずだという人がいるけれども、そんなことはありません。江戸時代は税金としての取られ方がひどすぎたので、弥生時代はそれがないから十分食べられていたと思います。

藤田　唐古・鍵遺跡の米の出方は半端じゃないです。普通の遺物包含層を洗っていても米粒などいっぱい出てきますから、けっこうその辺の地面に落ちている状態です（図35）。

橋本　それも変なムラですね。その辺に米が落ちているムラって。

石野　それは米粒ですか。それとも、もみ殻？

藤田　炭化米です。

石野　米になった状態で落ちている？

藤田　そうです。

石野　それはおかしい。米は自然炭化するかしないかとよく言うけれども、それはどうして炭化しているんだろう。

藤田　自然炭化するかどうかは、まだわかっていません。

石野　植物を研究している人は自然炭化しないと言いますね。寺沢さんは炭化すると言っている。その根拠は、炭になった木のくいが時々あるからということだけれど……。

藤田　それは腐りにくいように、焼いてい

図 35　唐古・鍵遺跡出土の稲束と炭化米

るのではないですか。

橋本　唐古・鍵が近畿の盟主的な遺跡で、住んでいる人が四〇〇～五〇〇人で、政治的なものを担う人たち、およびその家族、あるいは手工業生産を担う人とその家族などが多かったとすると、唐古・鍵ムラにはいわゆるお百姓さん的な人というのは、そんなにいないという見方ですか。

藤田　農耕にたずさわる人は、けっこういると思います。

橋本　環濠の中にいるのは特別な人たちで、衛星集落で米をつくっているというわけではないのですね。

藤田　北條さんはまったく違う考え方をしているけれど、それはないと思います。あれだけ石庖丁も鍬も鋤も出るし、普通の農耕具は出るわけですから（図36）。

橋本　その点では、今までの皆が思っている弥生の風景でいいんですね。

石野　そしてその頃、纒向は過疎地で人はいなかった。

橋本　弥生時代の纒向の遺構は、六地点で穴一個とか溝一本とか、そんな程度しかみつかっていません。

石野　纒向遺跡の周辺に弥生の遺跡はたくさんあります。纒向のマチができる直前まで人はほとんどいなかったけれども、四～五キロの所にはたくさんいたわけです。そうすると纒向は、やはり唐古・鍵ムラとの関係なのだろうか。周辺の人たちとはまったく無関係に纒向をつくったのか、談合しながらつくったのかということになるのか。それは何がどう出たら決まるでしょうか。環濠だろうか。なぜ纒向は環濠をつくらなかったのだろうか。

藤田　あの場所に環濠はつくれないのではないですか。

石野　自然流路が何本もあるから、つくらなくてもいいとも言えますね。でも、唐古・鍵ムラにも真ん中に川が流れています。

橋本　先ほど藤田さんが言われた、環濠の質的な変化ではないでしょうか。唐古・鍵遺跡でも、もともとの大環濠のときには多くの人びとが集住し、区画や排水、防禦のような役割があった

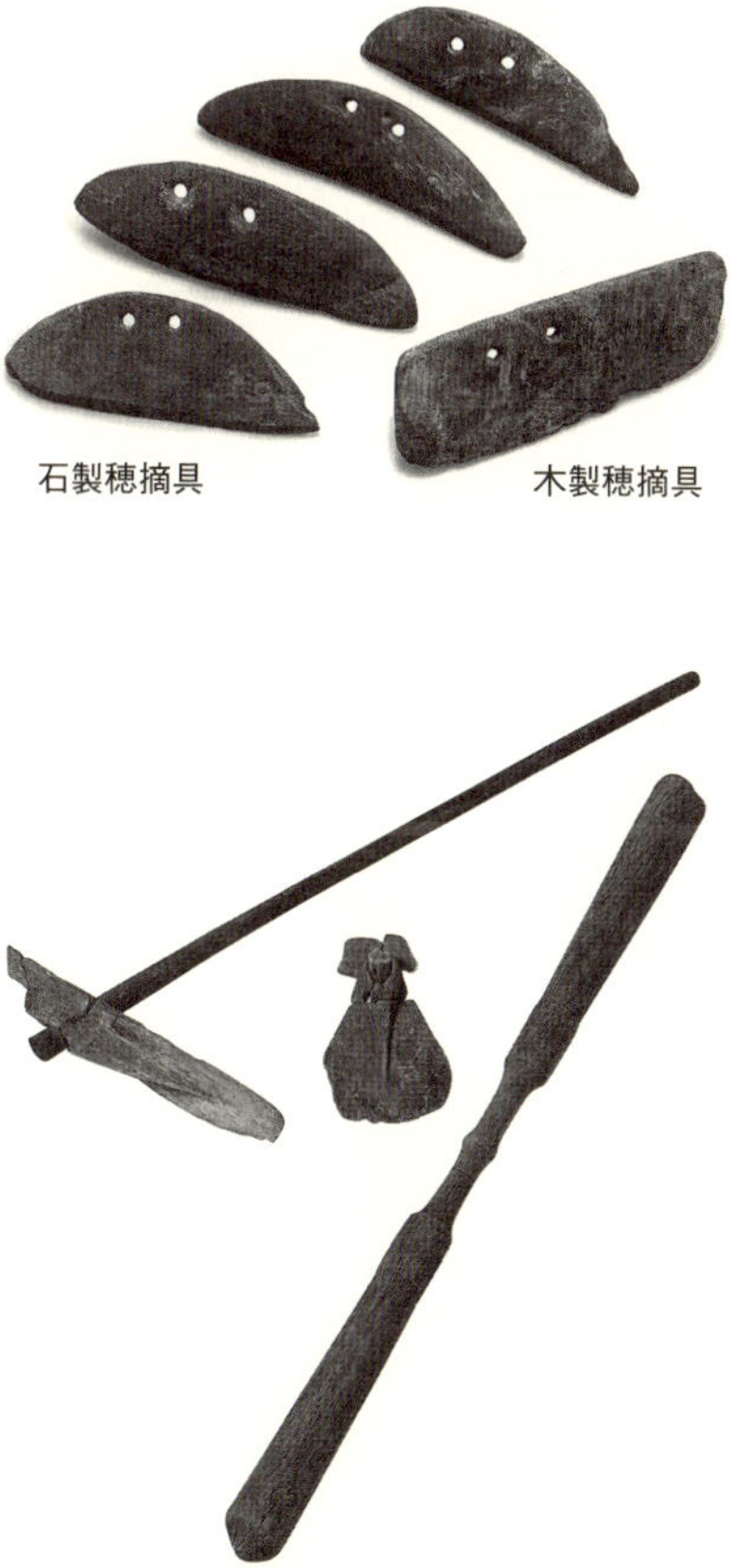

図36　唐古・鍵遺跡出土の農耕具
上：石製・木製の穂摘具
下：木製平鍬・竪杵

のでしょうけれども、後期末以降、庄内式の段階では唐古・鍵の中心的な人たちのいるエリアの区画や排水路的な色彩が強いわけで、環濠はその段階では防御というような性質のものではなくなっているのでしょう。

石野　福岡の平塚川添《ひらつかかわぞえ》遺跡も川だらけの遺跡で、立地は纒向と一緒ですね。自然流路を利用しています。それに関連する本村みたいなものは、すぐ横の丘の上にあります。

橋本　纒向の場合は、連合政権の首都のようなものですので、環濠を必要とするようなマチではなくなっているのではないでしょうか。

石野　奈良盆地の弥生前期からつづく環濠集落が三世紀までずっとつづいていたということを前提に考えると、それに囲まれているので、それを防御ラインにして奥地にマチをつくったのではないでしょうか。

橋本　河内も吉備も同じグループでしょうから、もっと広い防御ラインだと思います。

石野　倭国連合の都と考えると、北部九州まで倭国連合だから、もっと広いとも考えられます。

橋本　纒向が唐古・鍵ムラを防御ラインとしてもたなければならないような小さなマチなら、河内が敵か、のような話になってしまいます。そういう意味では、纒向には防御ラインは必要ないと思います。纒向の周りに環濠があったとしても、奈良盆地まで攻め込まれた時点で戦いは終わっているでしょう。

石野　三世紀段階で、河内も大和も同じクニだとすると、河内は環濠集落をやめて、大和だけつづいているのはなぜだろう。環濠集落は、古墳時代（布留の時期）になると、基本的にありません。そうすると、環濠を庄内段階までつづけている奈良盆地というのは、古いマチづくりをそのままつづけているわけだから革新派ではなくて保守派ですね。

橋本　でも庄内段階の確実な濠というのは、唐古・鍵遺跡にあるだけではないですか。坪井・大福遺跡には、もう庄内期には濠はないです。平等坊・岩室遺跡にもたぶんありません。庄内段階の唐古・鍵遺跡の濠は、いわゆる環濠集落の環濠とはまったく異質なのではないかと思います。

石野　唐古・鍵遺跡の庄内段階の濠は、第5様式期までの濠の役割とはまったく違うと考えますか。

橋本　環濠という言葉でくくってしまうと、弥生時代以来の環濠がつづくようにみえてしまいます。唐古・鍵遺跡は庄内式期以降も、弥生時代以来の大和の拠点として残っていたのでしょうから、纒向ができた後も濠で囲まれる居館のような施設があったのではないでしょうか。

石野　やはりひとつの鍵は唐古・鍵遺跡ですね。唐古・鍵ムラが本当に庄内併行期まで同じ勢いなのか、古都としてのお祭センターとか宗教センターになってきているのか。

衛星都市に第5様式の土器がたくさんあると、その第5様式の時に庄内併行のマチも、もしかしたらあるかもしれない。そうすると、やはり第5様式期末から庄内式期の土器と純粋な第5様式の土器を分ける土器屋さんが活躍しないといけない。弥生時代と古墳時代のはじまりを土器で区別することができて、はじめて唐古・鍵遺跡と纒向遺跡を比較することができると思います。

時代区分について

橋本　ところで、庄内式の時期は、弥生時代なのか古墳時代なのか。弥生時代がご専門の藤田さんはどう思っていますか。纒向石塚は墳丘墓、それとも古墳ですか。

石野　私は古墳だと思っている。

藤田　いままで、庄内式期を古墳時代初頭として話してきましたが、土器屋としては庄内式の土器を見ていますと弥生時代ですね。

石野　そうすると、布留1式以降が土器からいうと古墳時代ですか。

藤田　そうですね。土器の画期は、布留0式から古墳時代です。

石野　布留0式というけれど、布留式土器も布留形甕もありません。ですから布留0式という名前は使うべきではないと思います。

確かに庄内の前半と後半ではずいぶん違います。特に後半でも後半の後半は箸中山古墳（箸墓）が出てくる時期だから、ずいぶん違う。そうすると時代区分としてはわかりますが、土器論でいくと布留様式ではない。布留0式は纒向4類（庄内4式）です。

大阪府の庄内遺跡（豊中市）は、庄内様式の土器の発祥地ではないというのは誰でも知っています。なぜなら、庄内遺跡で主体的に使用されている土器は、弥生時代後期以来の土器（壺・甕など）で、客体としていわゆる庄内様式土器が使われているだけです。奈良県の天理市か桜井市、または大阪府の東大阪市か八尾市が発祥地であり、主として使用されている地域です。従って、二世紀初頭から三世紀末の約八〇年間に奈良盆地東南部と大阪平野東部で主として使用された庄内式土器は学史的には重要な指摘ですが、現段階では主に使用されていて、時期細分ができているのは纒向遺跡ですから「纒向式土器」とすべきでしょう。

藤田　纒向石塚はあのような墳丘をもち、たまたまあの場所にあるから古墳といわれるけれど、唐古・鍵ムラでは大環濠をつくっているので、土木量からすると箸墓はつくれないでしょうけれど、纒向石塚くらいはつくれます。

石野　弥生の環濠はあちこちでつくられているから、土木量としては古墳をつくることはできる。弥生時代に人間を集める能力は、もうすでにあります。しかし、役に立たないような墓をつくろうとはしなかった。その役にも立たない墓が役に立つと意識した時期が、古墳時代なんでしょう。だから、丸だろうが四角だろうが、大きい無駄な墓、構築物をつくった段階から、古墳時代といえばいいと思います。

橋本　では、石野さんはどの辺に弥生時代と古墳時代の間に線を引かれますか。岡山県の楯築あたりに引かれるのですか。

石野　やはり楯築遺跡の八〇メートルの墓というのはとんでもなく大きい。それ以前の墓というと、佐賀県の吉野ヶ里遺跡と愛知県の朝日遺跡では一辺四〇メートルの方形墓が飛び抜けて大きい。方形周溝墓で大きいのは、一辺二〇メートル程度ですが、一〇メートル弱が普通です。そういうなか、全長八〇メートルの墳墓をつくったのはとんでもないことです。経済的には無駄な、しかし精神的にはそれがシンボルになった時代。それを古墳時代とよびましょうといえば、楯築墳墓からが古墳時代となります。

楯築古墳につづいて、吉備にはいくつか墳墓があります。橿原考古学研究所の豊岡卓之さんによると、吉備の宮山型特殊器台は大和発生で、唐古・鍵遺跡にある弥生中期末の土器の文様からたどることができるそうです。そうすると、箸中山古墳（箸墓）には吉備系の特殊器台があるけれど、一方では大和型が出てきていて、大和と吉備が共存している。中山大塚古墳や西殿塚古墳でも、大和系の宮山型と吉備系の都月型が共存している。宮山型は庄内式期で、都月型は布留1式期です。解釈としては、大和発生の宮山型特殊器台を使用して葬儀がおこなわれてから数十年後に、都月型特殊器台を使用した追祭祀がおこなわれたか、都月型に新旧の形態差があり、古式都月型が宮山型と共存していたかでしょう。

藤田　唐古・鍵遺跡には、すでに豊岡さんが言っている弧帯文風の文様が描かれた弥生時代後期初頭の高杯はありますが、それ以降の弥生時代後期の段階でも龍の絵画があって、それがどんどん記号化されていって弧帯文風の文様が生まれてきていると思います。ということは、逆に吉備に頼らなくても、大和側でそういう弧帯文風の文様をつくる素地はもう十分あるわけで、本来は吉備で龍という信仰があったのかもしれないですが、弥生時代後期の段階では弧帯文は畿内に定着しているという見方もできると思います。

石野　そう考えると、確かに近畿にある特殊器台の文様というものも、わかりやすい。ただ、吉備・大和連合というのも、ああ、なるほどという感じがする。吉備のほうがやはり楯築型から先行しているから。

橋本　日本列島のかなり広い領域に纒向という集落が影響を与えている状況を見た場合、大和のパワーだけでそこまでいけるかどうかとなると、吉備なり北部九州なり、いろいろな地域の力が結集しないとなかなかそこまではいかないのではないかと思います。

石野　寺沢さんの纒向型前方後円墳論は反対論もあるようだけれど、全体としてはいけると思います。関東から九州まで。寺沢さんの言う纒向型前方後円墳論が一つ二つ違うのがあるから認めがたいと言うのだったら、定型化と称する前方後円墳も違うものはたくさんある。いつか上田宏範さんに、前方後円墳の定型化はいつから確実に言えますかと聞いたら、前方後円墳規格論からいって、安心して定型化といえるのは五世紀だということでした。上田さんからみると、四世紀のものはまだまだ変形がたくさんあるという。

それを聞いてから、それはそうだ、変形があるんだったら、纒向型はどれだけ変わってもいいんだ。違いをとりあげると、纒向段階というのは確かにいろいろ変わっている。纒向石塚古墳の円丘部も正円形ではない。そうなると、古墳時代、古墳の始まりは楯築古墳からでいいと思います。

橋本　藤田さんは、布留0式からが本来イメージしている古墳時代だと言われましたが、土器から見た場合に、どの墓ぐらいからが、いわゆる古墳とみられますか。

藤田　箸墓ですね。

橋本　古墳を研究している人の目から見たときに、やはり箸墓というのはすごく大きな指標になっていて、箸墓からでないと古墳とは認めない、庄内式期は古墳時代ではないという考えはよく聞きますが、逆に藤田さんのように弥生をやっておられる方の発言で、土器様式で見たときに、庄内式土器を弥生に入れていいというご意見は新鮮です。

石野　土器そのものから見ていくと、庄内様式は布留様式とくらべると、第5様式のほうに近いのです。

私がよく言うのは、日常容器でいくと明治時代は江戸時代だろうということ。西洋式の皿が日常的に使えるようになったのは、明治時代のいつ頃かと思って、「汽笛一声新橋」の新橋停車場跡へ見学に行き、「西洋皿が使えるようになったのはいつですか」と聞いたら、明治一五年頃から西洋人の専用官舎の所にだけ出てくるということでした。たまたま八王子市の遺跡を担当している人がいて、八王子地域ではいつかと聞いたら、大正年間になってからだそうです。大正になってから西洋皿が出てくる。そうすると、土器でいうならば、八王子では明治時代はだいぶあとになるわけですね。

それを参考にすると、弥生土器を使用していた人びとが高塚古墳を築造しはじめたのは、ごくあたりまえのことです。政治革命がおこっても、生活習慣だから日常容器はすぐには変わらない。文化の変化とは、そんなものだと思います。

橋本 弥生の土器を研究している人は、やはり庄内式土器をそういうふうに見る人が多そうですか。

藤田 文章で書くときは庄内を古墳時代初頭と書いています。

石野 みんなそういうふうに書いていますね。昔、小林行雄さんが三世紀末、四世紀初から古墳時代と言ったけれど、布留式土器が出てくるのはその時期です。だから小林さんは布留式土器から古墳時代と言っているわけで、その段階は庄内様式はわからなくて、第5様式が布留式直前まであると認識されていた時期です。結果としては小林さんの認識が正しいのではないかと思います。三世紀末、四世紀初から土器が大きく変化する。それ以前は、弥生的な土器がずっとつづいているけれども、文化要素、政治体制は変わってきているということになりますね。

橋本 寺沢さんは、政治体制が変わることを、時代の変わり目として捉えるべきと考えておられます。

石野 卑弥呼が死んでから古墳時代というのは絶対におかしい。明治天皇が死んでから明治時代ではなくて、明治天皇が即位してから明治時代だろうって私はよく言っています。

藤田　土器から言っても、それはおっしゃるとおりだろうと思います。けれど、布留式というのは、土器づくりのグレードが上がります。それは、なんなのかなということです。あるいは縄文時代から弥生時代への転換期の遠賀川《おんがかわ》式土器の成立という点からみてもそうです。ずっと同じ野焼きの赤焼土器というなかでも、遠賀川式土器の成立、布留式土器の成立というのは、やはり土器づくりの中で一段とグレードが上がっていますから、それが何かを考える必要があると思います。

石野　遠賀川式土器というのは、大型磨研土器、壺ができるというのが大きな画期だと昔聞いて「なるほどな」と思いました。それ以前の夜臼《ゆうす》式土器段階は、縄文時代晩期と考えられていた。ところが、板付《いたづけ》遺跡で夜臼式段階の磨研土器といっしょに水田が出てきたことから夜臼式は弥生時代と認識されるようになった。ところが磨研土器は夜臼直前の山ノ寺式段階にもある。そうなると、水稲農耕の受容は、縄文土器を使っていた時期からあり、社会的な変化があったということですね。丹塗磨研土器をつくるような変化があったわけです。

そういう点でいくと、庄内段階は日常容器でいうと弥生時代だけれど、世の中はすでに変わってきている。土器としては弥生的だけれども、墓としては大きい墓をつくっている。

歴史の時代区分は、どの国でも何をもって分けるかなのだろうけれど、社会体制の変化ということになると土器ではなかなか区分はできません。

橋本　日本の場合は、時代区分を社会体制で決めているときと文化要素で決めているときが混じっているから。追える限りは、やはり社会体制の変わり目で時代を区分していくほうがはっきりするでしょう。

石野 だから弥生中期後半段階の変化を重視して、中期末、第4様式の段階から古墳時代と呼びましょうという意見が出てくる可能性もあります。今頃、弥生時代を研究している人たちは4様式の画期を強調するらしい。確かに違うと思います。ただ昔は、弥生時代を二つに分ける時は、第3様式の新しい段階からずいぶん変わると佐原さんが言っていた時期がありました。

藤田 今の近畿各地でいう大和第Ⅳ様式というのは、従来の第3様式の新を含んでいます。

石野 大和でもそうなの？　そうするとやはり、その頃からいろいろと変わるんですね。弥生時代の中でも。

藤田 大和では従来と同じです。ただ、どちらかというと、大和より摂津、近江、尾張という流れで凹線文が通っていくルートがあります。ものの流れが北近畿というか、近畿中央部の北を通っているみたいなのです。

石野 どんなルートですか。

藤田 摂津から淀川に入っていきます。大和川の流れる河内と大和というのは、保守的なような気がします。

石野 大和へのルートは淀川・木津川ルートと大和川ルートがあるけれど、文化のルートは、淀川・琵琶湖ルートなんですね。

藤田　それでものが一気に東に流れていきます。

石野　上東式土器という吉備の土器が琵琶湖の南まで行っていると、昔誰かに聞いたけれど。上東式というのは奈良盆地にけっこう入ってきていますか。

藤田　奈良盆地に、上東式土器は入ってきていません。

石野　そういう点では、淀川は重要です。淀川流域を吉備に押さえられると、つまり吉備と大和がケンカすると、奈良盆地の人たちは日本海へ行けなくなる。

　吉備の上東式土器が琵琶湖南部にあると聞いた時には「えらいことだな」と思いました。そうなると、邪馬台国が大和にあったのなら、吉備と仲良くしなければいけないし、琵琶湖周辺とも仲良くしなければいけない。あちこちにいっぱいおべんちゃらしないとやっていけない。だから中国、朝鮮半島で手に入れたものを途中でたくさん置いて帰らなかったら、次に行かせてもらえない。だから奈良には中国系のものが少ないということかもしれない。

橋本　先ほども言いましたが、肝心なものは纒向まで持って帰ってきています。

石野　権力で通行させろというほどの力は大和にないと思います。

橋本　そのあたりはどうでしょう。弥生後期の大和のパワーをどう評価するかによっても見方が大きく違ってくると思いますが、大和がそれほど強くなくても広域的な連合の中心としての纒向ですから、連合全体と個々の地域の関係や政治力など、考慮すべき要素は他にもあると思います。

石野　力で押さえるだけの武力はなくて、精神力で押さえたのか…… 邪馬台国がどこにあろうが、二世紀末、三世紀の大和の列島内交流は広域で密度が高いことは事実です。課題は多いですが、今回はこの辺で終わりにしましょう。

（石野博信 2014.10）

追記

唐古・鍵遺跡の調査

一九七九年（昭和五四）に「大和唐古・鍵遺跡とその周辺」（『橿原考古学研究所論集』四）を発表してから三五年になる。

研究所では五年ごとに研究論集を刊行するが、そのときに末永雅雄先生が若手の提出論文を事前審査される。

石野「しようもないもの書きまして」

先生「うん、しようもないナ。お前は（唐古に）家一軒もない言うけど、そんなことはないやろ」

石野「いいえ、一軒もありません」

（石野博信『古代大和へ、考古学の旅人』雄山閣、一九九四、二〇ページ）

そのときの会話だ。それでも一箇所の訂正もなく、全文を論集に採用していただいた。

一九七一年（昭和四六）八月、

「おお、これもいいナ」

約一五〇メートル四方の纒向小学校移転用地に幅八メートルの試掘トレンチを田の字型に掘っているとき、現地に来られた末永先生の一声。

「ワシも、奈良盆地の端から端まで一直線に掘ってみようと思ったことがあった」

とそのとき言われた。

先生は一九四五年（昭和二〇）の頃、奈良盆地の古墳分布図を作成すべく、北から大和一号墳（ウワナベ古墳）、二号墳……と呼称されつつあり、敗戦の年の一二月から翌一月の年末年始に大量の鉄鋌が出土した大和六号墳の発掘調査を実施されている。纒向での一言から考古学的実証を重んじられる先生の計画性が感じられる。

櫃本誠一、菅谷文則両君が学生時代に、唐古遺跡の確認調査のため、水田区画の形に沿ってトレンチを設定して発掘しようとしていたら、先生が来られて、〝効率が悪い（開発区域全体に）斜めにトレンチを入れろ〟と怒られた、という。これも調査初期に遺跡全体を把握しようとする趣旨だと思う。

一九三六年（昭和一一）の唐古遺跡第一次調査と一九七一年（昭和四六）の纒向遺跡第一次調査と私の唐古・鍵遺跡の評価を回想した。

唐古・鍵遺跡と纒向遺跡

私はかつて〝唐古・鍵から纒向へ〟と考えた（石野一九七九、前掲）。

唐古・鍵遺跡は、弥生時代後期で盛期を終わり、古墳時代前期（纒向1式～4式期

――庄内・布留式期）にはわずかな遺構と遺物をもつにすぎない。初瀬川流域で古墳時代前期初頭から盛期を迎える集落を求めれば、上流四・五キロの桜井市纒向遺跡が最もふさわしい。（石野博信『古墳文化出現期の研究』学生社、一九八五、三五五ページ）

纒向遺跡の出現は近畿弥生5様式末・纒向1式で纒向4類（庄内式末）から布留1式まで継続するが、藤田さんは庄内式併行期も布留1式期も唐古・鍵遺跡は盛行している、と従来から主張しており、今回も再説している。

橋本さんは、三世紀の大和を纒向や唐古・鍵遺跡だけではなく、天理市の平等坊・岩室遺跡など全体の動きからとらえようとしているようだ。

私は、二〇〇三年一一月におこなわれた考古学研究会関西例会で、「(弥生後期末の) 奈良盆地は後進地である。だからこそ（纒向遺跡や）大型前方後円墳がぱっとあらわれた」と発言した（「畿内弥生社会の再検討」考古学研究会関西例会、二〇〇六、一五六ページ）。その趣旨は、纒向は二世紀末に大和以外の人びとによって突然つくられた〝新たな都市〟と考えたからだ。

倭国連合の都・邪馬台国が日本列島のどこにあろうが、纒向は三世紀を盛期とする九州から関東までの外来系土器を一五～三〇パーセントももつ政治・経済の中心地であったことに変わりはない。

弥生人の四季

1987

石野博信（司会）
佐原　真
金関　恕
山田昌久
寺沢　薫
藤田三郎
浦西　勉
竹内晶子

石野　それでは、シンポジウムに入りたいと思います。午前中に五人の先生方にいろいろお話しいただきました。

佐原さんからは、弥生時代は農耕が開始され、のどかな農村風景を思い浮かべるけれども、この時代に初めて武器が出現し、戦争が始まった時代だという弥生文化の特質についてお話しいただきました。

金関さんのお話は、弥生時代の年中行事ということで、御自身が住まわれている奈良県岩室村（現天理市岩室町）の例をあげ、農耕カレンダーというものが弥生時代からあっただろうということや弥生時代の祭りには鳥がかかわっているという興味深いものでした。

山田さんには、縄文時代と弥生時代の木製品にはどういう違いがあるのかをお話ししていただきました。また、縄文時代にも弥生時代にも木製のスプーンがあって、すくって食べるという食文化があったのではないかということについても触れていただきました。

寺沢さんからはコメだけではなく、植物食というものはどういうふうに食べられていたかという話をいただきました。

藤田さんには、弥生時代の遺跡の代表例として唐古・鍵遺跡の実態を紹介していただきました。

最初に、それぞれの発表者から言い残したことの補足、あるいはほかの発表者への質問などをいただくことにします。

はじめに、佐原さんから補足、あるいは皆さんへのご質問をお願いしたいと思います。

戦争に備えたムラづくり

佐原　先ほど弥生時代が戦争のはじまった時代だということを申しましたけれども、弥生時代のムラには、周りに濠《ほり》がめぐらしてある。これは藤田さんの唐古・鍵遺跡の報告のなかにも出てきました。濠というのは、考古学的にはみつけやすいわけですね。つまり、使わなくなったら土が埋まるか、人が埋めるかするけれども、その状態がつかみやすいわけです。ところが、盛り上げた土、つまり垣根のようなものを土で盛り上げた場合には、これは非常に残りにくいわけですね。平らにしてしまったらわからない。

ところが幸いにも何箇所かでは、やはり濠に接して、意外にも濠の内側ではなくて、濠の外側に、そういう高い垣根があったということがわかっているということと、それから弥生時代の終わり近くに、近畿地方を中心とした地方では、石の矢尻（石鏃《せきぞく》）の数がたくさん増えて、しかもしだいに重くなる（五一ページ図8参照）。それこそまさに本格的な武器の出現であるということ、そのくらいを付け加えたいと思います。

縄文人たちも人を殺すことはありました。しかし、彼らは人を傷つけたり殺すための道具は持っていないわけで、つまり狩の道具を使って人を殺したり、あるいは木を倒すための斧を凶器として人を殺すということはあったと、そういうことが補足であります。

質問は、山田さんにでありまして、先ほどもちょっと申しましたけれども、山田さんのレジュメに各自が椀にとってスプーンですくったという姿が考えられるということを書いておられるのですが、それはせいぜいさかのぼっても弥生時代の終わりだろうと、私は思っております。もしそういうことであれば、猛烈にたくさんの椀やスプーンが出てこなければならない。

ただし、この場合には、先ほど縄文時代の椀は、外側はきれいな赤い漆が塗ってあって中はカレーライスのルーのようなものがこびりついているという状態で出土しているとおっしゃったように漆器ですから、大部分の遺跡では酸性土の中でもうなくなってしまっているんだという反論もできるのかもしれません。けれども、私はこういうものは、たとえ内側にルーが残っていても、むしろ日常の器ではなくて、お祭りのときに限って使ったものだろうと思います。考古学的に、各自がこういう器を持っていたとか、スプーンを持っていたということを言うためには、ほんとうにすごい量の遺物が必要で、日本の場合で言えば、確実に言えるのは、古墳時代の須恵器の坏《つき》であるとか、それが出現する頃に、土師器《はじき》とよんでいる古墳時代の赤焼きの土器で、やはり高坏とか皿や椀の類が猛烈に占めますけれども、そういう具合にならないと、各自が持っていたということは言えないのではないでしょうか。

日本の近くでは、世界でいちばん古く各自の器を持ちはじめたのは中国で、戦国ないし漢代に、そういうものを持ちはじめるわけであります。私は弥生時代の終わりぐらいになって、やっと銘々《めいめい》が器を持つようになったかもしれないと考えております。箸は奈良時代以降、味噌汁は室町から江戸時代、そういう具合に考えてみますと、弥生の人びとは手づかみでご飯を食ておりました。しかも、もしかすると銘々の器ではなくて、共通の器から手づかみでご飯を食べていたかもしれない。それが弥生時代の食事であります。縄文時代に各自がというのは、少なくともお祭りのときだけであって、日常の食事ではなかったろうと思うのですが、その点はいかがですかということを、もうちょっと突っ込んで聞かせていただければと思っております。

石野　山田さんどうでしょうか。

山田　佐原先生のご指摘ですが、ちょっと言葉が足りなかったかもしれません。基本的には、佐原先生のおっしゃるとおりだと私も思っています。

実は話題提供のいちばん最後の部分で、容器の説明をして、その量の問題をお話ししようと思っていたのですけれども、時間の関係で、その部分を省略してしまいました。量の問題については、やはり少ないといえます。それと土製のスプーンを見ても、レジュメのなかに少し書いてありますけれども、いちばん多く出した遺跡というのは、縄文時代の後期の遺跡で、岩手県の小田遺跡です。そこの遺跡のスプーンは、少ない面積を調査したわりには、全部で一五点の出土があります。それがいちばん多い例です。ほかの遺跡を調査しても、まあ多いところで数例ぐらい、せいぜい一点二点という出土ですね。ですから、日常的な生活のなかで、いつもの食習慣になっていたとすると少なすぎると思うのです。ここではシチューのような料理、または液体や粉粒をすくうというようなことが、調理や食事の際のうごきとして考えられるということを言いたかったのです。その場合、もちろん一人ひとりが自分の器を所有している必要はありません。あくまでも日常的な食事の姿を説明したものではないのです。

ちょっと言葉が足りなかったかもしれませんけれども、佐原先生のおっしゃることと矛盾した考えは現在の資料からは生まれてきません。

佐原　わかりました。

石野　山田さん、縄文時代の遺跡で木の椀がいちばんたくさん出ているというと、どれくらいでしょうか。

山田　埼玉県の寿能《じゅのう》遺跡の椀がいちばん多いです。そこでは漆器類として、全部で一〇〇点を超える出土があります。そのなかで椀が四点、あとは鉢とか、そういった類のものがありますが、木製のものでは四点という数字がいちばん多い例ということですね。

石野　どうもありがとうございました。では、金関さんお願いします。

弥生人の渡り鳥信仰

金関　補足としては、弥生の習俗を考えるうえで、重要な中国の古典に出てくる鳥夷の問題があります。

先ほど、鳥取県の稲吉《いなよし》遺跡の土器の絵を解説したときに、その鳥装の習俗はおそらく東南アジアで出土する銅鼓《どうこ》などの鳥装の人びとのそれと関係があるのだろうと申しました。つまり、そういう風俗が稲作文化とともに日本に入ってきたんだろうということをいったわけです。つまり、鳥の姿をよそおった人びとについては、古代中国人もたいへん奇怪な服装だというふうに感じたとみえ、鳥夷という民族の名前であげております。

ただし、あまり確かな文献ではありません。中国でも、もっとも基本となる古典の一つは『尚書《しょうしょ》』です。その『尚書』では兎貢《うこう》の冀《き》州の条、あるいは揚州の条に、鳥夷卉服《きふく》とか鳥夷被服とか、そういった一言があるだけです。しかも、この『尚書』には、実は系統が二つあり、『古文尚書』には「鳥夷」ではなくて「島夷」となっています。一方、『今文尚書』のほうでは鳥夷になっています。

どちらのテキストが正しいかということは、古来、大いに議論されてきました。しかし、今日のところでは、『今文尚書』のほうがおそらく正しいだろうということで、鳥夷のほうがもともと言われていた夷族の名前だろうということであります。

この鳥夷とはなんぞやということにつきましては、中国の古典学者がいくつか解釈を出しています。そのなかで私にとって興味深いのは、『漢書』地理志のなかで、顔師古《がんしこ》という人の注があり、それによれば、「鳥夷というのは、東北の夷であって、鳥獣を捕え、肉を食い、そしてその皮を着るものである。一説では、海島または湾頭に居住し、服装も容姿も鳥を象っている」としています。つまり鳥装の夷族だとする可能性が浮かび上がってきます。

夷というのは、もともと東北の夷族のことですから、要するに中国人が見て、東のほうには、どうも鳥装をしている夷族が住み着いていたらしいことを記録している。そういうふうに考えていたようです。

また、『史記』の殷本紀は、殷の始祖である契《せつ》について、玄鳥（燕）の卵生伝説を伝えています。同じような話が『史記』秦本紀にもあります。「秦の遠祖である帝、瑞頊《せんぎょく》の子孫の女脩が機織りをしていたとき、飛来してきた燕が卵を産み落としていった。女脩はその卵を呑んで身ごもり、大業を生んだ。大業の孫の一人が大廉であり、その子孫の中衍は「鳥身人言」である」という鳥霊説話です。『史記正義』には「鳥身人言とは、体は鳥でよく人の言葉を話す。また、口と手足は鳥に似ている」と説明されています。同じく『史記』の趙世家には、晋の景公が病にかかったときにその原因を占い、祖先の大業以来の祭りをないがしろにしたせいであることを知ったという話があります。この話に登場する祖先の一人の中衍はまた、「人面鳥嘴（くちばし）」だと書かれています。中衍の一族は、鳥装で祖先祭りを司った祭司だっただろうと考えられます。春秋時代のころに、純銅に近い材質の祭器があり、祭りの情景と見られる線刻の絵で飾られています。これなども鳥夷の遺物であるかもしれません。

もう少し新しい文献ということになりますと、実は戦国時代に書かれました『墨子』の一挿話をあげたいと思います。『墨子』のなかに、秦の穆公《ぼっこう》のお話があります。兵馬俑で有名な秦の始皇帝の秦の祖先の一人です。一説では秦の穆公ではなくて、鄭《てい》の穆公だという説もあります。けれども、孫詒譲《そんいじょう》などが考証して、どうも秦の穆公だろうということになりました。

この穆公がある日、ご先祖の廟にお参りしておりますとバタバタと羽音がして、非常に奇怪なものが入ってきた。なんだろうと思って見ますと、人間の顔をして、しかも鳥の格好をした、人面鳥身の神様が入ってきた。白い衣服に黒い縁取りのあるものを着ています。穆公はたいへん恐れて逃げようとしますと、その神様がおっしゃるには、「恐れることはない。おまえは非常に徳のある天子だから、おまえに齢一八歳を延命するように天帝から命令されて、自分がそれを告げにやってきた」ということです。そこで穆公が畏れかしこんで、「神様のお名前はなんとおっしゃいますか」と問いますと、余は句芒《こうぼう》であると名のりました。その話から、句芒という神様が、人面鳥身の神様であるということが浮かび上がってくるわけです。その句芒は少皞《しょうこう》の子でありその子孫のいるのが郯《たん》という国です。その国では、やはり少皞の末だということから、自分の国の官名をすべて鳥の名前でよんでおります。たとえば、人事を司る官は、鳳鳥氏とよんでいるということです。このことを聞いた孔子は、いまや東方の夷族のほうに、そういうりっぱな習俗がよく保たれていると感心した話もあります。

この郯という国は、いまの山東省の南のほうにありました。江蘇省との境のところにあったという国です。だいたいあのあたりの海岸近くに少皞、おそらくは鳥をトーテムとする夷族が住んでいたらしいことが、おぼろげながら浮かび上がってきます。

私は、やはり日本に鳥霊崇拝を伝えてきたのは、ずっと南シナ海の沿岸から、そういう習俗を稀には古典に遺しながら北上してきた民族であろうと考えております。

石野　午前中のお話のときに、なぜ鳥かということについて、春になると渡り鳥がやってくると春であり、そうしていろいろ芽生えてくるというふうなことをおっしゃったと思うのですけれども、いまのお話ですと、そういうこととは別に、中国南部から日本列島に鳥人というか、鳥装の風習をもった人がやってきたとお考えなのでしょうか。

金関　中国沿岸に分布している人びとの基本的な信仰が、渡り鳥信仰だろうと思います。しかし、緯度が下れば四季感に乏しい。ですから、弥生の人びとが渡り鳥からヒントを得て自分たちだけでそういう習俗をつくったのではなくて、そういう鳥霊信仰の伝承をもった人たちがやってきて、弥生の文化要素として定着させたと考えていいと思います。

ところで一つ質問があります。私は縄文に暗いのですが、弥生の場合には、たとえば大阪府の池上遺跡のように、鳥形木製品が、いくつか出ていますけれども、縄文のほうで、そういう鳥を象った遺物がありましたら山田先生、お教えいただきたいのですが。

山田　縄文時代の遺跡から、鳥を象った木製の遺物というのは、いまのところまったく出ていない状態です。ほかのたとえば土製や石で作ったというようなものも、私の知っている限りではないと思います。中部高地の縄文土器のモチーフやミミズク土偶などに鳥らしいものの表現があることはあります。少し話は異なるかもしれませんが、縄文時代の墓標と考えられる遺物が岩手県の萪内《しだない》遺跡と石川県の真脇《まわき》遺跡から出土しています。

石野　どうもありがとうございました。では山田さんどうぞつづいてお願いします。

弓矢の改良と狩猟

山田　先ほど二つばかり言い残したことがあったので、それを補足させていただきます。

容器のことについては、佐原先生のご質問と関連してお答えしたので、これは触れないで、弓の話を以前に書いたことがあったので、そのことをちょっとお話ししてみたいと思います。

興味深い事実として弭《ゆはず》（弓筈）の部分の格好が、縄文時代のものと弥生時代のものとで異なるということがわかりはじめました。弓の全体の形を見ただけならば、上のほうが真っ直ぐ伸びて長くなって、下のほうが少し湾曲して短くなるということで、縄文時代のものと弥生時代のものとは変わっていないのです。佐賀県の菜畑《なばたけ》遺跡で出てきたような弩《ど》と言われるような、横に使って、左右の長さが同じような弓というのは、日本ではそのままつづかないで、縄文時代と同じような形をしたものを、使っていたらしいのです。しかし、縄文時代の弓の弭は、瘤を作ったり、刻みを全周まわらせて作ったりして、この部分に弦を縛りつけて張る（図37）、そういう弓が縄文時代のものであったらしいのです。

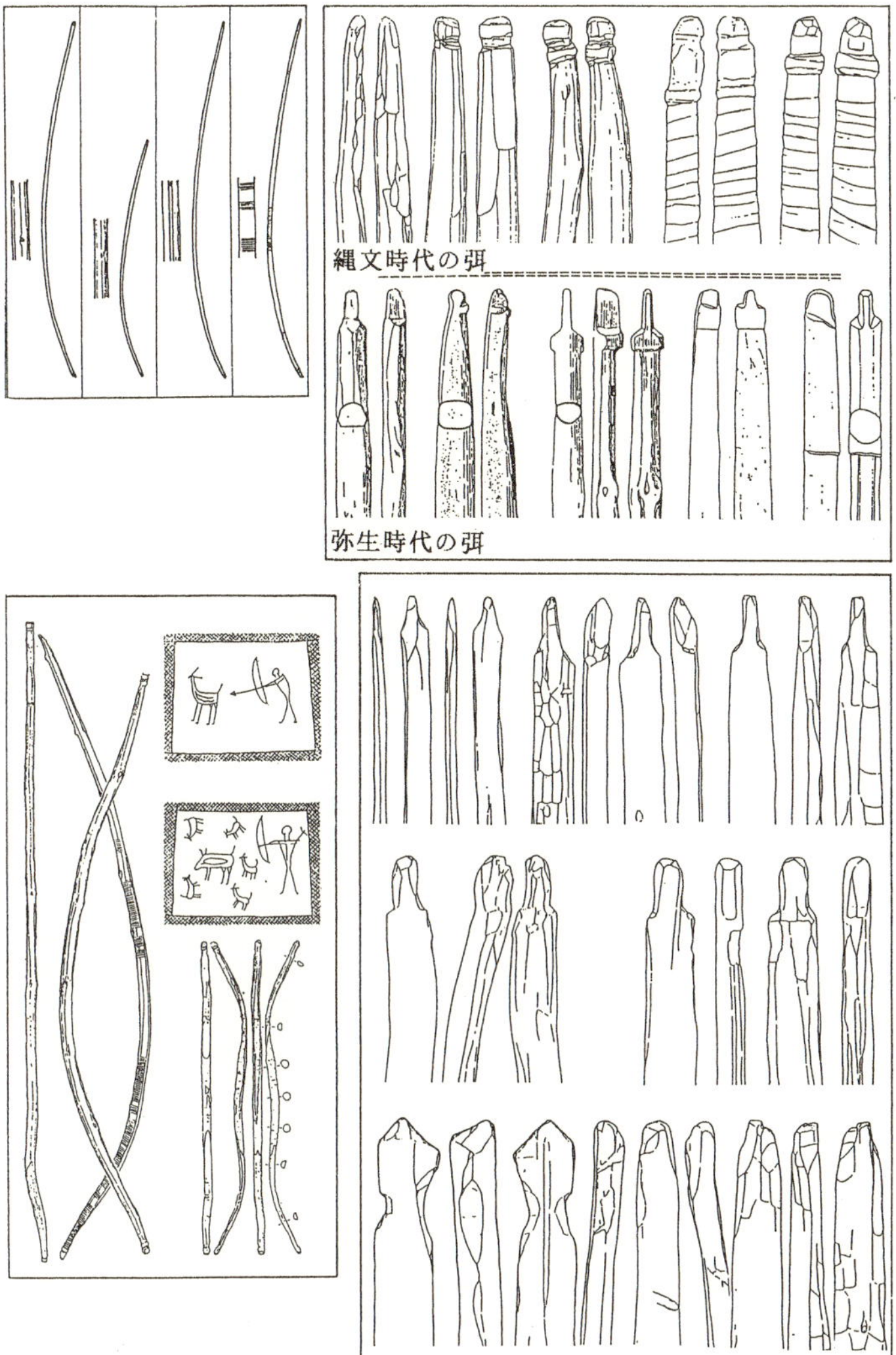

図 37　縄文・弥生時代の弓

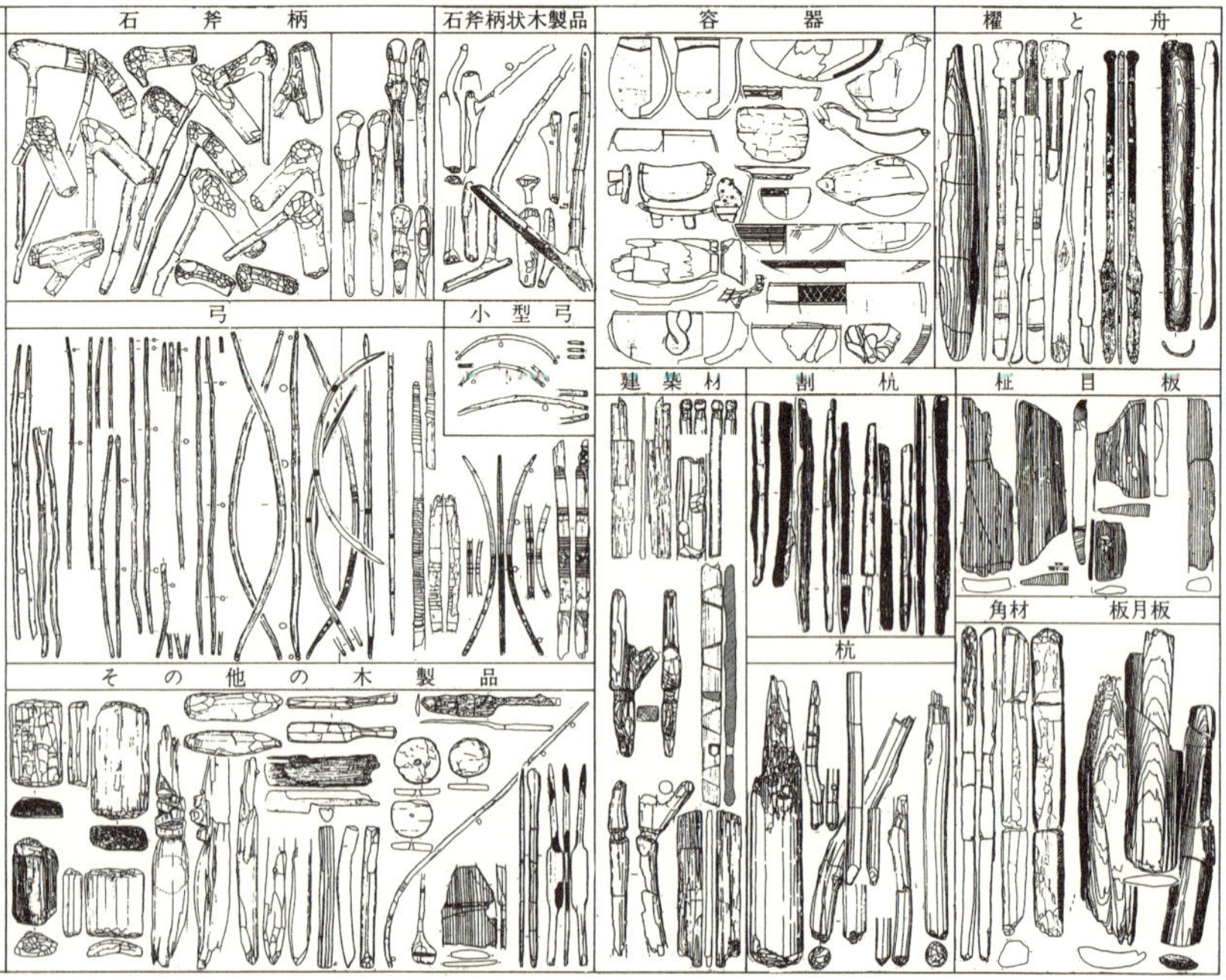

図38　縄文時代の木製品

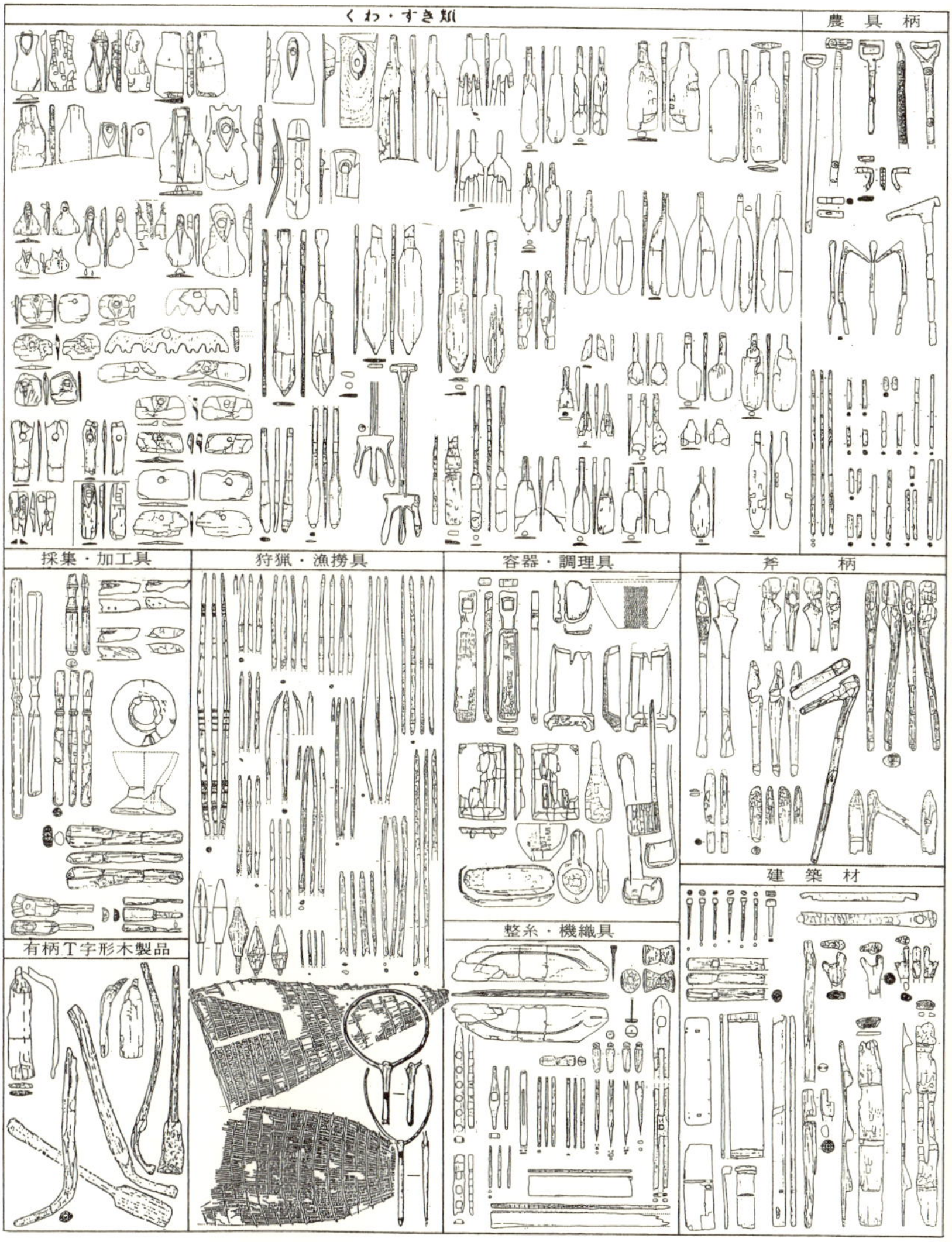

図 39　弥生時代の木製品

重要なことは弥生時代の弭は、両側の部分から端を削り出して凸部を作って、そこに弦の端の輪の部分をかけて、いまの弓と同じように弦を張る、そういうことがわかってきました。弓を曲げて縛って張るのと、糸の輪を作って端の部分をかけるのとの差があらわれています。弥生時代の弓のほうが張りが強いものができるのではないかと思います。

二年ほど前に、大阪大学の大学院生の松木武彦さんだったと思いますが、同じような論文を発表されていて、くわしく述べておられます。縄文時代と弥生時代の弓の違いや、また武器としての矢とどうかかわるかははっきりとは言えませんが、弓の強度が高められている。そういうことが、この縄文の弓、弥生の弓の違いで言えるのではないかと思います。

次に、寺沢さんの発表と関連してですが、縄文時代の木製品のヨコヅチについてです。図38の左下、その他の木製品の真ん中の上のほうにありますが、私が大学院生の頃に調査に参加した岩手県の萪内遺跡の縄文時代後期の例です。最近では、福井県の鳥浜《とりはま》貝塚で縄文時代前期の例も出てきています。ヨコヅチは、やはり叩いて植物繊維をつぶしたり、そういったことに使われるのではないかなと思います。この時代のヨコヅチの主用途は弥生時代のもののように布を編むとか、イネのワラを叩くとか、そういう仕事ではないとは思うのですが、縄文時代という名前のとおり、ナワがあって、しかも縄文時代の草創期といわれる時期、いまから一万年ぐらい前の多縄文の時期に、そういう繊維を縒《よ》って縄を作ることがおこなわれています。この作業に、ヨコヅチのような道具がやはり使われているのではないでしょうか。

植物の繊維をつぶして縄にするには、水に晒《さら》さなければいけないといいますが、そういう仕事があって、それが縄文時代を通してもおこなわれていたのではないかということが想像されます。こういった技術は、堅果類のアク抜きなどともからんで、これはたまたま縄の部分の繊維をならす技術の一部ですが、そういうことを縄文人が古い段階から知っていて、それを堅果類の調理に応用していったというようなことも考えられます。水晒しの技術は、かなり古くからあるのではないかと思うのです。

石野 どうもありがとうございました。弓の話が出ましたが、会場に大阪のIさんがおられます。Iさんはイヌをはじめ動物がご専門で、関連して弓のことで、いまのお話に関連してなにかございましたら……

I 私は狩猟文化のほうを多少かじっているものですが、朝からいろいろとご講演を承りまして、疑問な点がいくつかございますので、五つほど諸先生にうかがいたいと思います。

まず藤田さんに。私は昨年、四八年ぶりに唐古・鍵遺跡を見学に行きまして、そのときにイノシシの骨など、たくさんの出土遺物を見せていただきました。第三次調査でイノシシの下顎一四体分が棒に吊した状態で出土し、第一三次調査では下顎七体分が集積されていたということですが、これらの多数のイノシシの下顎は祭祀に使われたものでしょうか、また、動物性タンパク質の確保のために、あくる年の豊猟を祈念して祀られたものか、イノシシの出る獣害というものについては、山岳部とかなり離れておりますので、その心配はないと思うのですが、その点を藤田さんにうかがいたい。

次に寺沢さんに。稲作と植物食ということについて、図40の植物食のカレンダーにヒョウタンというのが載っておりますが、私、十数年前に、ヒョウタンは北ではどの辺りまで育成するかと思って、北海道の友達に種を送りましたら、旭川までは二リットル入るヒョウタンができました。私は、北朝鮮からシベリア、北満にも長くいましたが、朝鮮のほうではパカチと言って、ヒョウタンを食器などに使っており、北満のほうでも容器に使っていました。食べていた例は、ほとんど見たことがありません。先々月、京都で、名古屋の渡辺誠君ともいろいろ話してましたら、ヒョウタンは絶対に食品にはならない、その当時のヒョウタンは食品になるヒョウタンとは違うと、はっきりそういうことを言われました。ですから、ヒョウタンが植物食であったのかどうか、おたずねしたい。

次に、木器の製作について、山田さんにうかがいたいのですが、矢はどんなものが使われたか、残存しているものは少ないと思うのですが、矢羽は、飛翔距離と命中率のいちばん大きなカギになっています。矢になにもつけずに飛ばすと、もうどこへ飛んでいくかわかりません。風によっては浮いてしまったり、命中率が半減してしまいますので、羽のついているものが発見されたり発表されていましたら、教えていただきたい。

また、イネはどこから来たのかということで、日本周辺で、来るべくして来るところの出土地点ということについてお教え願いたい。

次に佐原先生にですが……　弥生の戦乱ついて、私はだいたい本来はイヌが好きで、イヌの骨ばかりを何十年も調べていますが、たまたま大阪府の亀井《かめい》遺跡で出土したイヌの骨は、西日本でいちばん大きい部類としては、いちばん古いものでした。これまでの小さいイヌから見れば、おおぶりのイヌが入ったということは、なにか違った新しい部族が移動してきたのではないかと思われるのです。また、大阪府の山賀《やまが》遺跡からは、鏃が五本か六本射込まれた遺体が出ています。ちょうど時代的にも、前後するものではないかと思うのですが、それと戦乱ということについてのかかわり合いとか、なにかわかっておりましたら教えていただきたい。

石野　思わぬご質問をいただきました。順番にお答えいただけたらと思います。それではまず藤田さんどうぞ。

藤田　ちょうど唐古・鍵遺跡の説明で、動物のことがちょっと抜けていましたので、この機会につけ加えさせていただきます。

唐古・鍵遺跡からは、大型動物の骨がたくさん出てきています。とくに弥生時代の前期から中期までがたいへん多いです。大型のシカやイノシシ、あるいはタヌキ、スッポンなどいろいろな骨が出土していますが、なかでもイノシシをたくさん獲っているようです。シカのほうは少ないのではないかと思います。

イノシシの下顎が集められた状態で出土するというのは、まったく特異な例で、普通はイノシシの下顎が半分に割れたり、あるいはもっと断片になって、溝のなかとか、あるいは穴のなかから出てくるのが一般的な骨の出土の状態です。したがって、まとまって出土する例については、特別な解釈が必要なのだろうと思います。考えられる一つとしては、イノシシの狩猟に対する豊猟を願うための犠牲獣で、そのような祭りの場に使われたイノシシではなかろうかと思います。

利用価値の高かったヒョウタン

寺沢　ヒョウタンについてのお尋ねですが、ヒョウタンについては、いま山田さんにもちょっとうかがいましたが、鳥浜貝塚では、縄文時代早期までさかのぼるということです。容器としてヒョウタンを使っただろうというご指摘ですが、私も基本的に、ヒョウタンは容器に使うほうが利用価値は高かっただろうと思っています。

ただ、はたして全部が容器なのかというと、ヒョウタンというのはいろいろな種類がありまして、鑑定でも非常に難しいようです。ヒョウタンの仲間を一括して、ヒョウタン仲間とよんでいるわけですが、弥生時代の遺跡を掘ると、非常に大量のヒョウタンの種子が出てきます。それにくらべて、ヒョウタンの容器は、どれだけ出てるかということを見ますと、それほど大量に出てきません。先ほどの銘々器の話にも関連してきますが、それにとって代わるような形で出ているかというと、そうでもない。

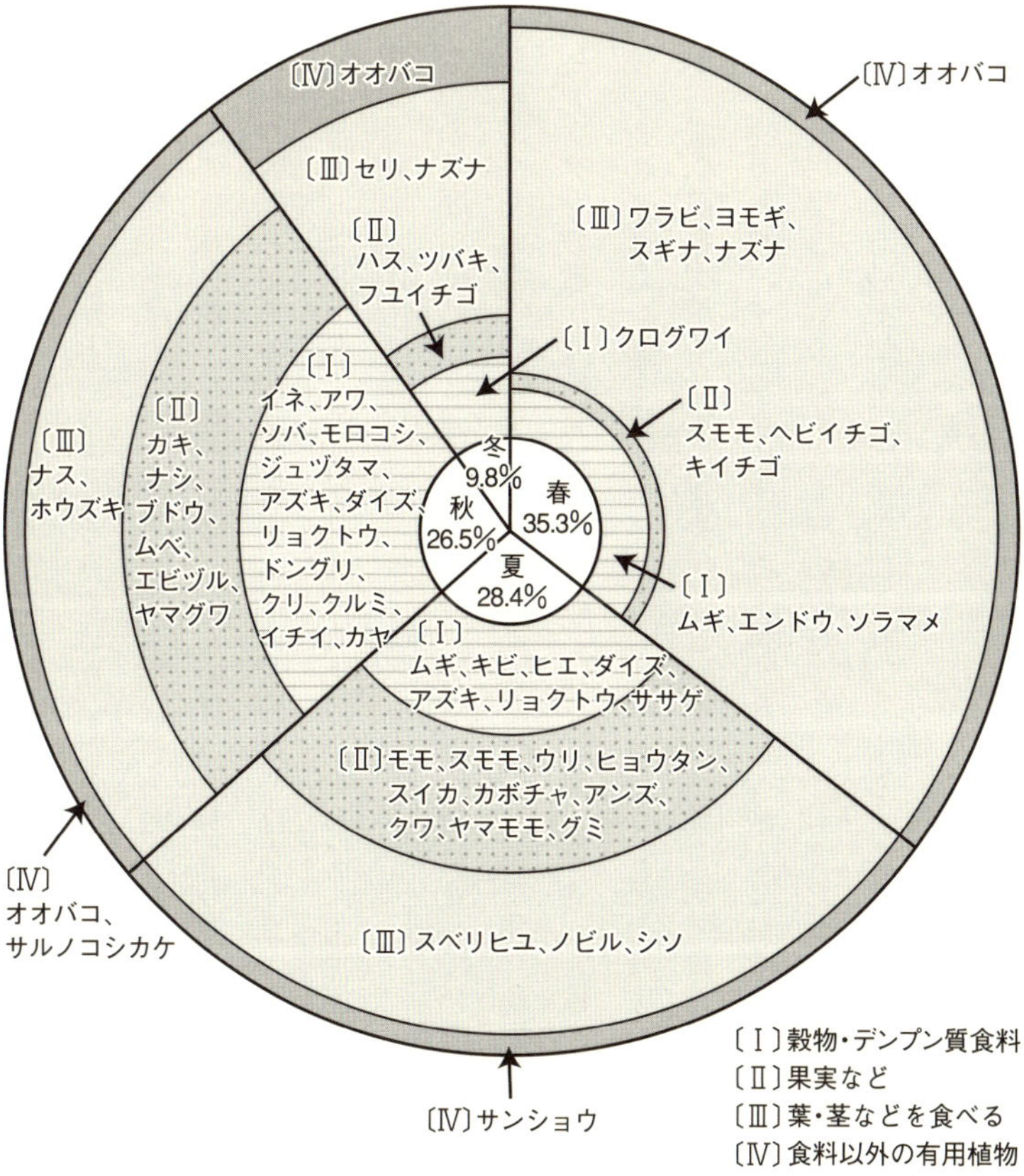
〔Ⅳ〕オオバコ
〔Ⅲ〕セリ、ナズナ
〔Ⅱ〕
ハス、ツバキ、
フユイチゴ
〔Ⅳ〕オオバコ
〔Ⅲ〕ワラビ、ヨモギ、
スギナ、ナズナ
〔Ⅰ〕クログワイ
〔Ⅱ〕
スモモ、ヘビイチゴ、
キイチゴ
〔Ⅰ〕
ムギ、エンドウ、ソラマメ
冬
9.8%
春
35.3%
秋
26.5%
夏
28.4%
〔Ⅰ〕
イネ、アワ、
ソバ、モロコシ、
ジュヅタマ、
アズキ、ダイズ、
リョクトウ、
ドングリ、
クリ、クルミ、
イチイ、カヤ
〔Ⅱ〕
カキ、
ナシ、
ブドウ、
ムベ、
エビヅル、
ヤマグワ
〔Ⅲ〕
ナス、
ホウズキ
〔Ⅰ〕
ムギ、キビ、ヒエ、ダイズ、
アズキ、リョクトウ、ササゲ
〔Ⅱ〕モモ、スモモ、ウリ、ヒョウタン、
スイカ、カボチャ、アンズ、
クワ、ヤマモモ、グミ
〔Ⅳ〕
オオバコ、
サルノコシカケ
〔Ⅲ〕スベリヒユ、ノビル、シソ
〔Ⅳ〕サンショウ
〔Ⅰ〕穀物・デンプン質食料
〔Ⅱ〕果実など
〔Ⅲ〕葉・茎などを食べる
〔Ⅳ〕食料以外の有用植物

図 40　弥生人の植物食収穫・採集カレンダー

ですから、ヒョウタンを容器に使ったということは、間違いないとは思いますけれども、では食用にならなかったかというと、そうではないだろうと思います。どういう種類か問題があるとしても、熱処理をすれば、じゅうぶん食用に供されるわけで、江戸時代ないし明治時代に救荒食物としてヒョウタンを利用しているということからも考えられるわけです。

ですから、容器としての用途を否定しているわけではなくて、容器として利用することも多いと思いますが、当然食料になっていたであろうということも考えられます。

石野　山田さんいかがですか。

山田　二つの質問の前に、ヒョウタンについて、少し補足させていただきたいと思います。

いまからだいたい六〇〇〇年くらい前の縄文時代前期例です。鳥浜貝塚から出土した遺物のなかにヒョウタンの殻に穴を開けて、容器というには、ちょっと難しいのですが、なにか道具として使ったのではないかと思われるような実例は確かにあります。

それから慶応義塾大学の鈴木公雄先生のご好意で実見させていただいた千葉県の多古田《たこだ》遺跡の出土例があります。そこから出土した木製の杓子の形がヒョウタンとそっくりなんです。ヒョウタンを縦に半分に割ったような形の容器です。これでたぶん水をすくったり、粉をすくったり、いろいろなものをすくって土器に入れたりするようなものだと思うのですが、その形がヒョウタンを模した形をしている。

ただ、すくうだけだったら、丸い部分だけを作ればいいものを、そうではなく上にのびた部分の形も模しているのです。ですから、こういったものの作られる背景には、ヒョウタンを使った容器も当然あったと思います。ただし、ヒョウタンを食べてはいないかというと、それについては、いまのところ、弥生人になってみないとわからないです。また種子を食べるのか果皮を食べるのかという問題もどうでしょうか。ちょっとわからないですね。

今後種子がどういう出土状態で出てくるかという、そういったことを考える必要があるかもしれません。

次に矢柄についての問題ですが、これもはっきりとお答えできるといいのですが、羽の部分の実例はまだ出土していません。鏃に矢柄の先端がついて残っている例は二例ほどありますが、矢を安定させて飛ばすための羽の部分というのは、いまのところ出土していません。羽を切るのかそのままつけるのかという問題もあります。

イネの出土例については、私よりも佐原先生のほうが詳しいと思いますが、中国大陸や朝鮮半島にもイネの出土例はあります。朝鮮半島の欣岩里遺跡や松菊里遺跡出土のイネには、どうやら家畜は伴っていないらしいのです。朝鮮半島は農耕技術が伝えられた地点だと考えられています。朝鮮半島南部の稲作文化は弥生文化とほぼ同じようなものであるといえそうです。

石野　佐原さんお願いします。

佐原　私自身に尋ねられましたイヌの問題は、ぜんぜんわかりませんのでお手あげです。大きなイヌと戦争の話というのは、いままで考えたことがありません。ですから、ほかの方への質問に対して、ちょっと言わせていただきます。

まずヒョウタンですが、大阪市立大学の粉川昭平先生には、遺跡から出てきた植物の種子を見ていただいています。先生によりますと、東南アジアのヒョウタンは食べられて、カレーに入れるそうですが、日本のヒョウタンは食べられないということを非常に強調されています。

ただし、彼の強調する根拠は、彼自身が何回か食べてみる実験をやりまして、そのたびに非常にひどいダメージを受けたということです。ただし、だからと言って、食べられないという証拠にはなりません、縄文人と同じ食べ方をしたかどうかはわかりませんから。とにかく東南アジアに分布している品種は、現在でも食べられるそうであります。

それから、縄文・弥生時代のヒョウタンとして、出土して知られているものは、われわれが千成瓢簞《せんなりびょうたん》で思い浮かべるようなものではなくて、くびれが一端のほうに偏っていて、二つの円を連ねたような形のものではないということは確実であります。そして弥生時代の出土例ですと、島根県の西川津《にしかわつ》というところで、いくつかのヒョウタン容器が出ておりまして、そのなかの一つは、それに黒い色で木の葉模様をつけたりした、非常にきれいなデザインのものです。

それから矢羽ですが、弥生時代には確実に矢羽があったことが、銅鐸の絵と土器の絵からわかります。瓜生堂の土器に一例、もう一例は辰馬考古資料館にある銅鐸にありまして、その矢羽の形は普通われわれが知っている矢羽の形とちょっと違います（図41）。瓜生堂遺跡の土器の絵は、発掘した人びとがイノブタとあだ名をつけた、非常に太った獣に矢が刺さっているのですが、いずれにしても、矢というと、われわれは尖った形の矢羽を想像しますが、これは一枚の羽を使ったというような格好なんですよね。土器の絵も銅鐸の絵も両方ともお互いに知らない人が描いたと思いますから、弥生の矢羽の実情に近いと思います。

石野　どうもありがとうございました。

　Iさん、弥生のわずかにわかる矢羽の例が、葉っぱのような形をしてる。ああいう形からなにが考えられるかということなんですが、いかがでしょうか。

I　銅鐸の絵を見てみますと、矢を打ってる角度が、ほとんど上からとか、上前方から打っている図柄が多い。それからまた有名な四国の大橋蔵銅鐸を見ますと、五頭のイヌで周囲から取り巻いて、獲物を足止めをして打った。それから日本犬が出現するもっとも早い時期に、神奈川県の夏島遺跡からはシカの骨が出ておりません。あのときにはイヌが関東のほうにあまり普及していなかったので、足の早いシカが獲りにくかったと思います。イ

瓜生堂遺跡出土土器の絵

辰馬考古資料館所蔵袈裟襷文銅鐸の絵

図 41　矢羽のついた矢

ノシシなんかだったら、現在の柴犬級のイヌ五頭ぐらいが包囲して獲ったので、各地の遺跡から、いま何十もの埋蔵犬骨が出ております。名古屋市の大曲輪《おおぐるわ》遺跡から腹の上にイヌを抱いたようなポーズで埋められていた人骨が出ていますが、その犬は狩人の身代わりになろうとして一緒に死んだのかもしれません。そういうふうにイヌが重要視されたのです。

その前に、毎日の生活、毎日と言っても秋・冬のあいだですが、その限られた季節に、動物性タンパク質の摂取ということが、いかに重大だったかという当時の弥生・縄文の生活の実態を物語っているものではないかと、この絵から見ても、私はそういうふうに感じております。

石野　では、補足に戻ります。寺沢さんお願いします。

いつもはお粥を食べていた……

寺沢　先ほどの銘々器の話と関連して、私も銘々器といえるものは、やはり五世紀段階だろうと思います。佐原先生は須恵器をあげられましたけれども、須恵器が銘々器かどうかは、私はちょっと自信がありません。むしろそれに伴う土師器の坏が五世紀ぐらいから出てきます。あれがおそらく銘々器として、日本で成立するはじめではないかと思います。

ただ一つだけ、佐原先生のお話のなかで、スプーンも容器も少ないから手で食べただろうということなんですけれども、手で食べるような状態のコメであったかどうかというのは非常に疑問です。いまのような軟らかいご飯の状態であるか、蒸したオコワの状態にしなければ、おそらく手で食べられないでしょう。それだけのコメを常食しようとしたら、おそらく弥生人は三カ月くらいで主食を失ってしまうのではないだろうかと思います。計画的にデンプン質のもの、コメを食べていこうとすると、やはり粥状にするか、しかも、粥でもコメだけの粥がほんとうに食べられたかどうかというのは、これも非常に疑問です。

糅飯《かてめし》というのがあって、ご飯にいろいろなものを入れます。ドングリを入れたり、あるいはイモを入れたり、いわゆる混ぜご飯みたいなものですけれども、そういうものの、さらに粥状のものというのが、日常的に食べるものであっただろうと思うわけです。そうすると逆に、今度はスプーンと器がないではないかということになりますが、スプーンのようなものを想定するのか、あるいは遺跡のなかでスプーンとか箸とか、われわれがそう認識できる形態のもので食べていたのか、それとも葉や木や竹をごく簡単に細工したような、もっとちゃちなもので食べていたのかというようなこともあります。とにかく、とても手で食べられるような状態ではなかったろうと思います。

実際に弥生時代に甑《こしき》でコメを炊いてるという風景が、博物館などでよく展示してありますが、あれはやはり普遍的なものではないでしょう。弥生時代の遺跡を掘りますと、甕に真っ黒に煤がついていたり、なかにコメがこびりついて出てくる例が、非常に多いですけれども、それは蒸しているのではなくて煮沸しているわけです。ですから、煮て食べるというのが、弥生時代の一般的なコメの食べ方だと思います。
もし手で食べられるというようなことがあるとすれば、蒸して食べるということがあったんだろうと思いますが、それはきっと祭りのときぐらいではないだろうかというのが私の考えです。

石野　これについて、佐原さんは二言も三言もあるのではないかと思うのですが、どうぞ。

〝すくう〟食文化

佐原　いまおっしゃった蒸して食べる話は、私も同じ意見でありまして、むしろ日本の食の歴史の本を読みますと、たいがいは昔は蒸して食べていたと書いてあるわけです。それは弥生時代から古墳時代、奈良時代、平安時代ころまでずっと蒸して食べていたと書いてあります。しかし、それはおそらく寺沢さんが言ったとおり、お祭りのときに蒸して食べるということです。コメを蒸す機会というと、お酒をつくるときに蒸さなきゃいかん。これはお祭りのときにお酒をつくるわけですね。いまでいえばお赤飯、それからお餅、こういうときに蒸すわけですね。だから、こういうときにおそらく蒸していたので、そのとき以外は、直接煮て食べていたんでしょう。これはかなり確実だということが断言できるのは、現在では、遺跡から出てきた土器を、すべて器の種類ごとに数を数えていくということをしますから、そうやっていきますと、蒸すための甑《こしき》といったものは、確実には五世紀以後に現われておりますけれども、西日本ではそれに何十倍もする直接煮た鍋が出てくるわけです。

そういうことからいって、弥生時代だけではなくて、日本の古い、弥生時代以来の古代のご飯の食べ方というのは直接煮るということです。そうすると山上憶良の「貧窮問答歌」のなかに、甑に蜘蛛の巣が張って、ご飯が食べられない話が出てきますが、あれは祭りにも餅は食べられないと、そういうようなことをいっているんではないかと思っています。

それから、とても手でもって食べるような状態ではないというのは、これはあくまでも現代人としての寺沢さんの発言で、われわれは手で食事をするということは、ほとんど知らないわけですね。

以前、テレビでおもしろい光景を見ました。ネパールから日本にお豆腐を作る勉強をしにきている人がいるんです。おもしろいのは、ネパールの人はお風呂に入らないんですね。水に入るんです。水で体を拭う。そうすると微温湯《ぬるまゆ》を背中にかけても飛び上がるんです、熱くて。ところが、彼がお豆腐作りのところで、熱いものは平気で持つわけです。考えてみると、私の娘はオニギリは握れないです、熱くて。私の奥さんはちゃんと握ります。ところが、私の奥さんは、熱い鍋を持てないんです。私が覚えているのは、私のばあさんは熱いのを平気で持ってましたよね。だから、どういうことかというと、われわれは手を過保護にしたために、手というものが熱い物を持てなくなったわけで、私は弥生人の段階は、かなり熱くても平気で手を使って食べていたんだろうと思います。弥生人になりきって、そういう具合に考えております。

石野　では最後に、藤田さん……

藤田　寺沢さんがスプーンについて話されたので、それに関して唐古・鍵例から補足させていただきます。

唐古・鍵遺跡では木製品がたくさん出てきますが、スプーンは一〇例ほどで大変少ないです。その多くが、完全な形で出てきています。そのなかで特徴的な出土をしてるものが四例あり、うち二例は井戸に投棄されているもの。また、他の二例は祭りの場で使ったものだろうと思われるものです。祭りで使われたと思われるスプーンは籾殻や炭化米、甕、農耕具などと一緒に出土していて、おそらく農耕に関連する祭りの場で使われ、また、井戸に投棄されているものは「水」の祭りに使われた可能性があると思われます。

次に動物食料の話ですが、大型のイノシシなどの骨がたくさん出てくるわけですけれども、弥生後期以降になると、そういう動物の骨というのは極端に減少してきます。おそらく弥生時代前期から中期の終わりぐらいまでは、イノシシを主食とまではいかなくても、かなりのウエートを占める割合で食べていただろうと思います。また、大型動物とともに細かい骨も出土して、魚の骨やスッポン類のような小動物の骨などがたくさん出てきています。そのような魚類・両生類も、かなりウエートを占めていたのではないでしょうか。

ちょっと話はそれますが、現在、唐古・鍵遺跡という弥生時代のムラを発掘しています。ムラには大きな環濠がめぐらされており、その土木量というのは、かなり大きな仕事量でありま す。それを概算で計算してみましたが、唐古・鍵のムラで、いちばん内側の濠を径四〇〇メートルとして、幅五メートル、深さ二メートルの濠としますと、約九〇〇〇立方メートルになります。それがいちばん内側の濠でありますから、それをさらに二重、三重と大きく掘っていて、かなりの土木工事というのをやっているわけです。

そういう土木工事も、おそらく弥生時代のなかの仕事としては、かなりのウエートを占めていたのではないだろうかというのを、付け加えさせていただきます。

石野 討議に入って、一時間ほどたってしまいました。先ほど佐原さんから、弥生人になりかわって発言がありました。実は、これから後半は、壇上の諸先生方も、会場の皆さんも、みんな弥生人になっていただこうと思います。

と言いますのは、弥生人になっていただいて、弥生人は四季おりおり、春夏秋冬なにをしていたのか、少しでもイメージを出していただこうと思います。これを仕掛けましたのは、このシンポジウムを企画した橿原考古学研究所の橋本裕行君です。最後に弥生時代の春夏秋冬を描き出して欲しいというのが橋本君の注文です。描き出そうとしますと、わからないことだらけです。わからないことを描こうとすると、これは弥生人にならなければいけないという趣旨であります。

弥生人の春・田植え

石野　では、まずは弥生人になるための儀式をやりましょう。これから春夏秋冬の歌を皆さんと一緒に歌いたいと思います。
まず「朧月夜《おぼろづきよ》」を歌いましょう。これを歌うと、弥生人の春に行けることになっております。

〔春〕朧月夜

一　菜の花畠に　入日薄れ
　　見わたす山の端　霞ふかし
　　春風そよふく　空を見れば
　　夕月かかりて　におい淡し

二　里わの火影も　森の色も
　　田中の小路《こみち》を　たどる人も
　　蛙《かわず》の鳴くねも　かねの音も
　　さながら霞める　朧月夜

（高野辰之作詞）

これで皆さんは弥生人であります。

弥生人の春というのは、いったい何をやっていたのでしょうか。歌のなかでも、「田中の小路」をたどった、あるいは「蛙の鳴くね」が聞こえてきたというのがありますが、金関さん、弥生人としてどうでしょうか。

金関 田中の小路はどうか知りませんけれども、カネの音はたぶん聞こえたであろうと思います。つまり銅鐸を鳴らす音です。この音はやはり春の収穫を祈る祭りには欠かせない音でした。ただカネだけではなくて、あるいはほかの楽器、たとえば弥生時代の遺跡からは、琴とか笛とかが出ていますけれども、そういうもので伴奏して、弥生人も「菜の花畠に……」と歌いながら暮らしていたのではないかと思っております。

佐原 おそらく弥生時代には菜の花はなかったですね。最近わかったことをひとつご紹介しますと、菜の花、これは菜種油の菜の花でしょう。菜種油を使うようになるのは、中世末か近世といわれていましたが、実は脂肪酸の分析という研究方法がありまして、奈良・平城京のランプには、菜種油が使われていたことがわかったのです。だから奈良時代には菜種はあるけれども、菜種というのは菜種科植物、ダイコンも奈良時代にはあるけれども、弥生時代にはあるんですかね。ちょっと寺沢弥生人……

寺沢 確か油菜科というのだと思いますが、種子では出ていません。

石野 真面目な弥生人が出てきて、脂肪酸の話になりました。

佐原　いやいや、もう少し突っ込みたいところです。

全体の景観として、百年かそこら前の農村の基本的な風景は、田圃《たんぼ》や畑がザーッと広がっていて、鎮守の森があるというものでした。つまり、田畑のほうが広い。その森と田畑の割合なんかはどのくらいのものですか。とくに奈良盆地ではどうでしょうか。

石野　大和郡山市に奈良県立の民俗博物館があります。そこで民俗学をやっておられる浦西勉さんに、これから弥生時代の春夏秋冬をイメージしていくために少し話をしていただきます。現在の民俗慣行、年中行事ですね。そういうことを、それぞれ五分ほど簡単にご紹介いただいて、それがはたして弥生の時期でどうだったのかということで進めていけたらと思います。

大和の現行の年中行事

浦西　民俗学というのは、現在に残っている民間伝承とか、あるいは庶民が使っていた道具などによって、過去を復原します。どれだけ弥生の四季と関連することをお話しできるかどうかわかりませんが、現在残っている年中行事を紹介しながら、弥生の時代を想像していただけたらと思います。

奈良県内の民俗調査をする場合、お百姓さんの話を聞く機会が多いのですが、その時にいちばん強く感じさせられる一つは、そのお百姓さんが四季、つまり春夏秋冬という感覚をきわめて強く意識しているということであります。それはなにも現在の農民だけに限らずに、江戸時代の農業の書物などを見ますと、そのいちばん根幹をなすのは、四季なのです。

たとえば、『百姓伝記』という書物では、「田耕作集」というのが本文のずっと後ろの巻九に出ていますが、巻一に「四季集」が、まずトップにきています。ですから四季というものは、百姓にとっては、いちばん重要なものであるというのは当然のことで、同時に、もう一つ、江戸時代に普及した暦というのも、これは四季を知るためにかけがえのない庶民の手がかりでした。それが今日の農民たちの知恵となり、四季を知る手がかりになります。

これらは、いますぐに弥生時代と結びつくとは思いませんが、今日の農民たちがもっている知識として共通する「四季」に対する意識があったのは確かです。先ほど申しました『百姓伝記』などの書物や暦などにまとめられる以前があったのです。古い時代には書物のように文章化される知識が少なく、多くは経験による四季を知る方法があり、そういった今日風習として残っているものが弥生の四季を考える時に大切なのでしょう。

それは自然のなかに生える草花であったり、その季節に訪れてくる野鳥であったり、動物であったり、あるいは星や月や太陽というものに関してであり、大和（奈良県）の農民たちは、それらにかかわる伝承を根強くもっています。たとえば、現在残っている風習のなかで、田植え始めのころにクリの花が咲きますが、季節のめじるしとしてこのクリの花を水口《みなぐち》に立てるとか、あるいは籾播きのときに、ネバツツジというのでしょうか、それを水口に立てる風習などがあります。これはとりも直さず、自然のなかの植物の生態（開花）によって四季を知るという一つの手がかりであっただろうと想像されます。このような風習が大和に残っています。農民たちは自然を知る手がかりとして、そういう植物や動物、あるいは太陽・星、あるいは月などの自然による知識や、あるいは暦や農書といわれている知識書に基づいて、それぞれ田植えをしたりイネ刈りをしていたようです。

奈良県の東山中、山添村というところがありますけれども、山添村の一農民の勝治郎という人が、弘化五年（一八四八）から明治五年（一八七二）までの暦のなかに、田植えの始まるとき、あるいは田植え終わりの日というのを、記録しています。それを見ますと、弘化五年、この年の田植え始めは四月二五日、田植えじまいが五月六日、弘化五年は嘉永元年ですので、嘉永二年（一八四九）のところは閏四月二日田植え始めがなくて、嘉永三年（一八五〇）が四月二六日田植え始め、五月一三日が田植えじまい。嘉永四年（一八五一）が五月三日田植え始め、五月一六日が田植えじまいというふうに記載されています。

これから何がわかるかと言いますと、農民たちが暦に基づいて田植えをする場合、旧暦の暦を使いますと、田植え始めが四月一五日になったり、閏の四月二日や四月二六日になったり、五月三日になったりして、月日が一定しなくまちまちになって、知識として定めた暦を使うといつ田植えを始めていいのか、あるいはいつ終わるのか、知識としての暦で田植え始めを決めようとすると、なかなか不安定なのです。

しかし実は、農民たちがもう一つ知識としてもっているのは、暦のよび方に、「節《せつ》」と「中《ちゅう》」というのがあり、一五日経つと「中」がきて、また一五日経つと「節」がきます。農民たちは日を知るのに、月の満ち欠けにもよっているということになりますが、季節を知るには太陽の運行というのを綿密に理解し、「節」あるいは「中」ということを理解しています。太陽の運行についての経験的知識が農民にとって重要だったと思いますし、よく身についていたのです。

現在、大和では暦の何月何日というよび方をせずに、「節田《せつだ》」は、節に植える田圃なんだ、あるいは「中田《ちゅうだ》」は、中に植える田圃なんだという、おのおの水田のよび方をもっています。これが現在の大和の農民たちがもっている四季という民俗的知識をもって、田植えを知るための一例です。こうして見てきますと、どうしても稲作をする場合は季節ということに敏感にならざるをえなかったのです。そこから発展して、農民のもつ年中行事（祭礼・祀り）がとりおこなわれてくるのです。

さて、いま申しました田植えをする期間を、「節田」なら「節」（六月六日ごろ）から植え始め、半夏生《はんげしょう》とよばれている七月二日に田植えが終わります。この田植えの期間と、秋の収穫であるイネ刈りの期間、この期間というのが、大和では集中的に人が出て多忙きわまりない期間でありました。田植えが終わる半夏生までの時期、それとイネ刈りをおこなう期間は、以前でしたら一〇月下旬から一一月の一〇日の十夜念仏とよばれている期間までというのが集約的に作業する期間で、この間は労働ばかりです。ですから祭り、行事というものはあまりおこなわれません。祭り、行事がおこなわれるのは、田植え前とか田植えの後やイネ刈り前かイネ刈り後です。共同作業が始まる前とか終わってから祭り、行事が営まれています。

一年間の共同の労働期間とその前後の様子を図にしてみますと、共同の祭礼やイエの祭りをおこなう日がおのずと定まってくることがわかります（図42）。正月前後におこなわれている年中行事といいますと、共同でおこなうのは、大和では〝オコナイ〟（修正会・修二会）とよんでいます。東大寺には修二会がありますけれども、これと類似しています。奈良県ではオコナイとよび、また修正会、修二会といわれている行事のなかに農耕儀礼の御田祭とかいろいろな行事が入っています。多くの場合、豊作祈願です。個人のイエでおこなう場合は、各家々で、〝正月さん〟を祀る行事です。祭りが図42のⒶ期間に集中します。

次は夏の期間ですが、共同でやる場合は、田植えが終わってからイネを刈るまでの中間ですから、虫送りとか、あるいは雨

図42　奈良県の稲作カレンダー

乞いとかがおこなわれます。イエでは先祖を祀る盆行事です。またイネ刈り前には共同でおこなう氏神での秋まつりがあり、イネ刈りと収穫が終わるとイエではイノコという行事がありま す。これらは収穫祭であります。こういうものが大雑把ですが現在、大和の農民たちがおこなっている代表的な年中行事かと思います。

また、これは弥生時代と関連するかもしれないということで考えてみたのですが、田植えをする前に、籾播きというのがどうしても必要なのです。籾播きをするために田圃を準備したり、あるいは田植えをするために、田圃を耕作したりする期間というのが存在します。経験的自然の暦でいいますと、この期間に現在われわれが彼岸とよんでる、いちばん日を知るのに端的な、昼と夜の時間がほぼ同じである日が存在します。彼岸というのは、これは暦がなくてもあっても、われわれが経験的に知ることのできる日です。これが現在の風習によりますと、祖先を供養する先祖まつりとか、奈良県でしたら矢田寺だとか、あるいは当麻寺とか、大阪でしたら四天王寺とかに参る寺参りの風習になっています。

しかし、つぶさに調べていくと、大和では彼岸のころに〝お籠《こも》り〟とか、あるいは〝道つくり〟とか、あるいは〝山登り〟など、そういう風習が彼岸の前後におこなわれています。これは仏教的な彼岸の風習ではなくて、もっと農耕に結びついた、古風な彼岸の風習というのを、農民たちがもっていたのではないかと想像します。

彼岸という日は暦がなくても、昼と夜とがほぼ同じ日が大切で、そういう日の風習は、かなり古くまでたどることができる事例ではないかと思っています。こういうところが、今日、大和でみる農民のもつ祭礼・年中行事です。また、季節を知る方法の大雑把な見方です。

もう一つ、これは蛇足になるかもしれませんが、民俗を知るために各農村を歩いておりますと、そのなかで一つ気になることがあります。それは水田のあり方です。どういうあり方かといいますと、水利が非常に強い水田と水利が大変弱い水田というように、同じ水田でも、さまざまな水利が強い弱いの水田があります（図43）。

佐原　〝水利〟が強いというのは？

浦西　水田に引いてくる水には権利があって、水利権の強い田圃というのがいくつか存在します。扇状地や谷間などの地形では、水がある一箇所に集まる水の筋というのがあり、その筋の当たるところの水田は放っておいても、おそら

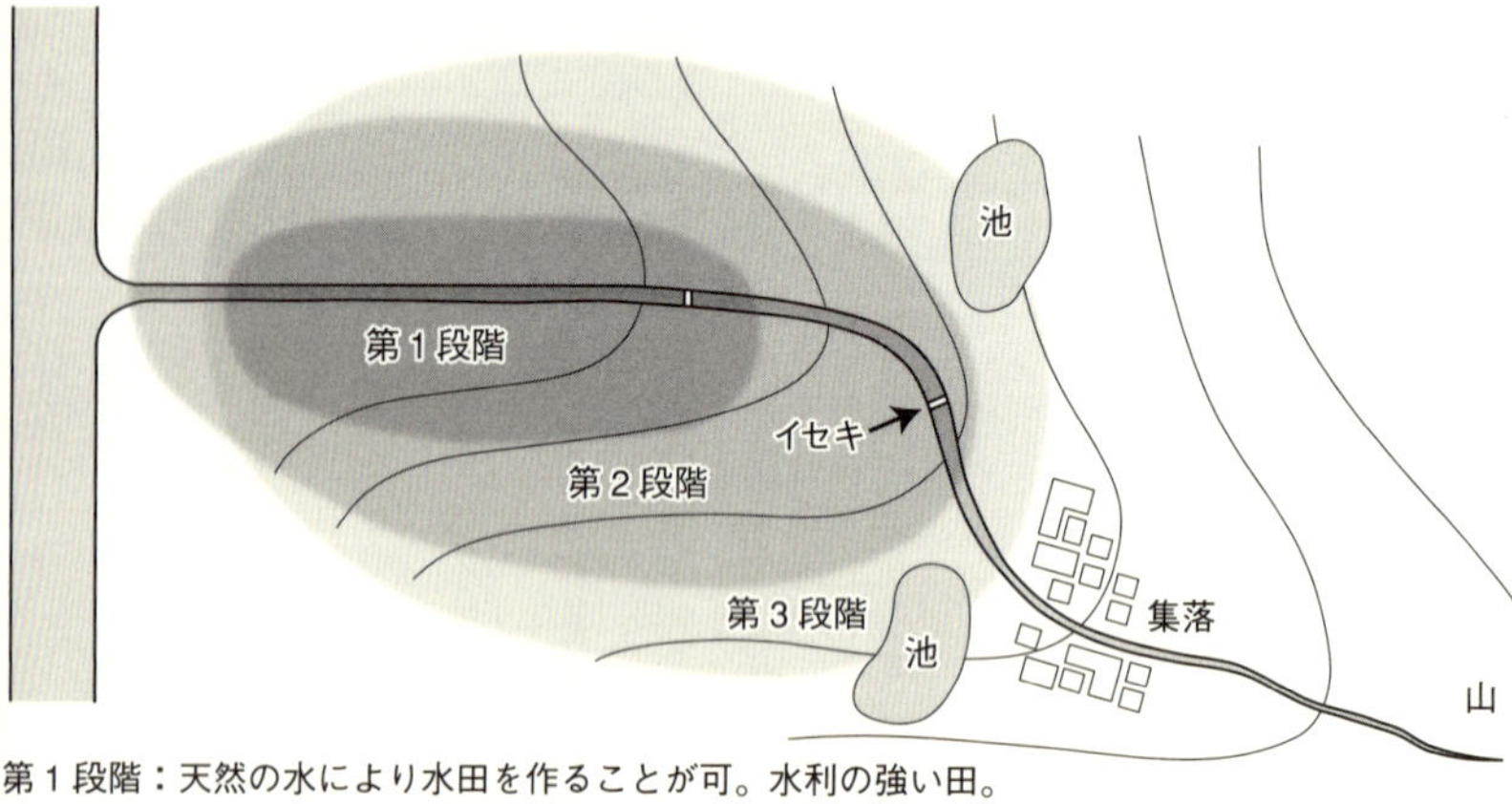

第１段階：天然の水により水田を作ることが可。水利の強い田。
第２段階：イセキなどにより水をひきいれ、水田を増す。
第３段階：溜池や天水により水田を増す。

図 43　水田開発の概念図

く水田として使える田圃で、そういう田圃が水利権の強い水田です。それがその地域の共同体のなかでも、有力な水田になっている場合が多いです。田圃であっても水利が弱い場合は、日焼けのときに非常に困る水田であるのに対して、水利の強い田圃をもっているところは、日焼けのときでも力が強いということが、たびたび調査に行って経験する例です。

そういう景観を見ていきますと、扇状地や谷間の水田は非常に古い……　非常に古いという抽象的な言い方はいけないのですが、今日議論になっている弥生時代の頃でも、おそらくそういう景観をもつことができたのではないかと思います。水を有効利用して水利の強い田を増やすために、水利を組織化・共同化することによって、周囲の畑をさらに開発していき、その開発の段階で、一回目の開発のときには、古墳という一つのシンボルをつくりあげることによって次の段階に移る。次の開発には寺院というシンボルができることにおいて次の段階に進む。つまり土木事業です。土木事業が発展する境目に、次の新しいものが増えていくと考えているのです。

この価値観のなかには、〝コメ〟というものに非常に強い日本人の選択が作用して、そういう段階を踏んできたのではないかと思います。素人的な発想かもしれませんけれども、たとえば奈良県の中央部にあります川西町結崎《ゆうざき》という村があります。糸井神社という古いお宮さんがあるところです。そこの村の江戸時代の明細帳を見ると、そこではコメ・ムギはもちろんですけれども、多くつくられているのがイモ類、あるいはアワ・キビというものが、かなりの量、江戸時代の中期の明細帳に書かれていて、コメ以外のヒエ・アワ・キビというのは、ごく最近までつくられていた事例というのを見ることができます。つまり、水のゆきとどくところは水田として活用されますが、水のとどかないところは平坦地であっても、近年までアワやキビなどの畑作がおこなわれていたのです。水田の開発が近代になっても充分はたせないということは、水を引く土木事業がいかに困難であったかがわかります。

ですから、この盆地の風景はわりあい古風ではないかと思います。春から秋までの期間に作られる稲作、あるいは稲作と同じ季節のサイクルとなるイモやマメ、あるいはアワ・キビも稲作と同じ季節となるサイクルで作られ、そういうものも近代までつくられていて、その景観のありさまを見ながら、弥生時代の村々や四季を想像すると身近に感じられます。

以上、奈良県内を歩いてみて、大和の四季の祭礼、それと大和の景観というものを、報告させていただきました。

石野　どうもありがとうございました。現代人からのメッセージによりますと、もうちょっと前の現代の人たちは、非常に難しい節目節目のしきたりがあったようであります。田植えに伴う祭り、その節ごとの祭り、なにか話に聞きますと、「年に三時は犬も知る」という諺もあるそうで、お正月とお盆と、秋の鎮守の祭りをやるということは、犬でも知っているというほど、さまざまな節ごとの祭りをやっていたようですね。そういうことを弥生人はやっていたのでしょうか。水口の祭りみたいなものをやっていたのでしょうか。

田植えについては、寺沢さんから岡山県の百間川遺跡《ひゃっけんがわ》では七人が並んで田植えをしていた様子がわかる稲株の跡が出てきたことから、田植えは弥生後期ぐらいにはやっていたのではないかという話がありました。それから田植えをするときには、現代人は節田、中田ですか、同じ田の地域でも、つくり分けている、植え分けるんでしょうか。そういうことがあるようですけれども、そのへんをひっくるめて、弥生人の春の田づくり、あるいはそれに伴う祭りというのはどうでしょうか。寺沢さんどうですか。

寺沢　急に弥生人になれと言われても難しいですが、おそらく弥生時代人にとって現代人以上に、そういう節目というのが非常に重要であっただろうと思っています。

いま具体的に春・夏・秋という季節を考えてみますと、弥生人にとって祭りというのが季節の節目の大きな契機になっていたのだろうと思います。これは水稲農耕というのが中心で、それに沿って農事暦があり、農事暦が弥生人の生活カレンダーを非常に大きく規定してるのではないかという前提があるわけですけれども、やはりいまの民俗例と、そんなに変わらないでしょう。多少想像をたくましくしますと、四つの大きな祭りがあるだろうと思います。

一つはやはり予祝《よしゅく》ですね。結局、今年の豊作を占う、あるいは豊穣という……　どの祭りも全部豊穣を願う祭りだと思いますが、予祝の祭りというのが旧暦の正月ですから、いまの二月ぐらいにあるのだろうと思います。それを基点にして、頭割りにしていきますと、次は五月に祭りがあって、それから八月にあって、次は一一月にあるということになるわけです。そうすると、五月の祭りというのは、おそらく播種および田植えがおこなわれていれば田植え儀礼でしょう。八月の儀礼というのは、これは生育の過程の儀礼ですから、イナゴ追い、あるいは雨乞いなどの儀礼があります。それが終わると秋なんだという感覚が弥生人にあって、そして収穫が終わって、収穫儀礼が終わると、さあこれから冬だぞという、そういうサイクルで動いてるのではないかなという気がしています。

石野　金関さん、お住みになっている岩室では一月から一二月まで、それぞれきちんとしたカレンダーができていて、村の人たちはそのカレンダーに従って行動し、そのいろいろな民俗例から見ていくと、弥生時代を髣髴《ほうふつ》とさせるというお話がありましたけれども、もう少しお話ししていただけませんでしょうか。

金関　住み着いて日が浅いものですから、じゅうぶん生活を観察していませんけれども、やはり住んでいますと、共同体の規制が非常に厳しいことに気づきます。まず岩室というのは、いま四〇軒ばかりの、ほとんどが農家ばかりで構成されています。しかし四〇軒が全部一緒に動くというのではなくて、垣内《かいと》に分かれています。

大和の農村は、たいていは一つの村がいくつかの垣内に分かれています。時には一つの村が一つの垣内である例もありますけれども、たいていは垣内に分かれています。私の住んでいるのは、戌亥垣内といいます。一〇軒くらいで一つの垣内をつくっているわけです。一〇軒といえば、ちょうど向う三軒両隣に、裏の家を合わせたぐらいが一単位になります。おそらく弥生時代の人びとも、集落を営むなら、それよりもやや少ないぐらいでしょうか。それで一つの単位集団をつくっておりました。縄文時代でもそうです。だいたい人間が生きていくうえに、向う三軒両隣的な一つの集団というのが、ずっと昔から単位になっているような気がします。

その垣内のなかで、たとえば垣内として共同にやらなければいけない仕事として、五月末ごろには溝の修理をします。溝をきれいに掃除して、それから田に水を引くということになるわけです。そういう共同作業が必ずあり、それにはわれわれのような非農家も出てやらなければいけないことになっています。

また垣内が受けもつ、もっとも大切な仕事は葬式です。壁隣が土葬の穴を掘るとか、墓地は共同で端から順につくっていくのも、弥生のそれと似ています。また風呂は誰が焚くとか、それからお葬式のときの食事は家のなかで煮炊きせずに、必ず中庭で、垣内備えつけの鍋などを使ってやるとか、そういうことが守られています。いろいろな小道具類も、お年寄りが竹を伐ってきて竜の形を作ったり、あるいは竹の先に輪切りのダイコンを刺したものを葬式行列の通る小路の角々にさし立てたりする、そういう仕事もあります。そうしたしきたりのあるものは弥生時代にさかのぼるのではないかと思われます。あるものは仏教が入ってきてから、付け加わったのだろうと思いますけれども、そういう弥生の人の空気が、いまものこっていて、揺れ動いているというような気がします。

石野　実は私がいま住んでいる場所は、奈良県の耳成山の北側なのですが、今日が、いま金関先生が言われた溝さらいの日です。今日休みますと×千円支払うという慣行がありまして、女房が頑張ってます（笑）。以前に地区の役員をちょっとやっていました。先ほど浦西さんから水利の強い田圃という話がありましたが、水利権というふうに置き換えましょう。田植えの時期が近づきますと、村人が鳶口《とびぐち》を持ち、役員が堰の鍵を持って川の堰のところに行き、水門の水量を見守ります。私も堰の鍵を持って早朝に行きました。あとは近所の公民館で一杯やるというふうになるのですが、弥生時代や古墳時代の遺跡から出てくる堰の施設の近所で、祭りをやった痕跡はあるのでしょうか。唐古・鍵遺跡を掘っていて、そういうのはありますか。

藤田　確実に堰というものがみつかっていませんので、なんとも言えないですね。環濠の近くで、完全な形の土器が出ることもありますから、そのような考え方もできるかもしれません。

石野　春については、ほかにどなたかどうでしょうか。

先ほど佐原さんが、はたして奈良盆地で田圃・畑、あるいは森林・沼沢地、全部ひっくるめてですが、どういうふうにイメージできるだろうかという話がありましたけれども、寺沢さん、盆地のあちらこちら調査されていてどうですか。どれくらい田圃があって、どれくらい畑があって、どれくらいの森林があって、唐古・鍵遺跡の周辺は森でしょうか。原っぱで山は見えたでしょうか。

寺沢　わからないですね。ただ、奈良盆地が非常に早くから開発されて、盆地のなかで田圃だらけになったというような雰囲気はないですね。実際、川が網状に流れているところが多く、集落に適したところを、微低地、微高地と少しずつ利用しながら広げていったのではないでしょうか。広い開田にはあくまでも湿地というものを狙っているようですから、広大な開発の仕方があったとは、ちょっと考えられないと思います。

石野　佐原さんはそのへんどう思われていますか。

佐原　私は結果からみて、弥生人は米をたくさん食べていたという立場で、かなり広大な面積の田圃がないとちょっと困るわけです。先ほどの藤田さんのお話でも、ずいぶんな土木量の溝を掘らなきゃならないんで、やはり腹が空いてたら掘れないし、どうしても確保しなきゃいかんのです。

寺沢さんが植物食の出土状況（**図44**）というのを、これは遺跡の数ですが、出していただい

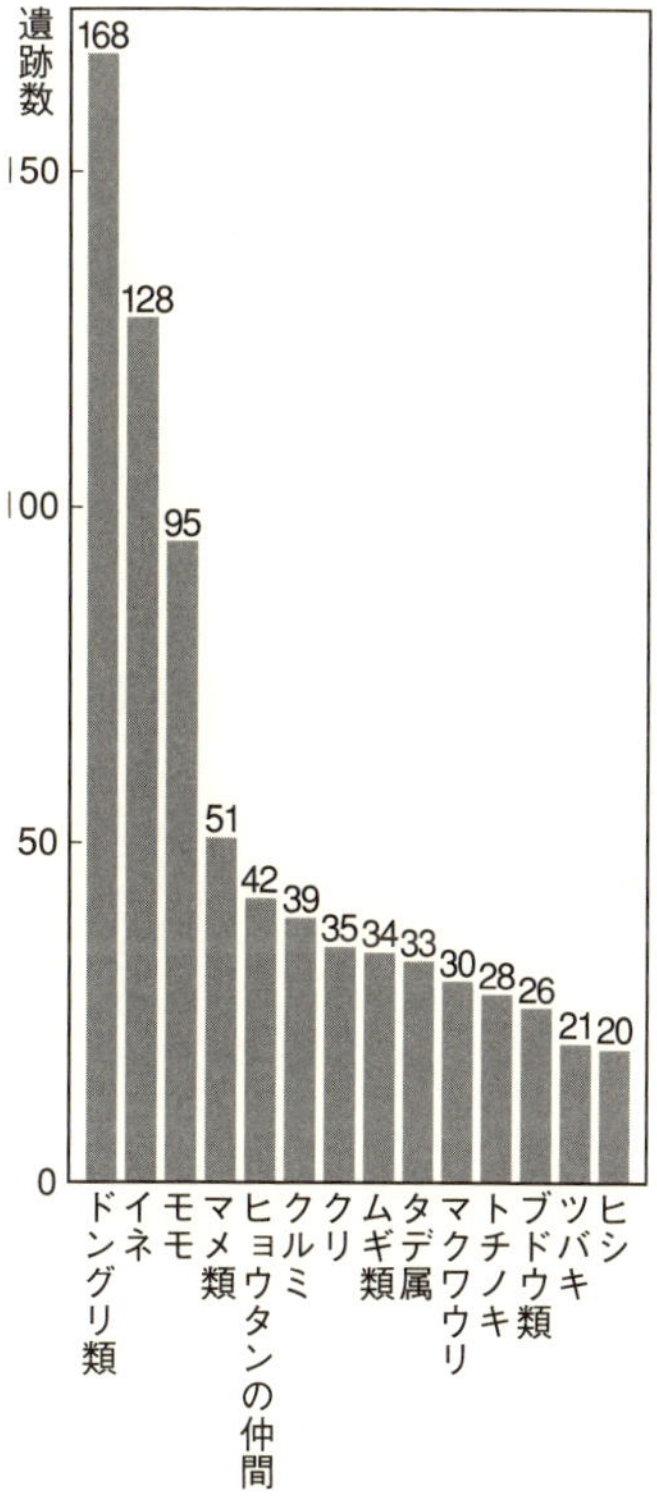

図44　植物食の出土状況

てるわけですけれども、だいたいイネが貴重なので、遺跡に米をのこしてるというのは、弥生人としてはけしからん話で、食べなきゃいかんのです。のこしちゃいけないわけですけれども、のこっている量というのは、あくまでもいまの結果であるから、ドングリが出ている弥生の遺跡が一六八あるわけですね。そこでも当然、米は食べていたわけですね。だから、この図を見ると、なんだかドングリをいちばん食べていたように見えるけれども、そうはこの図は読めないということでいいですね、寺沢さん。

弥生人としてはというか、戦時中米のない時代に暮らした者としては、米には非常に手がかかっておるから、一粒も疎《おろそ》かにしちゃいけないので、現代まで米粒をのこしたというのは、弥生人としては非常に残念なことであります。

弥生人の夏・魚獲り

石野 それでは、そろそろ夏へいこうかと思います。皆さん夏に入ってください。

〔夏〕夏は来ぬ

一　卯の花の　匂う垣根に
時鳥《ほととぎす》　早も来鳴きて

忍音《しのびね》もらす　夏は来ぬ

二　さみだれの　そそぐ山田に

早乙女《さおとめ》が　裳裾ぬらして

玉苗植うる　夏は来ぬ

（佐佐木信綱作詞）

夏は難しいのではないかと思いますね。どうでしょう。山田さん、夏はなにをやっていたんですか。

山田　困りましたね、これは。新暦で春を見たのでもう田植えは終わっているはずなんですが。

石野　夏の歌で、早乙女が裳裾ぬらしてと、田植えの時期にはいろいろあるという、そういうことをあらわしているということになるのでしょうか。

浦西　旧暦でいうと、夏は四、五、六月ですから、ちょうど田植えの時期に当たるのではないでしょうか。

石野　夏は雑魚《じゃこ》獲りをしたでしょう。

山田　魚を獲るということでは、弥生時代の遺跡から出てくるものとして、たとえば、タモ網とか、いろいろあります。ヤス・釣針など……

私は神奈川県の横須賀の出ですが、三浦半島の周辺には海蝕洞窟を利用した弥生時代の遺跡が多くあって、かなり漁撈活動の痕跡を残しています。それが弥生時代のほかの地域で、漁撈がどれだけあったかということを示す資料になるかどうかはわかりません。ただ、夏にできることと言ったら、たとえば夏の魚っていうとなんでしょう。川の魚というとアユですかね。

石野　夏には、イシダイ・アナゴ・イサキ・クロダイ・ハモ・ウナギ・スズキ・ボラ、このへんは夏の魚として実際に遺跡から出るようですね。

山田　海辺の村ではそうでしょうし、あと河川の漁としては、ヤナとかエリというような施設が当然あって、魚というのは、あまり一生懸命追いかけて獲るというのは効率がよくなくて、川の仕掛けのところへ行って、ヒョコッと獲ってくればいいとか、そういうようなもので、夏というのは、暑いし、動くのもちょっと疲れるんではないか、楽にしたほうがいいのではないかと、なまけものの山田弥生人は考えます。魚を獲るというのは、意外と効率がいい仕事かもしれないと思うのですけれどね。

石野　会場から夏はそんななまやさしいもんじゃないぞという注意がありました。いまでこそ草取りなんかはしないですけれど、イネの穂が目に刺さるというようなことも、田舎にいるときに聞きました。草取りはかなりたいへんだったようです。

夏は暑いですから、秋へいきましょう。

弥生人の秋・機織り

〔秋〕赤とんぼ

一　夕焼け小焼けの　赤とんぼ
　　負われて見たのは　いつの日か

二　山の畑の　桑の実を
　　小籠《こかご》に摘んだは　まぼろしか

（三木露風作詞）

石野　秋になりまして、「山の畑の桑の実を小籠に摘んだは……」と歌われてますけど、山の畑の桑の実ということで、衣を弥生人は作っていたんでしょうか。

佐原　これは布目順郎《ぬのめじゅんろう》という、いかにも布の研究にふさわしい名前の布目先生が、弥生時代に九州では絹は何カ所から出てきてるわけですが、その布の織り方の粗密で、中国のものでも、朝鮮半島のものでもないと、日本のものだとおっしゃっている。それが二〜三カ所あるでしょうか。ということは、カイコがいたということで、「桑の実を小籠に摘んだは……」は、弥生時代にふさわしいですね。銅鐸にはずいぶんトンボの絵が描いてあって、弥生時代以来、日本人はトンボが大好きで、これは『古事記』や『万葉集』にも残るアキツのはじめで、この歌はなかなかいいんじゃないですかね。弥生人として満足であります。

石野　満足な弥生人からのメッセージがありましたが、織物について、東大阪市立郷土博物館の竹内晶子さんがおいでになっています。一言お願いします。

佐原　せっかくですから、いつ紡いで、一着作るのにはどのくらいかかったかという、弥生人としての苦労話をしてください。

竹内　佐原先生から、一着作るのにどれくらいかかるかという話がありましたが、その前に四季のなかで機織作業がかかわる季節というのを、これはまったく想像ですけれども、原材料を手に入れる時期から考えて、簡単にですけれど申し上げてみたいと思います。

いまカイコの話が出ましたが、カイコは絹を出す飼われた虫です。弥生時代に、飼われたカイコ以外に野生のカイコもいたそうです。

植物の繊維の材料としては麻の仲間の大麻《たいま》と、苧麻《ちょま》（カラムシ）という二つがあり（図45）、実物の確認もされています。そのなかの大麻とは、いまマリファナといわれていますが、麻の仲間でどちらかというと、ごわごわした硬い麻です。この言い方はいけませんが、やや粗製の麻で、カラムシのほうは、ちょっと細いしなやかな麻と考えていただけたらいいと思います。

図45　大麻（右）と苧麻（左）

登呂遺跡出土の刀杼（とうじょ＝緯打具）

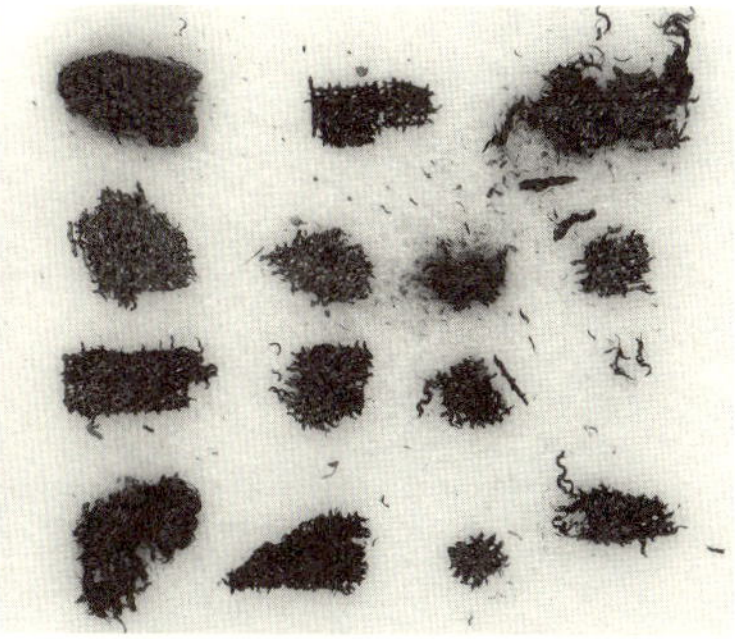

登呂遺跡出土の布片（大麻）

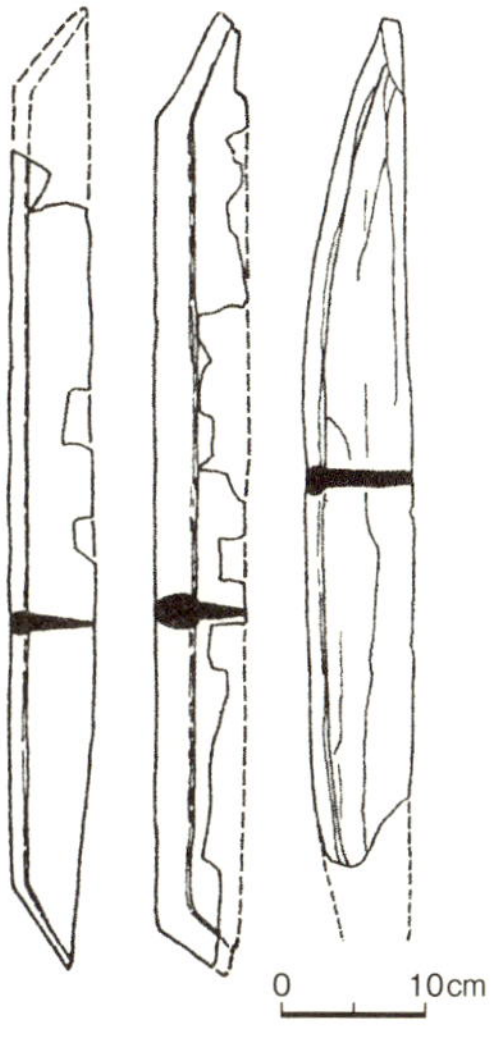

緯打具（よこうちぐ）

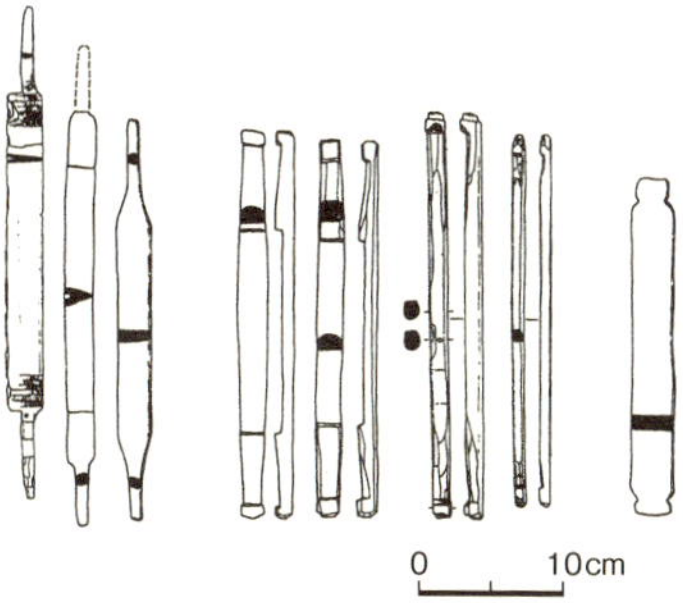

経巻具・布巻具

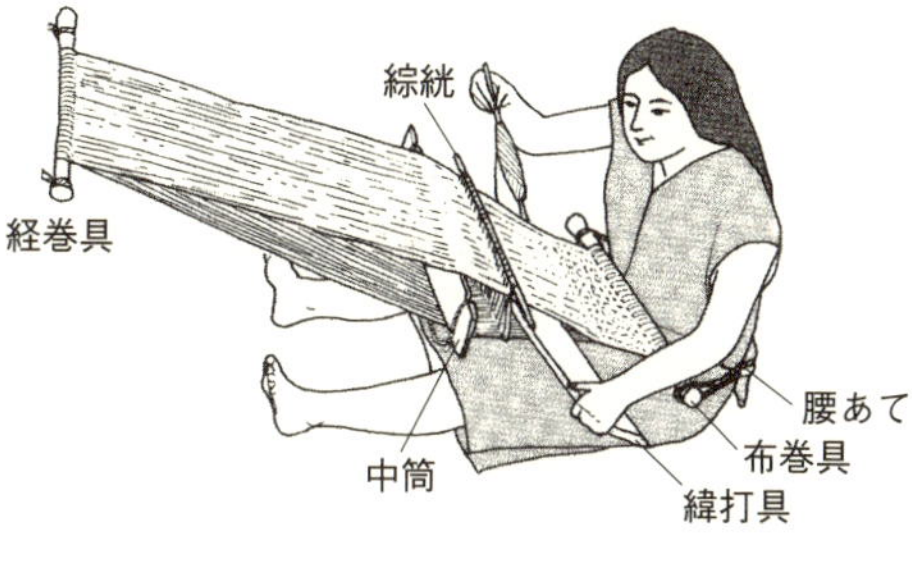

図 46　機の道具と機織り

どちらも夏の暑い盛りに獲り入れというか、刈りとるという形になると思います。ですから、真夏に原材料を刈ってくるという形になると思います。

なまの草ですから、それから糸の繊維質を取り出すために、すぐその場で作業にかかります。刈ってすぐにしてしまわないといけないのです。そのあと繊維の茎の皮のなかのジンピという丈夫な部分だけを、腐らない状態に乾かしておいて、それを秋から冬に、稲作などほかの生業の暇なときをみつけて、順につなぎ合わせて、縒《よ》りをかけて糸に作るという作業があると思います。最後にそれを紐にする場合もあるでしょうし、それから布に織る場合もあると思います。布に織る場合は、いつでもできるわけですから、主に農作業のない冬ではないかと思います。『弥生文化の研究5　道具と技術』（雄山閣、一九九七）の生業のところに、ザッとした日数を書きましたけれども、それでいきますと、糸を作るのに三〜四カ月かかって、機ごしらえから織りあげるまで二週間ぐらいかかるのではないかと思います。それぐらいの目安で、とにかく糸を作るために膨大な時間をかけたと思われます。

弥生時代の布は、ずいぶんとガサガサの分厚い布を皆さん想像なさると思いますが、かなり細い糸を使って織られています。機はずいぶんと簡単なものですが、それにたいへん熟練しておりまして、江戸時代の手紡ぎの木綿の布と変わらないぐらいの密度の麻に加工されています。

機の道具はセットとしては、まだどこにも出ていないそうです。どのように織っていたかは、あくまでも組み合わせて、想像しかできないようです（図46、二〇八ページ図34参照）。

石野　今お嬢さん方のあいだでは、白い麻の上張りみたいな着物がはやっているみたいですけれども、あれは弥生人の麻とどうですか。

竹内　弥生時代に貫頭衣という名前の着物が出てきます。貫頭衣というのは、頭のところに穴があいているという形なのですが、いま出ている木製品から想像した場合に、あまり幅の広い布は織れなかったと考えられます。おそらく二枚の布を継いで、首のところを縫い残す形の貫頭衣ではないかなと想像しています。ただ可能性として簡単な機でも、幅の広い六〇センチぐらいの幅の布も織ることはできます。というのは、幅の広い棒状の機を使えば、織れないことはありません。ただ、いまのところは三〇センチ前後の機道具しかみつかっていないようです。

石野　どうもありがとうございました。

　秋はいろいろな行事があったと思いますけれども、それに関連するような遺構・遺物というのはどうでしょうか。金関さんどうでしょうか、秋のイメージとして。

金関　秋のお祭りや行事のために、これがあるという特定の祭具・儀器はどうも考えにくいように思います。農業用具としては、もちろん収穫に関係のある道具は、主に秋に使われたのだろうと考えられます。たとえば穂摘具のようなものも考えられます。石材の豊かなところでは、当然石で作りました（二一三ページ図36参照）。また、その作り方も、いろいろと地域差があったらしいということもわかってきております。

　また石材の少ないところ、あるいは特別な事情のあるところでは、最近は木製の穂摘具も出

（長さ 13.6 cm）

（長さ 17.8 cm）

（左下の長さ 14.0 cm）

図 47　穂摘具
上：大阪府巨摩遺跡出土（木製）
下：神奈川県間口洞窟遺跡出土（貝製）

土していようですし、貝で作ったものもあります（図47）。そうした穂摘具に限らず、その石材や原料が唐古・鍵遺跡のような大集落に集められて、そこを集散地として配られていったらしいという、その経済組織のようなもの、あるいは後に市《いち》として発展するような、そういう組織もこの頃には成立しはじめているようです。とにかく秋をめざして、新しい道具が必要な場合には、そうした交易活動も盛んにおこなわれたのではないかと思います。

山田　堅果類のことでちょっと寺沢さんにお聞きしたいのですが、縄文時代には木器の材料というか、建築材などにクリの木がかなり使われています。たとえば埼玉県の寿能遺跡では、クリの一〇センチからもう少しあるような太さの材をかなりの数打ち込んで、何メートル、何十メートルという木道や杭列をつくる。ということは、クリの木をそれだけ伐るわけですね。クリの木をそれだけ伐るという背景には、縄文人はクリというのは、食料としても十分な量が必要で、さらに、それをある程度確保して計画的に活用しているのではないでしょうか。

弥生時代になってコメが加わると、そういうクリの木などを、集落のそばに確保しないような状況になってくるのかなと思っているのです。桃などが植えられているとクリ材というのはあまり出ていないと、私は単純に考えてしまいます。そういう食料資源と、それと関連しての木器の材料ということで見ていくと、弥生時代のクリをはじめとする堅果類というのは、どのような管理の方法というか、そういうのがあったのかなということをお聞きしたいと思います。

それから佐原先生にお聞きしたいのは、弥生時代には戦争があったということなんですけれども、そうすると戦争の時期を、これらの植物の収穫の時期にすることによって、食料を分捕ってしまうと、そういうようなことがあるのではないかと思って、そのあたりのことをお二人からお教え願えればと思います。

寺沢　実際、堅果類の木をどう管理していたのかは、弥生時代では考えたこともありませんし、わかりません。

ご質問とはぜんぜん関係ないのですが、いま管理という言葉が出たので思い出したことがあります。イノシシの管理はやはり春から考えないといけないのではないかなと思います。イノシシのキーピングというのは、おそらくウリボウが出てくる春から夏、そして秋にかけてあったのではないかなと思います。木のほうの管理はどうしたか、ぜんぜんわかりません。

石野　戦争にシーズンがあったというのは、現代では考えにくいですが、佐原さんどうですか。

佐原　戦争の話の前に、いまイノシシのキーピングとか管理とかいう話が出てきたので、ちょっとご紹介しておきますと、縄文時代からすでにイノシシを飼育と言ってはいけないから飼養としようかと思いますが、英語ではキーピングといいますが、これがあったのではないかということを、山田さんと同じ筑波大学におられる加藤晋平さんがおっしゃっています。山梨県の金生《きんせい》遺跡から三〇〇頭以上のイノシシの子供の顎の骨が出てきたということが根拠だったと思います。

弥生時代に関しては、金子浩昌さんが、大阪府池上遺跡のイノシシの骨を見ていくと、子供の骨がたくさんあるということから、それを根拠に、やはりキーピングしていたのではないかということをおっしゃっています。キーピングというのは、本格的に飼って子供をつくるというところまでいく前の段階で、野生のイノシシを獲ってきて養うんです。いまでもニューギニアなんかでは、女の人がおっぱいをやって母乳で育てたりするわけです。お祭りまで太らせるわけです。そして殺すんですね。そういうのがキーピングです。あるいは縄文時代・弥生時代にそういうキーピング、一時的に飼うということがおこなわれたのではないかということが言われている、そのことを彼はいま言ったわけです。私はそれについては、あまり自分自身の意見を持っておりません。

それで戦争でありますが、戦争をする弥生人としては、夏の暑いときに、それこそ雑草が生えているイネを取ってもしようがないんで、これは当然、収穫するまでは待って、すっかり全部終わって、貯蔵という段階になって、いただきに行くのが、これはもう当然でありますので、戦争を仕掛けるのは収穫以降であります。あまり寒くなるとかなわないですから、適当な収穫以後、寒くなるまでには攻めていくつもりでおります。

金関　ただし戦争ということになりますと、ただ収穫を狙うだけではなくて、やはり水を争うことがあるかと思いますので、佐原弥生人は食糧危機説ですけれども、水を争うために、夏に戦争する働きものの弥生人もいるということをお伝えしておきます。

石野　会場から台風による雨や風の被害について質問がありました。台風などの被害の季節性のわかるような遺跡というのは、どうでしょう。

佐原　大阪市の瓜生堂《うりゅうどう》遺跡であるとか、あるいは高槻市の安満《あま》遺跡であるとか、前期終わりというか、中期のはじめになってから、ムラが断絶して、土砂が非常に堆積している状況が示されているので、洪水になったんだろうということはいわれてますね。

それからもう一つ、それに関連してなんですけれども、近畿地方の弥生の遺跡は、唐古・鍵遺跡もそうですけれども、はじまりますとずっと続いている、そういう遺跡がずいぶんありますが、九州へ行くと、そういう遺跡は実は意外に少ないのです。現在どうですかね、台風の被害はやはり九州のほうが多いでしょうね。台風というのは、来る来ると聞くけど、なかなか来ないんですね。ですから、もしかすると、その九州と畿内の集落の継続状態の違いというのは、そういうことと関連するのではないかと考えております。

石野　砂がかぶっていて、シーズンがわかるというのは難しいですけれど、奈良盆地の場合に、幅が一〇〇メートル、二〇〇メートルという河川敷があって、今ですと三〇年にいっぺん、五〇年にいっぺんの雨量でも全部そこへ吸収できるということです。だから唐古・鍵遺跡をはじめ、奈良県内の弥生の遺跡は、ほとんど住居を動かさずに、そこにずっと住み続けているということを、橿原考古学研究所の中井一夫さんは言っていますが、それに対して九州の場合はというのが、先ほどの佐原さんの紹介です。

会場からもう一つ質問があります。明石市の西八木海岸から発見された板は、本当に旧石器時代の板なのでしょうかということですが、佐原さんお願いします。

佐原　明石の板はちょっと置いておいて、基本的に板というものが本格的に使われ始めるのは非常に新しいことなのですね。室町時代からです。縄文時代の板というのは、大木をまず半分にする。さらにこれを十文字にして、それをまた細かくしていきます。そうすると、いまミカン割りという言葉がはやっていますが、板の中心のほうは薄くて、木の皮のほうが厚いという板ができるんですね。こういう板を鉇《やりがんな》とよんでいる、槍のような格好をしたカンナで削り、そして手斧《ちょうな》という斧で仕上げます。鉇が出てくるのは弥生からですけれども、ずっと古代から中世までそうなんですね。それが室町になって鋸《のこぎり》を使うようになります。それまでは鋸は、ただ木を横断するものだったのが、縦断できるようになったわけですね。縦断できるようになって、本格的な、われわれの知っている薄い板ができてくるわけです。ですから、山田さんが作ってくださった**図38**に、板材や柾目《まさめ》材があります。断面図を見ると片方が分厚くて片方が薄いというのは、そういう理由なんですね。

いま私たちは分厚い板を上等のように思うけれど、ほんとうは板というのは薄いのが上等で、そういう薄い板ができ始めるのは非常に新しいわけです。ただし小さいものであれば、薄い板というのは、もちろん奈良時代にもありますけれども、本格的な板というのは、そういうものだと思いますね。

明石の板は今回とぜんぜん関係ないわけだけれども、あれは非常に古くて、絶滅してしまった木を使っていて、しかも薄い材で、非常に不思議なものです。しかし、新しいものが混入したことではありえないわけですね。絶滅してしまった木ですからね。不思議なものです。

石野　明石の板は、われわれ弥生人としては、あそこには住んでいませんでしたので、よくわかりません。現代の研究者によると、あれが板でなければ、江戸時代には板がなかったということですから、きっと板なんだろうと思います。

山田　板のことでちょっと補足させていただきますと、縄文時代にも板はあるんですね。図38に示したものも縄文時代の板ですけれども、この板を割って、それからその板を使って製品に仕上げていくといった二段階のイメージ分割を縄文人はほとんどしていない。ですから縄文人は、割っていく技術はもちろんもっているけれども、たとえば、工程的には丸い木を加工していって板を作り、オールに仕上げていく。そして板がほしいというときには作るかもしれないけれども、その製材段階で板を揃えて、それで製品化していくといったような作業は、弥生時代になってからが主流だと、そういうふうに思います（図48）。

縄文時代の板の割れ方と弥生時代の板の割れ方とは、技術的にはほとんど同じ割れ方になっていて、割れ面を整えるような作業というのはほとんどしていません。佐原先生の指摘された縦引鋸《のこ》ができる室町以降の板とは確かに違うと、そういうことは言えると思いますね。

それから柾目に木が割れるというのは、たとえば水のなかに放置しておいた木を地表に出すと、年輪に沿ったり、年輪に直行してひびが入って割れます。そういうような状態も考えられるのです。その割れ面などについては、縄文・弥生時代の板とほとんど変わりません。ですから、柾目の板状になったものが出てきたとしても、これがほんとうに人工的に割れたものか、割ったものか、それとも自然の条件のなかで割れたものかというのは、ちょっとすぐには判断できません。どこかに楔を打った面があるとかないとかでは区別がつくけれども、実際にちょっと見れば区別ができないというようなことがあるので、明石の板については、弥生人の私には考えられない古いもので、まだはっきりと製品かどうかということは判断できないのです。縄文時代でもあまり見られない表面を整える加工がしてあるらしいのですが、まだ実見していません。

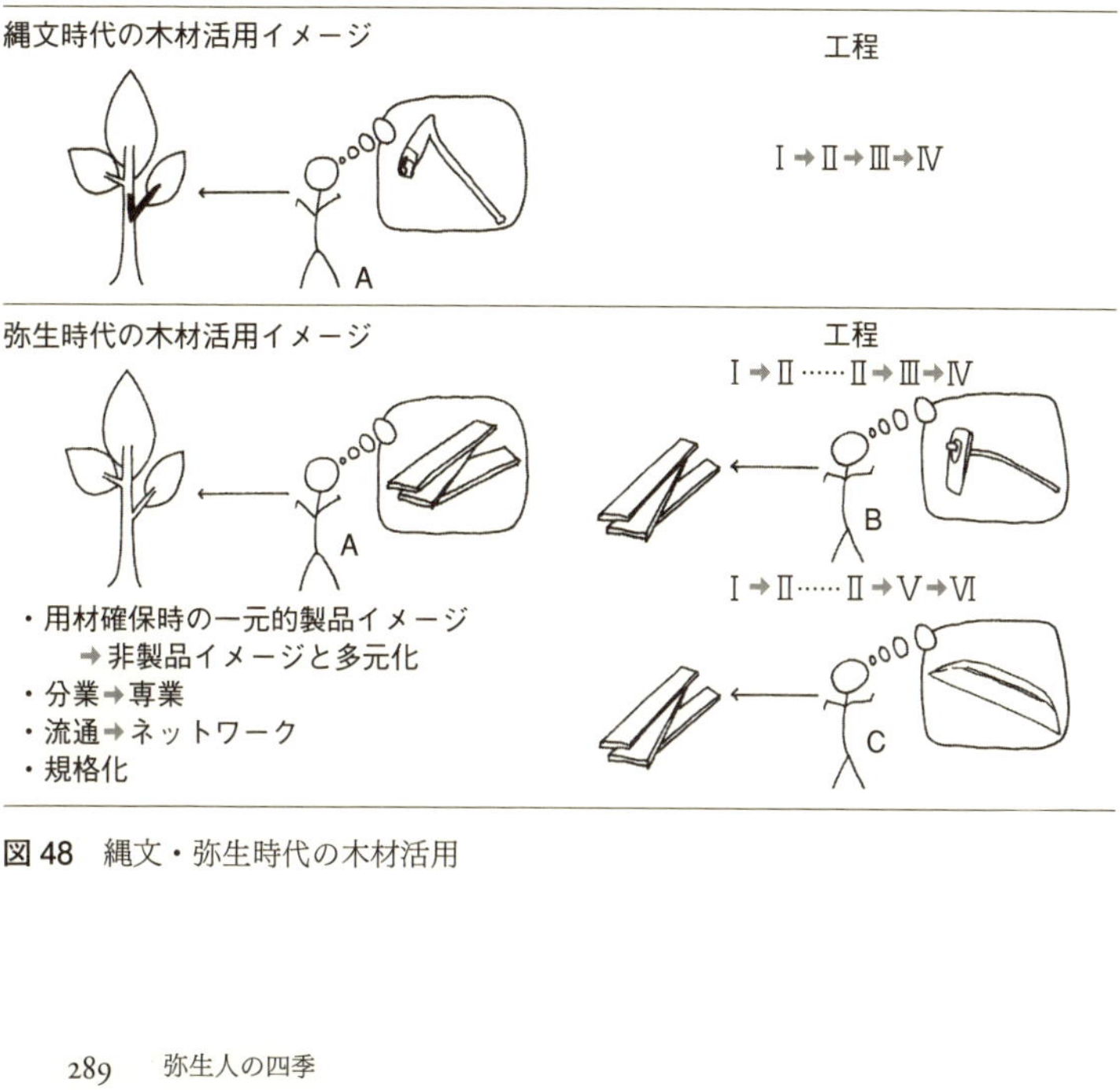

図48　縄文・弥生時代の木材活用

弥生人の冬・ワラ仕事

石野　では最後に冬にまいりましょう。冬は春に向かっての冬です。

〔冬〕かあさんの歌

一　かあさんは　夜なべをして
手ぶくろ　編んでくれた
こがらし吹いちゃ　つめたかろうて
せっせと編んだだよ
故郷《ふるさと》のたよりはとどく
いろりのにおいがした

二　かあさんは　麻糸つむぐ
一日　つむぐ
おとうは土間で　藁《わら》打ち仕事
おまえもがんばれよ

故郷の冬はさみしい
せめて　ラジオ聞かせたい
（窪田　聡作詞）

石野　冬になりました。先ほど竹内さんからの話にありましたけれども、せっせと編み物をしております。土間ではお父がワラ打ちをしております。寺沢さんからごく最近まで、農家では暇があったらワラ仕事をする。草鞋《わらじ》を編んだり縄をなう。ちょっと時間があったら、夜寝るまでワラ仕事をするという時間の使い方があって、このワラ仕事というのが弥生人のなかでも大きなウエートを占めていたのではないかという話がありました。寺沢さんどうですか。

寺沢　農耕では、冬でも屋外の仕事がないとはいえません。水田ではもうイネ刈りが終わっているわけで、収穫儀礼が終わったら冬ですが、そのあと仕事があるとすれば、冬場はムギを作っているとすれば、ムギの播種があると思いますね。それから一月ぐらいにかけて、当然ムギ踏みがあるでしょう。それから翌年の春の、たとえばマメ類を植えようとすれば、だいたいその段階に、冬場、一一月頃にマメを播かねばならないだろうと思います。ですから、まったく農作業がないかというと、イネ以外の農作業というのは当然出てくると思います。

それから刈り入れした収穫のあとですけれども、いまは荒起こしというのは、だいたい春ということになっていますが、私はおそらく収穫したあとすぐに荒起こしをしただろうと思っています。

その前に、穂摘みで穂を刈っている場合には、ワラをどう利用するかということになると、残った茎（残稈《ざんかん》）を全部刈らないとならないんですね。これは近畿地方では例はないんですが、九州では中期ぐらいから鉈鎌《なたがま》というかなり身の大きい鉄鎌が出ています。ただ、これは大きいですし、重くて、イネ刈り用には到底使えない代物です。こういうものが木の枝の伐採や残稈の処理に、使われたのでしょう。

甲元真之先生が五島列島のほうで、鉈鎌でムギなどの残稈を取り、ムギワラというのはイネにくらべたら用途がありませんから、そのあとは全部火入れをするということを報告されております。はたしてイネの残稈処理をしたあとに火入れをしたかどうかというのは、これは非常に問題ですけれども、もし火入れをするとしたらやはりこの時期だと思います。そしてそのあとに荒起こしをする。この時期に荒起こしをしたほうが、非常に都合がいいと思いますのは、もし火入れをすれば、それが灰となって土を中和するという意味もありますし、この時期に荒起こしをしておくと、冬に凍結し、春にそれがぼろぼろになる。そうすると自然に小切るという、そういう自然の力を利用して細かく砕くことができる利点があります。ですから、おそらく荒起こしは、冬場早くにしたのではないかなと思うわけです。霜が下りたりする直前ぐらいまでに。

そうは言っても、やはり屋内の作業が中心になるわけで、ワラ仕事というのを、これからもっと注目する必要があるのではないかと思います。ワラの利用というのは、私もまだ勉強を始めたばかりですけれども、弥生時代以降わが国ではワラを利用することが多いようです。
　これは私の疑問ですが、漁業に使う網はいったいどういうものを使っていたのでしょうか。先ほどの織物の話で、材料としては、麻、桑、大麻、それからカラムシ、これは全部植物遺体で出ておりますから、弥生人である私の家の近くの畑にも植えたわけです。畑作物として実際にあるわけです。しかし、富山県のほうでは、ワラで編んだ網を近世使っていたという例があるようで、ワラの利用というのが意外に多かったのではないでしょうか。竪穴住居の材を束縛するのも、これだけワラがあれば、おそらくワラ縄を利用したと思いますし、そのへんの研究はまだほとんど進んでいませんが、今後問題になると思います。

石野　冬の仕事についてどなたでもどうぞ。

佐原　せっかく歌があるから、この歌に沿ってちょっと発言をしたいのですけれども、手袋はおそらくヨーロッパ文化でありますから、日本にはずっとありません。まず夜なべ仕事がどこまでできるかの問題で、それと囲炉裏《いろり》の問題ですけれど、囲炉裏は奈良時代にはありません。さかのぼって平安時代までいけるのかどうか、とにかく考古学的には奈良時代にはないと言えると思いますね。
　囲炉裏がないとすると、明かりとりの問題ですけれども、ランプというものが出現するのが藤原宮とか平城京とか、あるいはそれに伴うお寺とかでは灯明皿が出てくることもありますけれども、町中では出てきません。いや平城京の時期には、大邸宅からも小さな家からも、まれにランプが出てきます。けれども基本的には、人間が夜を獲得できたというのは、やはり文明の成果であって、基本的には夜というのは寝ているものですから、いまのランプの出方からいっても、どの家でも夜なべ仕事をするというほどランプは使っていない。奈良時代でも、もちろん使ってないと思います。ですから、おそらく「母さんが夜なべをして編んでくれる」というようなことは、弥生時代にはなかったろうなと。せっかくいい歌なのに、詩情をぶち壊すようなことばかり言いますけれども（笑）。つまり囲炉裏はなかったでしょう。

そのあとは、まさに先ほど、竹内さんが言われたとおりで、一生懸命お母さんが糸を作ってくれていると、これはいけるし、その次のお父さんがワラ打ちというのは、ヨコヅチで叩いているなど、このへんは弥生人としても納得であります。

もう一つ最後に、弥生人として土器もつくらなかったし、塩も生産しなかったし、青銅器もつくらなかったし、鉄器もつくらなかったけれども、そのへんはちょっとなんか出しておかないと、弥生時代の生業というのは……生業だからいいのか、塩もつくらなくていいのか……

石野　全部やろうと思うと、再びまた乗り込み直さなければならないだろうと思いますが……

山田　木器は、もしかすると冬に作ったのではないかなと思っていたのです。今日、寺沢さんが冬に田を起こすということで困ったのですが、春先の田植えやそれに伴ういろいろな田づくりのために、新しい鍬・鋤を冬の間につくるというのは、前から言われています。木はやはり冬材のほうが締まっているし乾燥もしている。そういうことで木器づくりは、やはり冬というふうに考えるのが自然じゃないかと思います。

石野 全部ひっくるめて、これだけは補っておきたい、抜けていたことを言っておきたいという点がありましたらどうぞ。

寺沢 佐原先生は弥生人はコメをだいぶ食べることができたとおっしゃいましたが、私はとても食べられないと思います。

また、古墳時代に権力を生む前提に、やはりコメと鉄というのは非常に大切だということも言われました。コメと鉄というのは、権力を生む基礎だということで、鉄という問題を考え直さないといけないと思うのですが、実際、農具のなかに、どれだけ鉄が使われたかというと、いわゆる生産のなかに投入された鉄というのは、弥生時代にはあんまりなかったのではないかなという気がします。

佐原 それは確かですね。農具に関してはそうですね。

寺沢 やはり湿田系の田圃を木のクワで耕すというのが弥生時代の農業の基本ではないでしょうか。

山田 鉄製の刃先もないわけではありませんが例外で、木製の農具がほとんどです。

佐原 古墳時代から奈良時代に至るまで、刃の先まで木でできている農具がたくさん出てきますから、それはもう決定的ですね。

石野 まだまだ弥生人として話を続けるべきですが、もう時間です。今日は、歌で弥生人の四季を語ろうということを多少もくろみました。

これで壇上の先生方も、会場の皆さんも、現代に戻ることにしますが、戻れるかどうか、これはもうわかりません（笑）。ご自由にしてください。弥生人の社会をさ迷い歩いていただいても結構です。

どうも今日はありがとうございました。

弥生人からのメッセージ——あとがきにかえて

このシンポジウムは、私ども弥生人の四季折々の暮らしについて語ってくれています。大和に入って、五〇〇年ほど暮らしつづけた唐古ムラで、私たちが稲をつくり、米を食べていたことに気づいてくれたのは嬉しいことでした。末永雅雄先生が五〇年前に、そして今、藤田三郎さんが調査されている姿をみていますと友だちのように感じます。唐古ムラは私たちの城でした。ムラのまわりに二重、三重の堀をめぐらせました。ムラの中もいくつかに区切りましたが、まだあまり気づいてくれていません。ムラの南の溝に人知れず埋めた神のカネ（銅鐸）をつくる道具は掘り出されました。鋳型を使って黄金色のカネを復活させてくれましたが、薄く仕上げる技術の秘密はまだ解かれていません。

それにしても驚きました。骨と化した私の身体が注目を集めていました。大事な骨だと言ってくれましたが、やはり気恥ずかしいものです。橿原市坪井ムラでも四人の方が掘り出されました。そっとしておいてほしいと言っても、今となってはもう遅いので、この際、私たちの身体を丁寧に調べてください。そして原郷を探し出してください。

私たちがコメだけではなく、山の幸、海の幸、そして畑をつくるなどしていろいろなものを食べていたことにようやく注意が向けられてきました。

それにしても米作りは大変でした。今、全国あちらこちらで、私たちが苦労してつくりあげた水田を、苦労して掘っておられるのを見ると感激します。

寺沢薫さんがワラ仕事に注目され、会場の皆さんが夜なべをする「かあさんの歌」を合唱してくれたときには、じーんときました。

私たちが米をどれくらい収穫できたか、今まで皆さんはいろいろ計算してくれていますが、あまり当たっていません。せっかく稲穂や稲株まで掘り当てているのですから、寺沢さんの方法を進めて農学者の方と共同して本当の数字に近づけてください。

秋の台風で洪水がおこり、水田一面に砂をかぶってしまうこともありました。一年間、米を食べられなかった年もあります。イノシシや魚はもちろんですが、ドングリやクリを集めて保存したり、畑にはマメやウリをつくって飢饉に備えました。どこのムラでもそうでした。そうすることによって、米作りに励むことができたのです。

皆さんは土器や石器をくわしく調べておられますが、私たちは木器もたくさんつくっていました。数千年つづいてきた木作りの伝統があったのです。たとえば、厚さ一〇センチほどの板は「立派だ」と言われますが、実は薄い板がつくれなかったのです。私たちは薄い板のほうが「立派だ」と思っていました。

私たちの家の床部分だけがよく調査されています。引越しのときにそのままにしておいた土器だけを数えて、住居の中の日常容器を調べている方がいますが、本当は木の容器も使っているのです。溝や谷あいから掘り出されている木器を家の中に戻して考えてみてください。

私たちは年中の節目にさまざまな祭りをしていました。狩のときも漁のときも米作りのときも、それぞれ神さまに祈りました。しかし、祭り専用の用具はあまりつくっていませんので、皆さんにはわかりにくいようです。ヒントをあげます。祭りのときには飲んで食べますので、日常容器が異常にかたまっているところに気をつけてください。

さらに解いてほしいのは、私たちの精一杯のメッセージ――土器や銅鐸などに描いた絵です。金関恕さんが少し解いてくださいました。もう少しで、私たちの秘事にせまってくる部分もあります。

絵を描いた土器は日常容器ではありません。ハレの器《うつわ》です。祭りに使い、川や溝に流します。唐古ムラの下流の清水風の川床から多量に掘り出された「絵壺」がそのよい例です。絵解きに挑戦してください。

私たちの時代は、めまぐるしい時代でした。のちに「明治維新」がありますが、よく似ています。文明開化を急速に進め、西洋風の近代社会につき進んでいきましたが、私たちもそうでした。

世界（中国・朝鮮）の人びとが次々にやってきて、新しい技術や文物がどんどん入ってきました。私たちも出かけました。大変な航海でしたが、国際社会に生きなければ、という気概がありました。その結果、大王墓の築造へと一直線に進みました。私たちの時代を発展的に解消して大王の時代に突入することになったのです。農耕社会に入ってから王墓をつくるまでの私たちのスピードは、世界史的にみてトップクラスだという佐原さんのお話を聞いて、いまさらながら驚いています。

私たちの時代には確かにクニがあり、クニグニの統合があり、「政治」がありました。しかし、皆さんは日常的なことまで政治的に解釈しすぎています。私たちの日常生活にもっと眼を向けてください。そういう意味で、私たちは「シンポジウム　弥生人の四季」の意図に満足しています。ご健闘を祈ります。

＊　＊　＊

四季折々の歌とともに会場の全員が弥生人として四季の暮らしを語り合いました。閉会後、弥生人からのメッセージが届きましたので、「あとがき」として掲載いたしました。

（石野博信）

（石野博信 2015.3）

補記

今から約三〇年前の一九八六（昭和六一）年五月に、奈良県立橿原考古学研究所附属博物館で開催された特別展『弥生人の四季』に関連して「弥生人の生業を考える」講演会とシンポジウムを開催した。当時、私は研究所副所長で主として発掘調査にかかわることが多かったが、特別展担当の橋本裕行さんとの話のなかで、シンポジウムの司会を担当することとなった。そのとき私は、単純に〝弥生人の四季〟を知りたいと思った。

いつものとおり、酒をくみ交わしながらの打合せのなかで、だれ言うともなく、〝展示会場に四季の唄を流そう〟それなら〝シンポジウムのテーマも四季折々の生業に添って〟となり、慌てて春、夏、秋、冬にふさわしいレコードを探し、みつからない季節は急遽、女房のエレクトーン演奏となった。

各発表者は、四季とそれぞれの歌詞に十分に乗ってくれた。〝ワラジは弥生時代にあったかナ〟などと言いながら。

ここ三〇年の弥生時代研究は、文末に記した当時の弥生人からのメッセージに答えられているだろうか。

〝唐古・鍵ムラを開発した弥生人は、先住の縄文人なのか、渡来弥生人なのか〟

〝弥生人の食糧に占めるコメの比率は？〟

〝銅鐸や銅剣・銅矛以外の祭祀専用具はどれほどあったのか〟あるいは〝なかったのか〟

〝世界（中国・朝鮮）との交流の内容は？〟

などなど……

加えて、本シンポジウムの一〇年前、一九七六（昭和五一）年に奈良県纒向遺跡の報告書が刊行されているにもかかわらず、弥生時代末期から古墳時代初頭の胎動がまったく語られていないのは不思議なことだった。

本書ではそれを補い、「倭国の大乱から邪馬台国へ」の項を設けることとした。

（山田昌久 2015.3）

この対談の後、新発見や資料の再検討、新説の提唱があった。一～四は山田による。

一、木箭と大型掛矢の弥生時代における普及が認められ、縄文時代の短尺材打ち割り（大型容器）や細材裂き（木・蔓）とは異なる、「割り裂き製材」の拡大が明らかになった。カシ材製材での鍬鋤製作や針葉樹大径木の長尺施設材の生産は、土地掘削や土砂移動力を大きく変え、大型建築物用材の獲得や施設数増の自由度確保に貢献した。

二、日本出土の木製鍬の類型変遷からは、突帯文土器期から鍬身中央に円形柄孔のある縦横使いの資料（諸手鍬）が、板付Ⅱ式期以降の北西部九州に中国の戦国時代から漢代鉄製鍬の形態と類似する方形柄孔の鍬が、その他の地域では鍬身上位に円形柄孔のある鍬が使用されていたことが明らかになり、さらに鍬身上位に緊縛固定用の突起のある鍬が並行して使用されていたことを明らかにした。一九九四年のシンポジウムで提示したこの傾向は、ＡＭＳ法による新しい放射性炭素年代測定の年代観・近年種実圧痕で整理された食料との関係とも整合する。また、縄文時代後晩期の堅果利用が弥生時代の木製農具素材林を準備したという説を提唱した。

三、草刈りに関しては、日本で発見される弥生～古墳時代のほとんどの鎌柄が肘長に対応する長さで、「引き切り動作」に対応する機能が考えられるのに対し、一メートルを超える柄長の側縁刃の木器の存在が広範で確認されるようになった。ただしこの遺物には、「振り払い動作」の器具と考えられる除草具の存在だけでとらえられるものではなく、側縁に刃を付けずに屈曲した腹面を機能部とする豆や雑穀さらには植物繊維のほぐしなどの機能が考えられる類型もあり、多機能器具である可能性も考慮する必要がある。

四、弓矢については、北海道で縄文時代の矢に羽がついた痕跡のある遺物が検出された。また、正確度や射速そして有効射程の研究が進んだ。

五、紡織技術に関しては、直状式の原始機説に対して輪状式の原始機説が東村純子氏によって提唱された。また、織機を構成する部材とされていたものが、別の器具たとえば背負い運搬具の枝木の状態で発見された事例などが蓄積し、器具認識に大きな転換があった。

六、弥生時代中後期の木製匙が、岡山市南方《みなみかた》遺跡・小松市八日市地方《ようかいちじかた》遺跡・鳥取市青谷上《あおやかみ》寺地《じち》遺跡・福岡市今宿五郎江《いまじゅくごろうえ》遺跡などで一定数まとまって発見されるようになった。しかし、シンポジウムでの議論のとおり、まだ通常食の器具という解釈には至っていない。

参考文献

山田昌久「縄文人は生活用具として植物をどのように利用したか」『新視点日本の歴史』第一巻、新人物往来社、一九九三年
山田昌久「農具の機能と変遷」『古代における農具の変遷』静岡県埋蔵文化財調査研究所、一九九四年
山田昌久編『考古資料大鑑　弥生・古墳時代』第八巻 木・繊維製品、小学館、二〇〇三年
山田昌久「弥生時代の木工技術と農具生産」『穂落とし神の足跡』大阪府立弥生文化博物館、二〇一二年
伊東隆夫・山田昌久編『木の考古学』海青社、二〇一二年
山田昌久「実験考古学で検討する出土木器の機能・効力加工精度」『木製品から見た古代のくらし』島根県古代文化センター、二〇一三年

（寺沢 薫 2015.3）

掲載された「討論」での発言部分は三〇年近くも前の、私にとっては研究初期段階のシンポジウムでの発言であり、当時の私の考えを述べた基調報告も一切欠落させた「討論」だけの記録となっています。したがって、わずかな発言部分にいくら手を加えても、現在の私の考えをお伝えすることなどとうていできないだけではなく、加筆・訂正は討論の内容や事実をも大きく疎外することにもなりかねません。そこで誠に心苦しいのですが、編集部による新たな用語の統一や文章表現の訂正をおこなったほかは、自らは一切の加筆、

修正はおこなわないこととしました。

シンポジウムでは、「弥生時代の植物食」と題して、弥生時代のコメの生産性と生産力の低さゆえに稲作一辺倒の農業ではなく、それを補うための弥生人たちの多様な植物食の摂取と栽培への挑戦のあったことを主張しましたが、この基本的な考えはいまでも変わりません。ただ三〇年という歳月は、この課題に関しても膨大なデータの蓄積を見、私の主張に対してもじつに多くの方々から賛否両論がだされ、現在も論争中です。

こうした経緯や現在の私の考えについて、ごく短い文章でまとめることはとうていかないません。多くの関連論文も未だこのテーマで一つにまとめるにはいたっていませんが、関連する内容の専門書と一般書を一冊ずつ以下に掲げておきます。興味のある方には是非参考にしていただければ幸甚と思います。

- 『弥生時代の年代と交流』吉川弘文館、二〇一四年刊（第一部第二章参照）
- 『王権誕生』（日本の歴史　第02巻）講談社、二〇〇〇年刊（第一・二章参照）

（酒野〈竹内〉晶子 2015.3）

衣にかかわること

衣に関する資料は、素材が木や繊維であるため残りにくい。

織物片や紐など、植物繊維ではクワ科のタイマ・イラクサ科のカラムシなどがあり、出土地が限られているが動物繊維の絹が知られている。

木製品で織機の部品と考えられている資料は数種類あるが、多くの人が認めている部品は、サヤエンドウ形の「緯打具《よこうちぐ》」である。これはタテ糸の間に入れた緯糸《よこいと》を手前に寄せるための道具である。長辺の一方を薄く刃状に加工している特色があることと、背面や刃部分にタテ糸による使用時のキズが残る場合があるためである。ただ、タテ糸によるキズは、削り直されたりして無い場合もある。

広い意味で織機の部品だと考えられているものを組み合わせて、糸をかけて織る試みはされている。糸のかけ方は複数あり、出来上がりの織物が輪状になるものと、平面になるものとである。残念なことに織る途中で中断した状態での出土例はまだ無い。いずれの糸のかけ方も試案である。弥生時代の織機は、作業を中断する場合は、端から円筒形に巻いて保管したと考えられる。その形での出土が待たれる。

簡単な構造の織機は、織る人の技術により出来上がりの織物は大きく差が出る。大阪府池上曽根遺跡から出土したカラムシの布片は、熟練した人によって作られたとみえて、その織密度は江戸時代の手紡糸による木綿布と同等である。

わが国の植物繊維のうち、後世に伝わったワタを除き、草皮・樹皮から繊維を取り出して糸にする苦労はたいへんなものであった。織る仕事量よりも、はるかに長い時間をかけて人びとは糸を作っていたのである。

初出一覧

激動の弥生社会（「学生新聞」第一回一九八〇年九月一七日、第二回九月二四日、第三回一〇月一日、第四回一〇月八日、第五回一〇月二二日、第六回一〇月二九日、第七回一一月一二日）

高地性集落と倭国の大乱（『古墳発生前後の古代日本』大和書房、一九八七年）

倭国の大乱から邪馬台国へ　唐古・鍵遺跡と纒向遺跡（鼎談、二〇一四年五月三日）

弥生人の四季（奈良県立橿原考古学研究所附属博物館編『シンポジウム　弥生人の四季』六興出版、一九八七年）

写真提供・図版出典（図版は一部改変し、組み替えをおこなっている）

激動の弥生社会

図1：右＝萩原儀征ほか『桜井市大福遺跡　大福小学校地区発掘調査概報』桜井市教育委員会、一九八七年
左＝桜井市教育委員会
図2：佐原　真「銅鐸の鋳造」『世界考古学大系2　日本II』平凡社、一九六〇年
図3：原田遺跡出土小銅鐸＝嘉麻市教育委員会
浦志A遺跡出土小銅鐸＝糸島市教育委員会
図4：板付遺跡の初期水田＝山崎純男「北部九州における初期水田」『九州大学文学部九州文化史研究所紀要』三二号、一九八七年
井堰つくりの復元図＝福岡市
図5：滋賀県教育委員会・守山市教育委員会調査（撮影・石野博信）
図6：石野博信『古墳時代を考える』雄山閣、二〇〇六年（近藤義郎編『楯築弥生墳丘墓の研究』楯築刊行会、一九九二年に加筆）
図7：石野博信『邪馬台国の考古学』吉川弘文館、二〇〇一年
図8：佐原　真「石製武器の発達」『紫雲出』詫間町文化財保護委員会、一九六四年
図9：浜松市博物館
図10：弘法山古墳の埋葬施設＝松本市教育委員会
図10・11：斎藤　忠編『弘法山古墳』松本市教育委員会、一九七八年

高地性集落と倭国の大乱

図12：小野忠凞『高地性集落論―その研究のあゆみ―』学生社、一九八四年

図13：石野博信『古墳文化出現期の研究』学生社、一九八五年および寺沢薫「大和の高地性集落」『青陵』三六、一九七八年
図14：都出比呂志『講座　考古地理学』第四、学生社、一九八五年、七六ページ、第一七図
図15：都出比呂志『講座　考古地理学』第四、学生社、一九八五年
図16：箸墓古墳出土埴輪＝笠野毅「大市墓の出土品」『書陵部紀要』第二七号、一九七五年
東大寺山古墳出土埴輪＝金関　恕『東大寺山古墳の研究―初期ヤマト王権の対外交渉と地域間交流の考古学的研究』天理大学、二〇一〇年
マエ塚古墳出土埴輪＝『マエ塚古墳』奈良県史跡名勝記念物調査報告第二四冊、一九六九年
図17：都出比呂志「古墳時代」『向日市史』上巻、一九八三年、一一八ページ
図18：都出比呂志『考古学研究』二〇―四、一九七四年、三九ページ、第三図
表1：石野博信『古墳文化出現期の研究』学生社、一九八五年
表2：都出比呂志「東アジアの古代文化ニュース」一四四、一九八五年

倭国の大乱から邪馬台国へ
図19：藤田三郎『唐古・鍵遺跡』同成社、二〇一二年、図15一部改変
図20・23・25～28・30・34～36：田原本町教育委員会
図21：石野博信・藤田三郎・橋本輝彦作図
図22・24・29（輪鐙、ベニバナ花粉）・32・33：桜井市教育委員会
図29：画文帯神獣鏡＝奈良県立橿原考古学研究所
図31：藤田三郎「唐古・鍵遺跡における青銅器の生産」『唐古・鍵遺跡Ⅰ―範囲確認調査』田原本町文化財調査報告書第五集、二〇〇九年

弥生人の四季
図37：『シンポジウム　弥生人の四季』奈良県立橿原考古学研究所附属博物館編、一九八七年、

一七三ページ図

図38・39：山田昌久「縄文・弥生時代の木製品」『シンポジウム　弥生人の四季』奈良県立橿原考古学研究所附属博物館編、一九八七年、第16・17図

図40・44：寺沢薫・知子「弥生時代植物質食料の基礎的研究」『橿原考古学研究所紀要 考古学論攷』第五冊、奈良県立橿原考古学研究所、一九八一年

図41：左＝東大阪市教育委員会『西ノ辻遺跡第二二次発掘調査報告書』一九八五年
右＝辰馬考古資料館所蔵銅鐸

図42・43：『シンポジウム　弥生人の四季』奈良県立橿原考古学研究所附属博物館編、一九八七年、一八四ページ図

図45：松田順一郎作図、竹内晶子『弥生の布を織る』東京大学出版会、一九八九年

図46：刀杼の出土状況と布片＝静岡市立登呂博物館
経巻具・布巻具（亀井遺跡、登呂遺跡、瓜生堂遺跡ほか出土）、緯打具（唐古・鍵遺跡、登呂遺跡、東奈良遺跡出土）、機織りの想像図＝竹内晶子『弥生の布を織る』東京大学出版会、一九八九年

図47：木製穂摘具＝公益財団法人大阪府文化財センター
貝製穂摘具＝神奈川県立歴史博物館

図48：『シンポジウム　弥生人の四季』奈良県立橿原考古学研究所附属博物館編、一九八七年、一九七ページ図

図版　松澤利絵

著者紹介

石部正志（いしべ・まさし）　元宇都宮大学国際学部教授
佐原　真（さはら・まこと）　元国立歴史民俗博物館館長
春成秀爾（はるなり・ひでじ）　国立歴史民俗博物館名誉教授
都出比呂志（つで・ひろし）　大阪大学名誉教授
藤田三郎（ふじた・さぶろう）　奈良県田原本町教育委員会文化財保存課長
橋本輝彦（はしもと・てるひこ）　桜井市纒向学研究センター主任研究員
金関　恕（かなせき・ひろし）　天理大学名誉教授、大阪府立弥生文化博物館名誉館長
山田昌久（やまだ・まさひさ）　首都大学東京人文社会系教授
寺沢　薫（てらさわ・かおる）　桜井市纒向学研究センター所長
浦西　勉（うらにし・つとむ）　龍谷大学文学部歴史学科教授
酒野（竹内）晶子（さかの・あきこ）　天理大学歴史文化学科非常勤講師
石野博信（編者紹介参照）

編者紹介

石野博信　いしの・ひろのぶ

1933年、宮城県生まれ
関西大学大学院修了
兵庫県教育委員会、奈良県立橿原考古学研究所副所長を経て同研究所顧問、奈良県桜井市纒向学研究センター顧問、兵庫県立考古博物館名誉館長。
主な著作　『古墳文化出現期の研究』学生社、『邪馬台国の考古学』吉川弘文館、『アジア民族建築見てある記』小学館、『古墳時代を考える』雄山閣、『三角縁神獣鏡・邪馬台国・倭国』（共著）『邪馬台国の候補地・纒向遺跡』『邪馬台国とは何か』『古墳とは何か』新泉社、『弥生興亡 女王・卑弥呼の登場』文英堂、『研究最前線 邪馬台国：いま、何が、どこまで言えるのか』（共著）朝日選書ほか多数。

石野博信討論集
倭国乱とは何か　「クニ」への胎動

2015年6月1日　第1版第1刷発行

編　者＝石野博信

発行者＝株式会社 新 泉 社
東京都文京区本郷 2-5-12
TEL 03（3815）1662 ／ FAX 03（3815）1422
振替・00170-4-160936 番

印刷・製本　萩原印刷

ISBN978-4-7877-1504-3　C1021

JASRAC 出 1503285-501